本书受国家新闻出版总署2012年度软科学研究课题“我国数字音像产业分类标准与评价体系研究”（编号：c－9－1）、北京市社学社会科学规划课题“北京市数字音像产业创新性商业模式研究”（编号：12ZHB012）以及北京印刷学院传播学建设专项经费的资助。

数字音像产业相关法规文件汇介

（国内部分）

魏　超　白　雪　编著

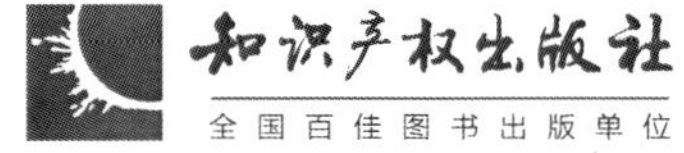

内容提要

本书收录了最新的数字音像产业相关的法律、法规、规定及政府文件，可供数字音像产业的研究人员和从业人员阅读收藏。

责任编辑：于晓菲

图书在版编目（CIP）数据

数字音像产业相关法规汇介/魏超，白雪编著. —北京：知识产权出版社，2013.4

ISBN 978-7-5130-1931-6

Ⅰ.①数… Ⅱ.①魏…②白 Ⅲ.①电子出版物—出版工作—行政管理—法规—汇编—中国 Ⅳ.①D922.169

中国版本图书馆 CIP 数据核字（2013）第 046724 号

数字音像产业相关法规文件汇介（国内部分）

魏 超 白 雪 编著

出版发行：知识产权出版社

社　　址：	北京市海淀区马甸南村 1 号	**邮　　编**：	100088
网　　址：	http://www.ipph.cn	**邮　　箱**：	rqyuxiaofei@163.com
发行电话：	010－82000893 转 8101	**传　　真**：	010－82005070/82000893
责编电话：	010－82000860 转 8363	**责编邮箱**：	yuxiaofei@cnipr.com
印　　刷：	知识产权出版社电子制印中心	**经　　销**：	新华书店及相关销售网点
开　　本：	720mm×960mm　1/16	**印　　张**：	17.25
版　　次：	2013 年 4 月第 1 版	**印　　次**：	2013 年 4 月第 1 次印刷
字　　数：	265 千字	**定　　价**：	48.00 元

ISBN 978-7-5130-1931-6/D·1702（4774）

前　言

随着宽带战略作为国家战略的大力推进，带宽增宽、资费降低以及 WIFI 网的全面布局，将催生一个数字音像时代。正像广播电视的勃兴严重改变了纸媒一统天下的格局，开启了大众传播的视听时代一样，数字时代和网络世界也将转入视听时代，这就是数字音像产业的使命所在。

自百度靠 MP3 做大、苹果靠 iTunes 做强以来，数字音像产业在全球范围内的蓬勃兴起，极大地推动了传统音像产业的转型，也极大地扩展了音像产业的内涵与外延，以至于业界、学界和政府主管部门都不知道类似于苹果商店一样的数字版权企业该怎样归类，怎样去管理了。这是本书编辑出版的主要原因。

本书收录了我国颁布和实施的和数字音像产业相关的法律、法规、规定及政府文件共计 32 篇，其中既有最新修订颁布的，也有颁布多年虽待修改却依然有效的。编者作了尽力搜罗汇集，但唯恐仍有疏漏错讹。不揣浅陋，斗胆抛出，当然是奉请方家指正的意思。

这些法律法规绝大部分是政府各有关职能部门在最近十年内颁布实施的，尤以近五年以来的内容为多，但也有个别成文颁发更早一些，甚至不太适用、急需修订的。但本书认为，论从史出，过时的文件也反映了政府主管部门对这个行业的认知过程，一样具有认识意义，值得学者关注。因为同一个理由，本书还收藏了个别尚未颁发的修订稿。当然，业界从业人员可以只关注有效文本。

本书适用于数字音像产业的研究人员和从业人员收藏查阅，因为这些法律法规不管有什么样的不足，都是有法律法规效力的。研究人员可以据此作学术研究，从业人员可以据此为工作参考。因此，编者相信本书定非无用，也算是我们的诚意奉献。

每一部收入本书的法律法规，都有其收录的理由，本书在每篇篇首作了简短交代。为读者阅读方便，编者还在篇首写下了一些导读文字，这些文字由编者负其文责，不求完全正确，只求引发您的注意和思考。如能引发争论，招致批评，则编者与读者俱可从中受益，善莫大焉。

本书注明为“国内卷”，说明还会有“国外卷”或“国际卷”。但由于外国情况更见复杂，而国内从业者不必关心国外法律，所以主要供研究人员和政府管理人员阅读参考的本书之“国外卷”或“国际卷”将暂缓推出。

本书之成书，受到国家新闻出版总署 2012 年度软科学研究课题“我国数字音像产业分类标准与评价体系研究”（编号：c－9－1）、北京市社学社会科学规划课题“北京市数字音像产业创新性商业模式研究”（编号：12ZHB012）以及北京印刷学院传播学建设专项经费的资助。特此鸣谢在先。

目　录

[导读与提示]

该法第二条即规定："中国公民、法人或者其他组织的作品，不论是否发表，依照本法享有著作权。"并在第十一条明确规定："著作权属于作者。"第五十七条又规定："本法所称的著作权即版权。"这看似矛盾，但显示的是我国著作权法体系的特点。

该法规定了"作品"的九种类型，其中第六种为"电影作品和以类似摄制电影的方法创作的作品"。说明在UGC（用户产生内容）站点或视频分享网站环境中，著作权或称版权也是适用的。但时事新闻类作品不在其中。

该法规定了著作权的两大类（人身权和财产权）和十七项具体内容。对"广播权"和"信息网络传播权"也做了界定和区分。

该法特别规定电影作品和以类似摄制电影的方法创作的作品的著作权由制片者享有，编剧、导演、摄影、作词、作曲等作者享有的是署名权，并有权按照与制片者签订的合同获得报酬。

关于录音制品，该法规定："录音制作者使用他人已经合法录制为录音制品的音乐作品制作录音制品，可以不经著作权人许可，但应当按照规定支付报酬。"还规定："广播电台、电视台播放已经出版的录音制品，可以不经著作权人许可，但应当支付报酬。"

该法规定了"著作权集体管理组织"的存在。

中华人民共和国著作权法

（1990年9月7日第七届全国人民代表大会常务委员会第十五次会议通过，2001年10月27日第九届全国人民代表大会常务委员会第二十四次会议《关于修改〈中华人民共和国著作权法〉的决定》第一次修正，2010年2月26日第十一届全国人民代表大会常务委员会第十三次会议《关于修改〈中华人民共和国著作权法〉的决定》第二次修正）

第一章　总　则

第一条　为保护文学、艺术和科学作品作者的著作权，以及与著作权有关的权益，鼓励有益于社会主义精神文明、物质文明建设的作品的创作和传播，促进社会主义文化和科学事业的发展与繁荣，根据宪法制定本法。

第二条 中国公民、法人或者其他组织的作品，不论是否发表，依照本法享有著作权。

外国人、无国籍人的作品根据其作者所属国或者经常居住地国同中国签订的协议或者共同参加的国际条约享有的著作权，受本法保护。

外国人、无国籍人的作品首先在中国境内出版的，依照本法享有著作权。

未与中国签订协议或者共同参加国际条约的国家的作者以及无国籍人的作品首次在中国参加的国际条约的成员国出版的，或者在成员国和非成员国同时出版的，受本法保护。

第三条 本法所称的作品，包括以下列形式创作的文学、艺术和自然科学、社会科学、工程技术等作品：

（一）文字作品；

（二）口述作品；

（三）音乐、戏剧、曲艺、舞蹈、杂技艺术作品；

（四）美术、建筑作品；

（五）摄影作品；

（六）电影作品和以类似摄制电影的方法创作的作品；

（七）工程设计图、产品设计图、地图、示意图等图形作品和模型作品；

（八）计算机软件；

（九）法律、行政法规规定的其他作品。

第四条 著作权人行使著作权，不得违反宪法和法律，不得损害公共利益。国家对作品的出版、传播依法进行监督管理。

第五条 本法不适用于：

（一）法律、法规，国家机关的决议、决定、命令和其他具有立法、行政、司法性质的文件，及其官方正式译文；

（二）时事新闻；

（三）历法、通用数表、通用表格和公式。

第六条 民间文学艺术作品的著作权保护办法由国务院另行规定。

第七条　国务院著作权行政管理部门主管全国的著作权管理工作；各省、自治区、直辖市人民政府的著作权行政管理部门主管本行政区域的著作权管理工作。

第八条　著作权人和与著作权有关的权利人可以授权著作权集体管理组织行使著作权或者与著作权有关的权利。著作权集体管理组织被授权后，可以以自己的名义为著作权人和与著作权有关的权利人主张权利，并可以作为当事人进行涉及著作权或者与著作权有关的权利的诉讼、仲裁活动。

著作权集体管理组织是非营利性组织，其设立方式、权利义务、著作权许可使用费的收取和分配，以及对其监督和管理等由国务院另行规定。

第二章　著作权

第一节　著作权人及其权利

第九条　著作权人包括：

（一）作者；

（二）其他依照本法享有著作权的公民、法人或者其他组织。

第十条　著作权包括下列人身权和财产权：

（一）发表权，即决定作品是否公之于众的权利；

（二）署名权，即表明作者身份，在作品上署名的权利；

（三）修改权，即修改或者授权他人修改作品的权利；

（四）保护作品完整权，即保护作品不受歪曲、篡改的权利；

（五）复制权，即以印刷、复印、拓印、录音、录像、翻录、翻拍等方式将作品制作一份或者多份的权利；

（六）发行权，即以出售或者赠与方式向公众提供作品的原件或者复制件的权利；

（七）出租权，即有偿许可他人临时使用电影作品和以类似摄制电影的方法创作的作品、计算机软件的权利，计算机软件不是出租的主要标的的除外；

（八）展览权，即公开陈列美术作品、摄影作品的原件或者复制件的权利；

（九）表演权，即公开表演作品，以及用各种手段公开播送作品的表演的权利；

（十）放映权，即通过放映机、幻灯机等技术设备公开再现美术、摄影、电影和以类似摄制电影的方法创作的作品等的权利；

（十一）广播权，即以无线方式公开广播或者传播作品，以有线传播或者转播的方式向公众传播广播的作品，以及通过扩音器或者其他传送符号、声音、图像的类似工具向公众传播广播的作品的权利；

（十二）信息网络传播权，即以有线或者无线方式向公众提供作品，使公众可以在其个人选定的时间和地点获得作品的权利；

（十三）摄制权，即以摄制电影或者以类似摄制电影的方法将作品固定在载体上的权利；

（十四）改编权，即改变作品，创作出具有独创性的新作品的权利；

（十五）翻译权，即将作品从一种语言文字转换成另一种语言文字的权利；

（十六）汇编权，即将作品或者作品的片段通过选择或者编排，汇集成新作品的权利；

（十七）应当由著作权人享有的其他权利。

著作权人可以许可他人行使前款第（五）项至第（十七）项规定的权利，并依照约定或者本法有关规定获得报酬。

著作权人可以全部或者部分转让本条第一款第（五）项至第（十七）项规定的权利，并依照约定或者本法有关规定获得报酬。

第二节　著作权归属

第十一条　著作权属于作者，本法另有规定的除外。

创作作品的公民是作者。

由法人或者其他组织主持，代表法人或者其他组织意志创作，并由法人或者其他组织承担责任的作品，法人或者其他组织视为作者。

如无相反证明，在作品上署名的公民、法人或者其他组织为作者。

第十二条　改编、翻译、注释、整理已有作品而产生的作品，其著作权由改编、翻译、注释、整理人享有，但行使著作权时不得侵犯原作品的著作权。

第十三条　两人以上合作创作的作品，著作权由合作作者共同享有。没有参加创作的人，不能成为合作作者。

合作作品可以分割使用的，作者对各自创作的部分可以单独享有著作权，但行使著作权时不得侵犯合作作品整体的著作权。

第十四条 汇编若干作品、作品的片段或者不构成作品的数据或者其他材料，对其内容的选择或者编排体现独创性的作品，为汇编作品，其著作权由汇编人享有，但行使著作权时，不得侵犯原作品的著作权。

第十五条 电影作品和以类似摄制电影的方法创作的作品的著作权由制片者享有，但编剧、导演、摄影、作词、作曲等作者享有署名权，并有权按照与制片者签订的合同获得报酬。

电影作品和以类似摄制电影的方法创作的作品中的剧本、音乐等可以单独使用的作品的作者有权单独行使其著作权。

第十六条 公民为完成法人或者其他组织工作任务所创作的作品是职务作品，除本条第二款的规定以外，著作权由作者享有，但法人或者其他组织有权在其业务范围内优先使用。作品完成两年内，未经单位同意，作者不得许可第三人以与单位使用的相同方式使用该作品。

有下列情形之一的职务作品，作者享有署名权，著作权的其他权利由法人或者其他组织享有，法人或者其他组织可以给予作者奖励：

（一）主要是利用法人或者其他组织的物质技术条件创作，并由法人或者其他组织承担责任的工程设计图、产品设计图、地图、计算机软件等职务作品；

（二）法律、行政法规规定或者合同约定著作权由法人或者其他组织享有的职务作品。

第十七条 受委托创作的作品，著作权的归属由委托人和受托人通过合同约定。合同未作明确约定或者没有订立合同的，著作权属于受托人。

第十八条 美术等作品原件所有权的转移，不视为作品著作权的转移，但美术作品原件的展览权由原件所有人享有。

第十九条 著作权属于公民的，公民死亡后，其本法第十条第一款第（五）项至第（十七）项规定的权利在本法规定的保护期内，依照继承法的规定转移。

著作权属于法人或者其他组织的，法人或者其他组织变更、终止后，其本法第十条第一款第（五）项至第（十七）项规定的权利在本法规定的保护期内，由承受其权利义务的法人或者其他组织享有；没有承受其权利义务的法人或者其他组织的，由国家享有。

第三节　权利的保护期

第二十条　作者的署名权、修改权、保护作品完整权的保护期不受限制。

第二十一条　公民的作品，其发表权、本法第十条第一款第（五）项至第（十七）项规定的权利的保护期为作者终生及其死亡后五十年，截止于作者死亡后第五十年的12月31日；如果是合作作品，截止于最后死亡的作者死亡后第五十年的12月31日。

法人或者其他组织的作品、著作权（署名权除外）由法人或者其他组织享有的职务作品，其发表权、本法第十条第一款第（五）项至第（十七）项规定的权利的保护期为五十年，截止于作品首次发表后第五十年的12月31日，但作品自创作完成后五十年内未发表的，本法不再保护。

电影作品和以类似摄制电影的方法创作的作品、摄影作品，其发表权、本法第十条第一款第（五）项至第（十七）项规定的权利的保护期为五十年，截止于作品首次发表后第五十年的12月31日，但作品自创作完成后五十年内未发表的，本法不再保护。

第四节　权利的限制

第二十二条　在下列情况下使用作品，可以不经著作权人许可，不向其支付报酬，但应当指明作者姓名、作品名称，并且不得侵犯著作权人依照本法享有的其他权利：

（一）为个人学习、研究或者欣赏，使用他人已经发表的作品；

（二）为介绍、评论某一作品或者说明某一问题，在作品中适当引用他人已经发表的作品；

（三）为报道时事新闻，在报纸、期刊、广播电台、电视台等媒体中不可避免地再现或者引用已经发表的作品；

（四）报纸、期刊、广播电台、电视台等媒体刊登或者播放其他报纸、期刊、广播电台、电视台等媒体已经发表的关于政治、经济、宗教问题的时事性文章，但作者声明不许刊登、播放的除外；

（五）报纸、期刊、广播电台、电视台等媒体刊登或者播放在公众集会上发表的讲话，但作者声明不许刊登、播放的除外；

（六）为学校课堂教学或者科学研究，翻译或者少量复制已经发表的作品，供教学或者科研人员使用，但不得出版发行；

（七）国家机关为执行公务在合理范围内使用已经发表的作品；

（八）图书馆、档案馆、纪念馆、博物馆、美术馆等为陈列或者保存版本的需要，复制本馆收藏的作品；

（九）免费表演已经发表的作品，该表演未向公众收取费用，也未向表演者支付报酬；

（十）对设置或者陈列在室外公共场所的艺术作品进行临摹、绘画、摄影、录像；

（十一）将中国公民、法人或者其他组织已经发表的以汉语言文字创作的作品翻译成少数民族语言文字作品在国内出版发行；

（十二）将已经发表的作品改成盲文出版。

前款规定适用于对出版者、表演者、录音录像制作者、广播电台、电视台的权利的限制。

第二十三条 为实施九年制义务教育和国家教育规划而编写出版教科书，除作者事先声明不许使用的外，可以不经著作权人许可，在教科书中汇编已经发表的作品片段或者短小的文字作品、音乐作品或者单幅的美术作品、摄影作品，但应当按照规定支付报酬，指明作者姓名、作品名称，并且不得侵犯著作权人依照本法享有的其他权利。

前款规定适用于对出版者、表演者、录音录像制作者、广播电台、电视台的权利的限制。

第三章 著作权许可使用和转让合同

第二十四条 使用他人作品应当同著作权人订立许可使用合同，本法规定可以不经许可的除外。

许可使用合同包括下列主要内容：

（一）许可使用的权利种类；

（二）许可使用的权利是专有使用权或者非专有使用权；

（三）许可使用的地域范围、期间；

（四）付酬标准和办法；

（五）违约责任；

（六）双方认为需要约定的其他内容。

第二十五条 转让本法第十条第一款第（五）项至第（十七）项规定的权利，应当订立书面合同。

权利转让合同包括下列主要内容：

（一）作品的名称；

（二）转让的权利种类、地域范围；

（三）转让价金；

（四）交付转让价金的日期和方式；

（五）违约责任；

（六）双方认为需要约定的其他内容。

第二十六条 以著作权出质的，由出质人和质权人向国务院著作权行政管理部门办理出质登记。

第二十七条 许可使用合同和转让合同中著作权人未明确许可、转让的权利，未经著作权人同意，另一方当事人不得行使。

第二十八条 使用作品的付酬标准可以由当事人约定，也可以按照国务院著作权行政管理部门会同有关部门制定的付酬标准支付报酬。当事人约定不明确的，按照国务院著作权行政管理部门会同有关部门制定的付酬标准支付报酬。

第二十九条 出版者、表演者、录音录像制作者、广播电台、电视台等依照本法有关规定使用他人作品的，不得侵犯作者的署名权、修改权、保护作品完整权和获得报酬的权利。

第四章　出版、表演、录音录像、播放

第一节　图书、报刊的出版

第三十条　图书出版者出版图书应当和著作权人订立出版合同，并支付报酬。

第三十一条　图书出版者对著作权人交付出版的作品，按照合同约定享有的专有出版权受法律保护，他人不得出版该作品。

第三十二条　著作权人应当按照合同约定期限交付作品。图书出版者应当按照合同约定的出版质量、期限出版图书。

图书出版者不按照合同约定期限出版，应当依照本法第五十四条的规定承担民事责任。

图书出版者重印、再版作品的，应当通知著作权人，并支付报酬。图书脱销后，图书出版者拒绝重印、再版的，著作权人有权终止合同。

第三十三条　著作权人向报社、期刊社投稿的，自稿件发出之日起十五日内未收到报社通知决定刊登的，或者自稿件发出之日起三十日内未收到期刊社通知决定刊登的，可以将同一作品向其他报社、期刊社投稿。双方另有约定的除外。

作品刊登后，除著作权人声明不得转载、摘编的外，其他报刊可以转载或者作为文摘、资料刊登，但应当按照规定向著作权人支付报酬。

第三十四条　图书出版者经作者许可，可以对作品修改、删节。

报社、期刊社可以对作品作文字性修改、删节。对内容的修改，应当经作者许可。

第三十五条　出版改编、翻译、注释、整理、汇编已有作品而产生的作品，应当取得改编、翻译、注释、整理、汇编作品的著作权人和原作品的著作权人许可，并支付报酬。

第三十六条　出版者有权许可或者禁止他人使用其出版的图书、期刊的版式设计。

前款规定的权利的保护期为十年，截止于使用该版式设计的图书、期刊首次出版后第十年的 12 月 31 日。

第二节　表　演

第三十七条　使用他人作品演出，表演者（演员、演出单位）应当取得著作权人许可，并支付报酬。演出组织者组织演出，由该组织者取得著作权人许可，并支付报酬。

使用改编、翻译、注释、整理已有作品而产生的作品进行演出，应当取得改编、翻译、注释、整理作品的著作权人和原作品的著作权人许可，并支付报酬。

第三十八条　表演者对其表演享有下列权利：

（一）表明表演者身份；

（二）保护表演形象不受歪曲；

（三）许可他人从现场直播和公开传送其现场表演，并获得报酬；

（四）许可他人录音录像，并获得报酬；

（五）许可他人复制、发行录有其表演的录音录像制品，并获得报酬；

（六）许可他人通过信息网络向公众传播其表演，并获得报酬。

被许可人以前款第（三）项至第（六）项规定的方式使用作品，还应当取得著作权人许可，并支付报酬。

第三十九条　本法第三十八条第一款第（一）项、第（二）项规定的权利的保护期不受限制。

本法第三十八条第一款第（三）项至第（六）项规定的权利的保护期为五十年，截止于该表演发生后第五十年的 12 月 31 日。

第三节　录音录像

第四十条　录音录像制作者使用他人作品制作录音录像制品，应当取得著作权人许可，并支付报酬。

录音录像制作者使用改编、翻译、注释、整理已有作品而产生的作品，应当取得改编、翻译、注释、整理作品的著作权人和原作品著作权人许可，并支付报酬。

录音制作者使用他人已经合法录制为录音制品的音乐作品制作录音制品，可以不经著作权人许可，但应当按照规定支付报酬；著作权人声明不许使用的不得使用。

第四十一条 录音录像制作者制作录音录像制品，应当同表演者订立合同，并支付报酬。

第四十二条 录音录像制作者对其制作的录音录像制品，享有许可他人复制、发行、出租、通过信息网络向公众传播并获得报酬的权利；权利的保护期为五十年，截止于该制品首次制作完成后第五十年的12月31日。

被许可人复制、发行、通过信息网络向公众传播录音录像制品，还应当取得著作权人、表演者许可，并支付报酬。

第四节 广播电台、电视台播放

第四十三条 广播电台、电视台播放他人未发表的作品，应当取得著作权人许可，并支付报酬。

广播电台、电视台播放他人已发表的作品，可以不经著作权人许可，但应当支付报酬。

第四十四条 广播电台、电视台播放已经出版的录音制品，可以不经著作权人许可，但应当支付报酬。当事人另有约定的除外。具体办法由国务院规定。

第四十五条 广播电台、电视台有权禁止未经其许可的下列行为：

（一）将其播放的广播、电视转播；

（二）将其播放的广播、电视录制在音像载体上以及复制音像载体。

前款规定的权利的保护期为五十年，截止于该广播、电视首次播放后第五十年的12月31日。

第四十六条 电视台播放他人的电影作品和以类似摄制电影的方法创作的作品、录像制品，应当取得制片者或者录像制作者许可，并支付报酬；播放他人的录像制品，还应当取得著作权人许可，并支付报酬。

第五章 法律责任和执法措施

第四十七条 有下列侵权行为的，应当根据情况，承担停止侵害、消除影响、赔礼道歉、赔偿损失等民事责任：

（一）未经著作权人许可，发表其作品的；

（二）未经合作作者许可，将与他人合作创作的作品当作自己单独创作的作品发表的；

（三）没有参加创作，为谋取个人名利，在他人作品上署名的；

（四）歪曲、篡改他人作品的；

（五）剽窃他人作品的；

（六）未经著作权人许可，以展览、摄制电影和以类似摄制电影的方法使用作品，或者以改编、翻译、注释等方式使用作品的，本法另有规定的除外；

（七）使用他人作品，应当支付报酬而未支付的；

（八）未经电影作品和以类似摄制电影的方法创作的作品、计算机软件、录音录像制品的著作权人或者与著作权有关的权利人许可，出租其作品或者录音录像制品的，本法另有规定的除外；

（九）未经出版者许可，使用其出版的图书、期刊的版式设计的；

（十）未经表演者许可，从现场直播或者公开传送其现场表演，或者录制其表演的；

（十一）其他侵犯著作权以及与著作权有关的权益的行为。

第四十八条 有下列侵权行为的，应当根据情况，承担停止侵害、消除影响、赔礼道歉、赔偿损失等民事责任；同时损害公共利益的，可以由著作权行政管理部门责令停止侵权行为，没收违法所得，没收、销毁侵权复制品，并可处以罚款；情节严重的，著作权行政管理部门还可以没收主要用于制作侵权复制品的材料、工具、设备等；构成犯罪的，依法追究刑事责任：

（一）未经著作权人许可，复制、发行、表演、放映、广播、汇编、通过信息网络向公众传播其作品的，本法另有规定的除外；

（二）出版他人享有专有出版权的图书的；

（三）未经表演者许可，复制、发行录有其表演的录音录像制品，或者通过信息网络向公众传播其表演的，本法另有规定的除外；

（四）未经录音录像制作者许可，复制、发行、通过信息网络向公众传播其制作的录音录像制品的，本法另有规定的除外；

（五）未经许可，播放或者复制广播、电视的，本法另有规定的除外；

（六）未经著作权人或者与著作权有关的权利人许可，故意避开或者破坏权利人为其作品、录音录像制品等采取的保护著作权或者与著作权有关的权利的技术措施的，法律、行政法规另有规定的除外；

（七）未经著作权人或者与著作权有关的权利人许可，故意删除或者改变作品、录音录像制品等的权利管理电子信息的，法律、行政法规另有规定的除外；

（八）制作、出售假冒他人署名的作品的。

第四十九条 侵犯著作权或者与著作权有关的权利的，侵权人应当按照权利人的实际损失给予赔偿；实际损失难以计算的，可以按照侵权人的违法所得给予赔偿。赔偿数额还应当包括权利人为制止侵权行为所支付的合理开支。

权利人的实际损失或者侵权人的违法所得不能确定的，由人民法院根据侵权行为的情节，判决给予五十万元以下的赔偿。

第五十条 著作权人或者与著作权有关的权利人有证据证明他人正在实施或者即将实施侵犯其权利的行为，如不及时制止将会使其合法权益受到难以弥补的损害的，可以在起诉前向人民法院申请采取责令停止有关行为和财产保全的措施。

人民法院处理前款申请，适用《中华人民共和国民事诉讼法》第九十三条至第九十六条和第九十九条的规定。

第五十一条 为制止侵权行为，在证据可能灭失或者以后难以取得的情况下，著作权人或者与著作权有关的权利人可以在起诉前向人民法院申请保全证据。

人民法院接受申请后，必须在四十八小时内作出裁定；裁定采取保全措施的，应当立即开始执行。

人民法院可以责令申请人提供担保，申请人不提供担保的，驳回申请。

申请人在人民法院采取保全措施后十五日内不起诉的，人民法院应当解除保全措施。

第五十二条 人民法院审理案件，对于侵犯著作权或者与著作权有关的权利的，可以没收违法所得、侵权复制品以及进行违法活动的财物。

第五十三条 复制品的出版者、制作者不能证明其出版、制作有合法授权的，复制品的发行者或者电影作品或者以类似摄制电影的方法创作的作品、计算机软件、录音录像制品的复制品的出租者不能证明其发行、出租的复制品有合法来源的，应当承担法律责任。

第五十四条 当事人不履行合同义务或者履行合同义务不符合约定条件的，应当依照《中华人民共和国民法通则》、《中华人民共和国合同法》等有关法律规定承担民事责任。

第五十五条 著作权纠纷可以调解，也可以根据当事人达成的书面仲裁协议或者著作权合同中的仲裁条款，向仲裁机构申请仲裁。

当事人没有书面仲裁协议，也没有在著作权合同中订立仲裁条款的，可以直接向人民法院起诉。

第五十六条 当事人对行政处罚不服的，可以自收到行政处罚决定书之日起三个月内向人民法院起诉，期满不起诉又不履行的，著作权行政管理部门可以申请人民法院执行。

第六章 附 则

第五十七条 本法所称的著作权即版权。

第五十八条 本法第二条所称的出版，指作品的复制、发行。

第五十九条 计算机软件、信息网络传播权的保护办法由国务院另行规定。

第六十条 本法规定的著作权人和出版者、表演者、录音录像制作者、广播电台、电视台的权利，在本法施行之日尚未超过本法规定的保护期的，依照本法予以保护。

本法施行前发生的侵权或者违约行为，依照侵权或者违约行为发生时的有关规定和政策处理。

第六十一条 本法自 1991 年 6 月 1 日起施行。

[导读与提示]

该条例对“录音制品”、“录像制品”、“录音制作者”、“录像制作者”、“表演者”以及“时事新闻”等著作权法中的概念做出了明确界定。

该条例第二条即规定：“著作权法所称作品，是指文学、艺术和科学领域内具有独创性并能以某种有形形式复制的智力成果。”需要格外注意的是“独创性”、“有形形式”和“复制”三个关键词。

著作权法所称“创作”，限指“直接产生文学、艺术和科学作品的智力活动”；有形才是复制，无形则为传播；有形形式不止一种，点播、下载行为算不算复制，需要思考。

该条例规定了“与著作权有关的权益”，包括了版权、演绎权、广播权、传播权等。

中华人民共和国著作权法实施条例

（2002年8月2日以中华人民共和国国务院第359号令公布，2011年1月8日《国务院关于废止和修改部分行政法规的决定》第一次修订，2013年1月30日中华人民共和国国务院第633号令《国务院关于修改〈中华人民共和国著作权法实施条例〉的决定》第二次修订）

第一条 根据《中华人民共和国著作权法》（以下简称著作权法），制定本条例。

第二条 著作权法所称作品，是指文学、艺术和科学领域内具有独创性并能以某种有形形式复制的智力成果。

第三条 著作权法所称创作，是指直接产生文学、艺术和科学作品的智力活动。

为他人创作进行组织工作，提供咨询意见、物质条件，或者进行其他辅助工作，均不视为创作。

第四条 著作权法和本条例中下列作品的含义：

（一）文字作品，是指小说、诗词、散文、论文等以文字形式表现的作品；

（二）口述作品，是指即兴的演说、授课、法庭辩论等以口头语言形式表现的作品；

（三）音乐作品，是指歌曲、交响乐等能够演唱或者演奏的带词或者不带词的作品；

（四）戏剧作品，是指话剧、歌剧、地方戏等供舞台演出的作品；

（五）曲艺作品，是指相声、快书、大鼓、评书等以说唱为主要形式表演的作品；

（六）舞蹈作品，是指通过连续的动作、姿势、表情等表现思想情感的作品；

（七）杂技艺术作品，是指杂技、魔术、马戏等通过形体动作和技巧表现的作品；

（八）美术作品，是指绘画、书法、雕塑等以线条、色彩或者其他方式构成的有审美意义的平面或者立体的造型艺术作品；

（九）建筑作品，是指以建筑物或者构筑物形式表现的有审美意义的作品；

（十）摄影作品，是指借助器械在感光材料或者其他介质上记录客观物体形象的艺术作品；

（十一）电影作品和以类似摄制电影的方法创作的作品，是指摄制在一定介质上，由一系列有伴音或者无伴音的画面组成，并且借助适当装置放映或者以其他方式传播的作品；

（十二）图形作品，是指为施工、生产绘制的工程设计图、产品设计图，以及反映地理现象、说明事物原理或者结构的地图、示意图等作品；

（十三）模型作品，是指为展示、试验或者观测等用途，根据物体的形状和结构，按照一定比例制成的立体作品。

第五条 著作权法和本条例中下列用语的含义：

（一）时事新闻，是指通过报纸、期刊、广播电台、电视台等媒体报道的单纯事实消息；

（二）录音制品，是指任何对表演的声音和其他声音的录制品；

（三）录像制品，是指电影作品和以类似摄制电影的方法创作的作品以外的任何有伴音或者无伴音的连续相关形象、图像的录制品；

（四）录音制作者，是指录音制品的首次制作人；

（五）录像制作者，是指录像制品的首次制作人；

（六）表演者，是指演员、演出单位或者其他表演文学、艺术作品的人。

第六条 著作权自作品创作完成之日起产生。

第七条 著作权法第二条第三款规定的首先在中国境内出版的外国人、无国籍人的作品，其著作权自首次出版之日起受保护。

第八条 外国人、无国籍人的作品在中国境外首先出版后，30 日内在中国境内出版的，视为该作品同时在中国境内出版。

第九条 合作作品不可以分割使用的，其著作权由各合作作者共同享有，通过协商一致行使；不能协商一致，又无正当理由的，任何一方不得阻止他方行使除转让以外的其他权利，但是所得收益应当合理分配给所有合作作者。

第十条 著作权人许可他人将其作品摄制成电影作品和以类似摄制电影的方法创作的作品的，视为已同意对其作品进行必要的改动，但是这种改动不得歪曲篡改原作品。

第十一条 著作权法第十六条第一款关于职务作品的规定中的“工作任务”，是指公民在该法人或者该组织中应当履行的职责。

著作权法第十六条第二款关于职务作品的规定中的“物质技术条件”，是指该法人或者该组织为公民完成创作专门提供的资金、设备或者资料。

第十二条 职务作品完成两年内，经单位同意，作者许可第三人以与单位使用的相同方式使用作品所获报酬，由作者与单位按约定的比例分配。

作品完成两年的期限，自作者向单位交付作品之日起计算。

第十三条 作者身份不明的作品，由作品原件的所有人行使除署名权以外的著作权。作者身份确定后，由作者或者其继承人行使著作权。

第十四条 合作作者之一死亡后，其对合作作品享有的著作权法第十条第一款第五项至第十七项规定的权利无人继承又无人受遗赠的，由其他合作作者享有。

第十五条 作者死亡后，其著作权中的署名权、修改权和保护作品完整权由作者的继承人或者受遗赠人保护。

著作权无人继承又无人受遗赠的，其署名权、修改权和保护作品完整权由著作权行政管理部门保护。

第十六条 国家享有著作权的作品的使用，由国务院著作权行政管理部门管理。

第十七条 作者生前未发表的作品，如果作者未明确表示不发表，作者死亡后50年内，其发表权可由继承人或者受遗赠人行使；没有继承人又无人受遗赠的，由作品原件的所有人行使。

第十八条 作者身份不明的作品，其著作权法第十条第一款第五项至第十七项规定的权利的保护期截止于作品首次发表后第50年的12月31日。作者身份确定后，适用著作权法第二十一条的规定。

第十九条 使用他人作品的，应当指明作者姓名、作品名称；但是，当事人另有约定或者由于作品使用方式的特性无法指明的除外。

第二十条 著作权法所称已经发表的作品，是指著作权人自行或者许可他人公之于众的作品。

第二十一条 依照著作权法有关规定，使用可以不经著作权人许可的已经发表的作品的，不得影响该作品的正常使用，也不得不合理地损害著作权人的合法利益。

第二十二条 依照著作权法第二十三条、第三十三条第二款、第四十条第三款的规定使用作品的付酬标准，由国务院著作权行政管理部门会同国务院价格主管部门制定、公布。

第二十三条 使用他人作品应当同著作权人订立许可使用合同，许可使用的权利是专有使用权的，应当采取书面形式，但是报社、期刊社刊登作品除外。

第二十四条 著作权法第二十四条规定的专有使用权的内容由合同约定，合同没有约定或者约定不明的，视为被许可人有权排除包括著作权人在内的任何人以同样的方式使用作品；除合同另有约定外，被许可人许可第三人行使同一权利，必须取得著作权人的许可。

第二十五条 与著作权人订立专有许可使用合同、转让合同的，可以向著作权行政管理部门备案。

第二十六条 著作权法和本条例所称与著作权有关的权益，是指出版者对其出版的图书和期刊的版式设计享有的权利，表演者对其表演享有的权利，录音录像制作者对其制作的录音录像制品享有的权利，广播电台、电视台对其播放的广播、电视节目享有的权利。

第二十七条 出版者、表演者、录音录像制作者、广播电台、电视台行使权利，不得损害被使用作品和原作品著作权人的权利。

第二十八条 图书出版合同中约定图书出版者享有专有出版权但没有明确其具体内容的，视为图书出版者享有在合同有效期限内和在合同约定的地域范围内以同种文字的原版、修订版出版图书的专有权利。

第二十九条 著作权人寄给图书出版者的两份订单在6个月内未能得到履行，视为著作权法第三十二条所称图书脱销。

第三十条 著作权人依照著作权法第三十三条第二款声明不得转载、摘编其作品的，应当在报纸、期刊刊登该作品时附带声明。

第三十一条 著作权人依照著作权法第四十条第三款声明不得对其作品制作录音制品的，应当在该作品合法录制为录音制品时声明。

第三十二条 依照著作权法第二十三条、第三十三条第二款、第四十条第三款的规定，使用他人作品的，应当自使用该作品之日起2个月内向著作权人支付报酬。

第三十三条 外国人、无国籍人在中国境内的表演，受著作权法保护。

外国人、无国籍人根据中国参加的国际条约对其表演享有的权利，受著作权法保护。

第三十四条 外国人、无国籍人在中国境内制作、发行的录音制品，受著作权法保护。

外国人、无国籍人根据中国参加的国际条约对其制作、发行的录音制品享有的权利，受著作权法保护。

第三十五条 外国的广播电台、电视台根据中国参加的国际条约对其播放的广播、电视节目享有的权利，受著作权法保护。

第三十六条 有著作权法第四十八条所列侵权行为，同时损害社会公共利益，非法经营额5万元以上的，著作权行政管理部门可处非法经营额1倍以上5倍以下的罚款；没有非法经营额或者非法经营额5万元以下的，著作权行政管理部门根据情节轻重，可处25万元以下的罚款。

第三十七条 有著作权法第四十八条所列侵权行为，同时损害社会公共利益的，由地方人民政府著作权行政管理部门负责查处。

国务院著作权行政管理部门可以查处在全国有重大影响的侵权行为。

第三十八条 本条例自2002年9月15日起施行。1991年5月24日国务院批准、1991年5月30日国家版权局发布的《中华人民共和国著作权法实施条例》同时废止。

[导读与提示]

第九条中规定音像制品和电子出版物应当由出版单位出版，这和网上数字音像制品的生产及发行现状有较大出入。如果承认博客是“个人出版”的概念，就要承认 Youtube 和土豆以及苹果商店、安卓市场这样的 UGC 音像制作及出版模式。

第二十三条规定“公民可以依照本条例规定，在出版物上自由表达……”这里的出版物，不知道是不是包括 UGC 平台或本条例所谓的“网络交易平台”。不过无论如何，此处的“出版物”这个概念都难于适应我们所处的数字时代、网络环境。

该条例中提到了《出版物经营许可证》，是从事出版物发行业务的“单位和个体工商户”需要办理的。在这个由淘宝所代表的 C2C 时代，个人通过社交网络或工具传播数字音像制品，显然不在该条例的规定范围之内。

第三十六条为修订后新加内容，因涉及通过互联网等信息网络从事出版物发行业务，需要格外注意。第七十三条也为修订条款：“行政法规对音像制品和电子出版物的出版、复制、进口、发行另有规定的，适用其规定。”

第四十一条规定“出版物进口业务，由依照本条例设立的出版物进口经营单位经营；其他单位和个人不得从事出版物进口业务”，这样《愤怒的小鸟》就应该是非法的了，而与苹果合作的联通公司算不算出版物进口经营单位，也成了问题。

第五十三条规定“国家对在出版单位从事出版专业技术工作的人员实行职业资格制度”，在数字版权行业恐怕一时难于落实。

出版管理条例

（2001 年 12 月 25 日由中华人民共和国国务院颁布，自 2002 年 2 月 1 日起施行。中华人民共和国国务院第 594 号令《国务院关于修改〈出版管理条例〉的决定》已经 2011 年 3 月 16 日国务院第 147 次常务会议通过，现予公布，自公布之日起施行）

第一章　总　则

第一条　为了加强对出版活动的管理，发展和繁荣有中国特色社会主义出版产业和出版事业，保障公民依法行使出版自由的权利，促进社会主义精神文明和物质文明建设，根据宪法，制定本条例。

第二条　在中华人民共和国境内从事出版活动，适用本条例。

本条例所称出版活动，包括出版物的出版、印刷或者复制、进口、发行。

本条例所称出版物，是指报纸、期刊、图书、音像制品、电子出版物等。

第三条　出版活动必须坚持为人民服务、为社会主义服务的方向，坚持以马克思列宁主义、毛泽东思想、邓小平理论和“三个代表”重要思想为指导，贯彻落实科学发展观，传播和积累有益于提高民族素质、有益于经济发展和社会进步的科学技术和文化知识，弘扬民族优秀文化，促进国际文化交流，丰富和提高人民的精神生活。

第四条　从事出版活动，应当将社会效益放在首位，实现社会效益与经济效益相结合。

第五条　公民依法行使出版自由的权利，各级人民政府应当予以保障。

公民在行使出版自由的权利的时候，必须遵守宪法和法律，不得反对宪法确定的基本原则，不得损害国家的、社会的、集体的利益和其他公民的合法的自由和权利。

第六条　国务院出版行政主管部门负责全国的出版活动的监督管理工作。国务院其他有关部门按照国务院规定的职责分工，负责有关的出版活动的监督管理工作。

县级以上地方各级人民政府负责出版管理的部门（以下简称出版行政主管部门）负责本行政区域内出版活动的监督管理工作。县级以上地方各级人民政府其他有关部门在各自的职责范围内，负责有关的出版活动的监督管理工作。

第七条　出版行政主管部门根据已经取得的违法嫌疑证据或者举报，对涉嫌违法从事出版物出版、印刷或者复制、进口、发行等活动的行为进行查处时，可以检查与涉嫌违法活动有关的物品和经营场所；对有证据证明是与违法活动有关的物品，可以查封或者扣押。

第八条 出版行业的社会团体按照其章程，在出版行政主管部门的指导下，实行自律管理。

第二章 出版单位的设立与管理

第九条 报纸、期刊、图书、音像制品和电子出版物等应当由出版单位出版。

本条例所称出版单位，包括报社、期刊社、图书出版社、音像出版社和电子出版物出版社等。

法人出版报纸、期刊，不设立报社、期刊社的，其设立的报纸编辑部、期刊编辑部视为出版单位。

第十条 国务院出版行政主管部门制定全国出版单位总量、结构、布局的规划，指导、协调出版产业和出版事业发展。

第十一条 设立出版单位，应当具备下列条件：

（一）有出版单位的名称、章程；

（二）有符合国务院出版行政主管部门认定的主办单位及其主管机关；

（三）有确定的业务范围；

（四）有30万元以上的注册资本和固定的工作场所；

（五）有适应业务范围需要的组织机构和符合国家规定的资格条件的编辑出版专业人员；

（六）法律、行政法规规定的其他条件。

审批设立出版单位，除依照前款所列条件外，还应当符合国家关于出版单位总量、结构、布局的规划。

第十二条 设立出版单位，由其主办单位向所在地省、自治区、直辖市人民政府出版行政主管部门提出申请；省、自治区、直辖市人民政府出版行政主管部门审核同意后，报国务院出版行政主管部门审批。设立的出版单位为事业单位的，还应当办理机构编制审批手续。

第十三条 设立出版单位的申请书应当载明下列事项：

（一）出版单位的名称、地址；

（二）出版单位的主办单位及其主管机关的名称、地址；

（三）出版单位的法定代表人或者主要负责人的姓名、住址、资格证明文件；

（四）出版单位的资金来源及数额。

设立报社、期刊社或者报纸编辑部、期刊编辑部的，申请书还应当载明报纸或者期刊的名称、刊期、开版或者开本、印刷场所。

申请书应当附具出版单位的章程和设立出版单位的主办单位及其主管机关的有关证明材料。

第十四条 国务院出版行政主管部门应当自受理设立出版单位的申请之日起 60 日内，作出批准或者不批准的决定，并由省、自治区、直辖市人民政府出版行政主管部门书面通知主办单位；不批准的，应当说明理由。

第十五条 设立出版单位的主办单位应当自收到批准决定之日起 60 日内，向所在地省、自治区、直辖市人民政府出版行政主管部门登记，领取出版许可证。登记事项由国务院出版行政主管部门规定。

出版单位领取出版许可证后，属于事业单位法人的，持出版许可证向事业单位登记管理机关登记，依法领取事业单位法人证书；属于企业法人的，持出版许可证向工商行政管理部门登记，依法领取营业执照。

第十六条 报社、期刊社、图书出版社、音像出版社和电子出版物出版社等应当具备法人条件，经核准登记后，取得法人资格，以其全部法人财产独立承担民事责任。

依照本条例第九条第三款的规定，视为出版单位的报纸编辑部、期刊编辑部不具有法人资格，其民事责任由其主办单位承担。

第十七条 出版单位变更名称、主办单位或者其主管机关、业务范围、资本结构，合并或者分立，设立分支机构，出版新的报纸、期刊，或者报纸、期刊变更名称的，应当依照本条例第十二条、第十三条的规定办理审批手续。出版单位属于事业单位法人的，还应当持批准文件到事业单位登记管理机关办理相应的登记手续；属于企业法人的，还应当持批准文件到工商行政管理部门办理相应的登记手续。

出版单位除前款所列变更事项外的其他事项的变更，应当经主办单位及其主管机关审查同意，向所在地省、自治区、直辖市人民政府出版行政主管部门申请变更登记，并报国务院出版行政主管部门备案。出版单位属于事业单位法人的，还应当持批准文件到事业单位登记管理机关办理变更登记；属于企业法人的，还应当持批准文件到工商行政管理部门办理变更登记。

第十八条 出版单位中止出版活动的，应当向所在地省、自治区、直辖市人民政府出版行政主管部门备案并说明理由和期限；出版单位中止出版活动不得超过180日。

出版单位终止出版活动的，由主办单位提出申请并经主管机关同意后，由主办单位向所在地省、自治区、直辖市人民政府出版行政主管部门办理注销登记，并报国务院出版行政主管部门备案。出版单位属于事业单位法人的，还应当持批准文件到事业单位登记管理机关办理注销登记；属于企业法人的，还应当持批准文件到工商行政管理部门办理注销登记。

第十九条 图书出版社、音像出版社和电子出版物出版社自登记之日起满180日未从事出版活动的，报社、期刊社自登记之日起满90日未出版报纸、期刊的，由原登记的出版行政主管部门注销登记，并报国务院出版行政主管部门备案。

因不可抗力或者其他正当理由发生前款所列情形的，出版单位可以向原登记的出版行政主管部门申请延期。

第二十条 图书出版社、音像出版社和电子出版物出版社的年度出版计划及涉及国家安全、社会安定等方面的重大选题，应当经所在地省、自治区、直辖市人民政府出版行政主管部门审核后报国务院出版行政主管部门备案；涉及重大选题，未在出版前报备案的出版物，不得出版。具体办法由国务院出版行政主管部门制定。

期刊社的重大选题，应当依照前款规定办理备案手续。

第二十一条 出版单位不得向任何单位或者个人出售或者以其他形式转让本单位的名称、书号、刊号或者版号、版面，并不得出租本单位的名称、刊号。

出版单位及其从业人员不得利用出版活动谋取其他不正当利益。

第二十二条 出版单位应当按照国家有关规定向国家图书馆、中国版本图书馆和国务院出版行政主管部门免费送交样本。

第三章　出版物的出版

第二十三条　公民可以依照本条例规定，在出版物上自由表达自己对国家事务、经济和文化事业、社会事务的见解和意愿，自由发表自己从事科学研究、文学艺术创作和其他文化活动的成果。

合法出版物受法律保护，任何组织和个人不得非法干扰、阻止、破坏出版物的出版。

第二十四条　出版单位实行编辑责任制度，保障出版物刊载的内容符合本条例的规定。

第二十五条　任何出版物不得含有下列内容：

（一）反对宪法确定的基本原则的；

（二）危害国家统一、主权和领土完整的；

（三）泄露国家秘密、危害国家安全或者损害国家荣誉和利益的；

（四）煽动民族仇恨、民族歧视，破坏民族团结，或者侵害民族风俗、习惯的；

（五）宣扬邪教、迷信的；

（六）扰乱社会秩序，破坏社会稳定的；

（七）宣扬淫秽、赌博、暴力或者教唆犯罪的；

（八）侮辱或者诽谤他人，侵害他人合法权益的；

（九）危害社会公德或者民族优秀文化传统的；

（十）有法律、行政法规和国家规定禁止的其他内容的。

第二十六条　以未成年人为对象的出版物不得含有诱发未成年人模仿违反社会公德的行为和违法犯罪的行为的内容，不得含有恐怖、残酷等妨害未成年人身心健康的内容。

第二十七条　出版物的内容不真实或者不公正，致使公民、法人或者其他组织的合法权益受到侵害的，其出版单位应当公开更正，消除影响，并依法承担其他民事责任。

报纸、期刊发表的作品内容不真实或者不公正，致使公民、法人或者其他组织的合法权益受到侵害的，当事人有权要求有关出版单位更正或者答辩，有关出版单位应当在其近期出版的报纸、期刊上予以发表；拒绝发表的，当事人可以向人民法院提起诉讼。

第二十八条 出版物必须按照国家的有关规定载明作者、出版者、印刷者或者复制者、发行者的名称、地址，书号、刊号或者版号，在版编目数据，出版日期、刊期以及其他有关事项。

出版物的规格、开本、版式、装帧、校对等必须符合国家标准和规范要求，保证出版物的质量。

出版物使用语言文字必须符合国家法律规定和有关标准、规范。

第二十九条 任何单位和个人不得伪造、假冒出版单位名称或者报纸、期刊名称出版出版物。

第三十条 中学小学教科书由国务院教育行政主管部门审定；其出版、发行单位应当具有适应教科书出版、发行业务需要的资金、组织机构和人员等条件，并取得国务院出版行政主管部门批准的教科书出版、发行资质。纳入政府采购范围的中学小学教科书，其发行单位按照《中华人民共和国政府采购法》的有关规定确定。其他任何单位或者个人不得从事中学小学教科书的出版、发行业务。

第四章 出版物的印刷或者复制和发行

第三十一条 从事出版物印刷或者复制业务的单位，应当向所在地省、自治区、直辖市人民政府出版行政主管部门提出申请，经审核许可，并依照国家有关规定到工商行政管理部门办理相关手续后，方可从事出版物的印刷或者复制。

未经许可并办理相关手续的，不得印刷报纸、期刊、图书，不得复制音像制品、电子出版物。

第三十二条 出版单位不得委托未取得出版物印刷或者复制许可的单位印刷或者复制出版物。

出版单位委托印刷或者复制单位印刷或者复制出版物的，必须提供符合国家规定的印刷或者复制出版物的有关证明，并依法与印刷或者复制单位签订合同。

印刷或者复制单位不得接受非出版单位和个人的委托印刷报纸、期刊、图书或者复制音像制品、电子出版物，不得擅自印刷、发行报纸、期刊、图书或者复制、发行音像制品、电子出版物。

第三十三条 印刷或者复制单位经所在地省、自治区、直辖市人民政府出版行政主管部门批准，可以承接境外出版物的印刷或者复制业务；但是，印刷或者复制的境外出版物必须全部运输出境，不得在境内发行。

境外委托印刷或者复制的出版物的内容，应当经省、自治区、直辖市人民政府出版行政主管部门审核。委托人应当持有著作权人授权书，并向著作权行政管理部门登记。

第三十四条 印刷或者复制单位应当自完成出版物的印刷或者复制之日起2年内，留存一份承接的出版物样本备查。

第三十五条 从事出版物总发行业务的单位，经所在地省、自治区、直辖市人民政府出版行政主管部门审核后，报国务院出版行政主管部门批准。国务院出版行政主管部门应当自受理申请之日起60日内，作出批准或者不批准的决定。

从事出版物批发业务的单位，须经省、自治区、直辖市人民政府出版行政主管部门审核许可。

从事出版物零售业务的单位和个体工商户，须经县级人民政府出版行政主管部门审核许可。

从事出版物连锁经营业务的单位，在省、自治区、直辖市范围内经营的，应当经其总部所在地省、自治区、直辖市人民政府出版行政主管部门批准；跨省或者在全国范围内经营的，应当经其总部所在地省、自治区、直辖市人民政府出版行政主管部门审核后，报国务院出版行政主管部门批准。国务院出版行政主管部门应当自受理申请之日起60日内，作出批准或者不批准的决定。

从事出版物发行业务的单位和个体工商户经出版行政主管部门批准、取得《出版物经营许可证》，并向工商行政管理部门依法领取营业执照后，方可从事出版物发行业务。

第三十六条 通过互联网等信息网络从事出版物发行业务的单位或者个体

工商户，应当依照本条例规定取得《出版物经营许可证》。

提供网络交易平台服务的经营者应当对申请通过网络交易平台从事出版物发行业务的单位或者个体工商户的经营主体身份进行审查，验证其《出版物经营许可证》。

第三十七条 从事出版物发行业务的单位和个体工商户变更《出版物经营许可证》登记事项，或者兼并、合并、分立的，应当依照本条例第三十五条的规定办理审批手续，并持批准文件到工商行政管理部门办理相应的登记手续。

从事出版物发行业务的单位和个体工商户终止经营活动的，应当到工商行政管理部门办理注销登记，并向原批准的出版行政主管部门备案。

第三十八条 出版单位可以发行本出版单位出版的出版物，不得发行其他出版单位出版的出版物。

第三十九条 国家允许设立从事图书、报纸、期刊、电子出版物发行业务的中外合资经营企业、中外合作经营企业、外资企业。

第四十条 印刷或者复制单位、发行单位不得印刷或者复制、发行有下列情形之一的出版物：

（一）含有本条例第二十五条、第二十六条禁止内容的；

（二）非法进口的；

（三）伪造、假冒出版单位名称或者报纸、期刊名称的；

（四）未署出版单位名称的；

（五）中学小学教科书未经依法审定的；

（六）侵犯他人著作权的。

第五章 出版物的进口

第四十一条 出版物进口业务，由依照本条例设立的出版物进口经营单位经营；其他单位和个人不得从事出版物进口业务。

第四十二条 设立出版物进口经营单位，应当具备下列条件：

（一）有出版物进口经营单位的名称、章程；

（二）有符合国务院出版行政主管部门认定的主办单位及其主管机关；

（三）有确定的业务范围；

（四）具有进口出版物内容审查能力；

（五）有与出版物进口业务相适应的资金；

（六）有固定的经营场所；

（七）法律、行政法规和国家规定的其他条件。

第四十三条 设立出版物进口经营单位，应当向国务院出版行政主管部门提出申请，经审查批准，取得国务院出版行政主管部门核发的出版物进口经营许可证后，持证到工商行政管理部门依法领取营业执照。

设立出版物进口经营单位，还应当依照对外贸易法律、行政法规的规定办理相应手续。

第四十四条 出版物进口经营单位变更名称、业务范围、资本结构、主办单位或者其主管机关，合并或者分立，设立分支机构，应当依照本条例第四十二条、第四十三条的规定办理审批手续，并持批准文件到工商行政管理部门办理相应的登记手续。

第四十五条 出版物进口经营单位进口的出版物，不得含有本条例第二十五条、第二十六条禁止的内容。

出版物进口经营单位负责对其进口的出版物进行内容审查。省级以上人民政府出版行政主管部门可以对出版物进口经营单位进口的出版物直接进行内容审查。出版物进口经营单位无法判断其进口的出版物是否含有本条例第二十五条、第二十六条禁止内容的，可以请求省级以上人民政府出版行政主管部门进行内容审查。省级以上人民政府出版行政主管部门应出版物进口经营单位的请求，对其进口的出版物进行内容审查的，可以按照国务院价格主管部门批准的标准收取费用。

国务院出版行政主管部门可以禁止特定出版物的进口。

第四十六条 出版物进口经营单位应当在进口出版物前将拟进口的出版物目录报省级以上人民政府出版行政主管部门备案；省级以上人民政府出版行政主管部门发现有禁止进口的或者暂缓进口的出版物的，应当及时通知出版物进口经营单位并通报海关。对通报禁止进口或者暂缓进口的出版物，出版物进口经营单位不得进口，海关不得放行。

出版物进口备案的具体办法由国务院出版行政主管部门制定。

第四十七条 发行进口出版物的，必须从依法设立的出版物进口经营单位进货。

第四十八条 出版物进口经营单位在境内举办境外出版物展览，必须报经国务院出版行政主管部门批准。未经批准，任何单位和个人不得举办境外出版物展览。

依照前款规定展览的境外出版物需要销售的，应当按照国家有关规定办理相关手续。

第六章 监督与管理

第四十九条 出版行政主管部门应当加强对本行政区域内出版单位出版活动的日常监督管理；出版单位的主办单位及其主管机关对所属出版单位出版活动负有直接管理责任，并应当配合出版行政主管部门督促所属出版单位执行各项管理规定。

出版单位和出版物进口经营单位应当按照国务院出版行政主管部门的规定，将从事出版活动和出版物进口活动的情况向出版行政主管部门提出书面报告。

第五十条 出版行政主管部门履行下列职责：

（一）对出版物的出版、印刷、复制、发行、进口单位进行行业监管，实施准入和退出管理；

（二）对出版活动进行监管，对违反本条例的行为进行查处；

（三）对出版物内容和质量进行监管；

（四）根据国家有关规定对出版从业人员进行管理。

第五十一条 出版行政主管部门根据有关规定和标准，对出版物的内容、编校、印刷或者复制、装帧设计等方面质量实施监督检查。

第五十二条 国务院出版行政主管部门制定出版单位综合评估办法，对出版单位分类实施综合评估。

出版物的出版、印刷或者复制、发行和进口经营单位不再具备行政许可的法定条件的，由出版行政主管部门责令限期改正；逾期仍未改正的，由原发证机关撤销行政许可。

第五十三条 国家对在出版单位从事出版专业技术工作的人员实行职业资格制度；出版专业技术人员通过国家专业技术人员资格考试取得专业技术资格。具体办法由国务院人力资源社会保障主管部门、国务院出版行政主管部门共同制定。

第七章 保障与奖励

第五十四条 国家制定有关政策，保障、促进出版产业和出版事业的发展与繁荣。

第五十五条 国家支持、鼓励下列优秀的、重点的出版物的出版：

（一）对阐述、传播宪法确定的基本原则有重大作用的；

（二）对弘扬社会主义核心价值体系，在人民中进行爱国主义、集体主义、社会主义和民族团结教育以及弘扬社会公德、职业道德、家庭美德有重要意义的；

（三）对弘扬民族优秀文化，促进国际文化交流有重大作用的；

（四）对推进文化创新，及时反映国内外新的科学文化成果有重大贡献的；

（五）对服务农业、农村和农民，促进公共文化服务有重大作用的；

（六）其他具有重要思想价值、科学价值或者文化艺术价值的。

第五十六条 国家对教科书的出版发行，予以保障。

国家扶持少数民族语言文字出版物和盲文出版物的出版发行。

国家对在少数民族地区、边疆地区、经济不发达地区和在农村发行出版物，实行优惠政策。

第五十七条 报纸、期刊交由邮政企业发行的，邮政企业应当保证按照合同约定及时、准确发行。

承运出版物的运输企业，应当对出版物的运输提供方便。

第五十八条 对为发展、繁荣出版产业和出版事业作出重要贡献的单位和个人，按照国家有关规定给予奖励。

第五十九条 对非法干扰、阻止和破坏出版物出版、印刷或者复制、进口、发行的行为，县级以上各级人民政府出版行政主管部门及其他有关部门，应当及时采取措施，予以制止。

第八章　法律责任

第六十条　出版行政主管部门或者其他有关部门的工作人员，利用职务上的便利收受他人财物或者其他好处，批准不符合法定设立条件的出版、印刷或者复制、进口、发行单位，或者不履行监督职责，或者发现违法行为不予查处，造成严重后果的，依法给予降级直至开除的处分；构成犯罪的，依照刑法关于受贿罪、滥用职权罪、玩忽职守罪或者其他罪的规定，依法追究刑事责任。

第六十一条　未经批准，擅自设立出版物的出版、印刷或者复制、进口、发行单位，或者擅自从事出版物的出版、印刷或者复制、进口、发行业务，假冒出版单位名称或者伪造、假冒报纸、期刊名称出版出版物的，由出版行政主管部门、工商行政管理部门依照法定职权予以取缔；依照刑法关于非法经营罪的规定，依法追究刑事责任；尚不够刑事处罚的，没收出版物、违法所得和从事违法活动的专用工具、设备，违法经营额 1 万元以上的，并处违法经营额 5 倍以上 10 倍以下的罚款，违法经营额不足 1 万元的，可以处 5 万元以下的罚款；侵犯他人合法权益的，依法承担民事责任。

第六十二条　有下列行为之一，触犯刑律的，依照刑法有关规定，依法追究刑事责任；尚不够刑事处罚的，由出版行政主管部门责令限期停业整顿，没收出版物、违法所得，违法经营额 1 万元以上的，并处违法经营额 5 倍以上 10 倍以下的罚款；违法经营额不足 1 万元的，可以处 5 万元以下的罚款；情节严重的，由原发证机关吊销许可证：

（一）出版、进口含有本条例第二十五条、第二十六条禁止内容的出版物的；

（二）明知或者应知出版物含有本条例第二十五条、第二十六条禁止内容而印刷或者复制、发行的；

（三）明知或者应知他人出版含有本条例第二十五条、第二十六条禁止内容的出版物而向其出售或者以其他形式转让本出版单位的名称、书号、刊号、版号、版面，或者出租本单位的名称、刊号的。

第六十三条 有下列行为之一的，由出版行政主管部门责令停止违法行为，没收出版物、违法所得，违法经营额1万元以上的，并处违法经营额5倍以上10倍以下的罚款；违法经营额不足1万元的，可以处5万元以下的罚款；情节严重的，责令限期停业整顿或者由原发证机关吊销许可证：

（一）进口、印刷或者复制、发行国务院出版行政主管部门禁止进口的出版物的；

（二）印刷或者复制走私的境外出版物的；

（三）发行进口出版物未从本条例规定的出版物进口经营单位进货的。

第六十四条 走私出版物的，依照刑法关于走私罪的规定，依法追究刑事责任；尚不够刑事处罚的，由海关依照海关法的规定给予行政处罚。

第六十五条 有下列行为之一的，由出版行政主管部门没收出版物、违法所得，违法经营额1万元以上的，并处违法经营额5倍以上10倍以下的罚款；违法经营额不足1万元的，可以处5万元以下的罚款；情节严重的，责令限期停业整顿或者由原发证机关吊销许可证：

（一）出版单位委托未取得出版物印刷或者复制许可的单位印刷或者复制出版物的；

（二）印刷或者复制单位未取得印刷或者复制许可而印刷或者复制出版物的；

（三）印刷或者复制单位接受非出版单位和个人的委托印刷或者复制出版物的；

（四）印刷或者复制单位未履行法定手续印刷或者复制境外出版物的，印刷或者复制的境外出版物没有全部运输出境的；

（五）印刷或者复制单位、发行单位或者个体工商户印刷或者复制、发行未署出版单位名称的出版物的；

（六）出版、印刷、发行单位出版、印刷、发行未经依法审定的中学小学教科书，或者非依照本条例规定确定的单位从事中学小学教科书的出版、发行业务的。

第六十六条 出版单位有下列行为之一的，由出版行政主管部门责令停止违法行为，给予警告，没收违法经营的出版物、违法所得，违法经营额 1 万元以上的，并处违法经营额 5 倍以上 10 倍以下的罚款；违法经营额不足 1 万元的，可以处 5 万元以下的罚款；情节严重的，责令限期停业整顿或者由原发证机关吊销许可证：

（一）出售或者以其他形式转让本出版单位的名称、书号、刊号、版号、版面，或者出租本单位的名称、刊号的；

（二）利用出版活动谋取其他不正当利益的。

第六十七条 有下列行为之一的，由出版行政主管部门责令改正，给予警告；情节严重的，责令限期停业整顿或者由原发证机关吊销许可证：

（一）出版单位变更名称、主办单位或者其主管机关、业务范围，合并或者分立，出版新的报纸、期刊，或者报纸、期刊改变名称，以及出版单位变更其他事项，未依照本条例的规定到出版行政主管部门办理审批、变更登记手续的；

（二）出版单位未将其年度出版计划和涉及国家安全、社会安定等方面的重大选题备案的；

（三）出版单位未依照本条例的规定送交出版物的样本的；

（四）印刷或者复制单位未依照本条例的规定留存备查的材料的；

（五）出版进口经营单位未将其进口的出版物目录报送备案的；

（六）出版单位擅自中止出版活动超过 180 日的；

（七）出版物发行单位、出版物进口经营单位未依照本条例的规定办理变更审批手续的；

（八）出版物质量不符合有关规定和标准的。

第六十八条 未经批准，举办境外出版物展览的，由出版行政主管部门责令停止违法行为，没收出版物、违法所得；情节严重的，责令限期停业整顿或者由原发证机关吊销许可证。

第六十九条 印刷或者复制、批发、零售、出租、散发含有本条例第二十五条、第二十六条禁止内容的出版物或者其他非法出版物的，当事人对非法出版物的来源作出说明、指认，经查证属实的，没收出版物、违法所得，可以减轻或者免除其他行政处罚。

第七十条 单位违反本条例，被处以吊销许可证行政处罚的，应当按照国家有关规定到事业单位登记管理机关或者工商行政管理部门办理注销登记或者变更登记；逾期未办理的，由事业单位登记管理机关撤销登记或者由工商行政管理部门吊销营业执照。

第七十一条 单位违反本条例被处以吊销许可证行政处罚的，其法定代表人或者主要负责人自许可证被吊销之日起10年内不得担任出版、印刷或者复制、进口、发行单位的法定代表人或者主要负责人。

出版从业人员违反本条例规定，情节严重的，由原发证机关吊销其资格证书。

第七十二条 依照本条例的规定实施罚款的行政处罚，应当依照有关法律、行政法规的规定，实行罚款决定与罚款收缴分离；收缴的罚款必须全部上缴国库。

第九章 附 则

第七十三条 行政法规对音像制品和电子出版物的出版、复制、进口、发行另有规定的，适用其规定。

接受境外机构或者个人赠送出版物的管理办法、订户订购境外出版物的管理办法、网络出版审批和管理办法，由国务院出版行政主管部门根据本条例的原则另行制定。

第七十四条 本条例自2002年2月1日起施行。1997年1月2日国务院发布的《出版管理条例》同时废止。

[导读与提示]

该条例规定，著作权管理组织在性质上属于社会团体，依法依靠向权利人所提供的服务收取费用来维持自身生存，不得从事营利性经营活动，并接受政府职能部门的管理。

依法享有著作权或者与著作权有关的权利的中国公民、法人或者其他组织，可以发起设立著作权集体管理组织，但在人数、职能、业务范围等申报条件和申报程序以及收费标准方面有明确要求。

该条例规定："使用者以合理的条件，要求与著作权集体管理组织订立许可使用合同，著作权集体管理组织不得拒绝；许可使用合同的期限，不得超过2年；合同期限届满可以续订。"

该条例还规定："著作权集体管理组织应当建立权利信息查询系统，供权利人和使用者查询……权利人和使用者对著作权集体管理组织管理的权利的信息进行咨询时，该组织应当予以答复。"

著作权集体管理条例

（中华人民共和国国务院第429号令，已经2004年12月22日国务院第74次常务会议通过，现予公布，自2005年3月1日起施行）

第一章　总　则

第一条　为了规范著作权集体管理活动，便于著作权人和与著作权有关的权利人（以下简称权利人）行使权利和使用者使用作品，根据《中华人民共和国著作权法》（以下简称著作权法）制定本条例。

第二条　本条例所称著作权集体管理，是指著作权集体管理组织经权利人授权，集中行使权利人的有关权利并以自己的名义进行的下列活动：

（一）与使用者订立著作权或者与著作权有关的权利许可使用合同（以下简称许可使用合同）；

（二）向使用者收取使用费；

（三）向权利人转付使用费；

（四）进行涉及著作权或者与著作权有关的权利的诉讼、仲裁等。

第三条 本条例所称著作权集体管理组织，是指为权利人的利益依法设立，根据权利人授权、对权利人的著作权或者与著作权有关的权利进行集体管理的社会团体。

著作权集体管理组织应当依照有关社会团体登记管理的行政法规和本条例的规定进行登记并开展活动。

第四条 著作权法规定的表演权、放映权、广播权、出租权、信息网络传播权、复制权等权利人自己难以有效行使的权利，可以由著作权集体管理组织进行集体管理。

第五条 国务院著作权管理部门主管全国的著作权集体管理工作。

第六条 除依照本条例规定设立的著作权集体管理组织外，任何组织和个人不得从事著作权集体管理活动。

第二章 著作权集体管理组织的设立

第七条 依法享有著作权或者与著作权有关的权利的中国公民、法人或者其他组织，可以发起设立著作权集体管理组织。

设立著作权集体管理组织，应当具备下列条件：

（一）发起设立著作权集体管理组织的权利人不少于50人；

（二）不与已经依法登记的著作权集体管理组织的业务范围交叉、重合；

（三）能在全国范围代表相关权利人的利益；

（四）有著作权集体管理组织的章程草案、使用费收取标准草案和向权利人转付使用费的办法（以下简称使用费转付办法）草案。

第八条 著作权集体管理组织章程应当载明下列事项：

（一）名称、住所；

（二）设立宗旨；

（三）业务范围；

（四）组织机构及其职权；

（五）会员大会的最低人数；

（六）理事会的职责及理事会负责人的条件和产生、罢免的程序；

（七）管理费提取、使用办法；

（八）会员加入、退出著作权集体管理组织的条件、程序；

（九）章程的修改程序；

（十）著作权集体管理组织终止的条件、程序和终止后资产的处理。

第九条 申请设立著作权集体管理组织，应当向国务院著作权管理部门提交证明符合本条例第七条规定的条件的材料。国务院著作权管理部门应当自收到材料之日起60日内，作出批准或者不予批准的决定。批准的，发给著作权集体管理许可证；不予批准的，应当说明理由。

第十条 申请人应当自国务院著作权管理部门发给著作权集体管理许可证之日起30日内，依照有关社会团体登记管理的行政法规到国务院民政部门办理登记手续。

第十一条 依法登记的著作权集体管理组织，应当自国务院民政部门发给登记证书之日起30日内，将其登记证书副本报国务院著作权管理部门备案；国务院著作权管理部门应当将报备的登记证书副本以及著作权集体管理组织章程、使用费收取标准、使用费转付办法予以公告。

第十二条 著作权集体管理组织设立分支机构，应当经国务院著作权管理部门批准，并依照有关社会团体登记管理的行政法规到国务院民政部门办理登记手续。经依法登记的，应当将分支机构的登记证书副本报国务院著作权管理部门备案，由国务院著作权管理部门予以公告。

第十三条 著作权集体管理组织应当根据下列因素制定使用费收取标准：

（一）使用作品、录音录像制品等的时间、方式和地域范围；

（二）权利的种类；

（三）订立许可使用合同和收取使用费工作的繁简程度。

第十四条 著作权集体管理组织应当根据权利人的作品或者录音录像制品等使用情况制定使用费转付办法。

第十五条 著作权集体管理组织修改章程，应当将章程修改草案报国务院著作权管理部门批准，并依法经国务院民政部门核准后，由国务院著作权管理部门予以公告。

第十六条 著作权集体管理组织被依法撤销登记的，自被撤销登记之日起不得再进行著作权集体管理业务活动。

第三章 著作权集体管理组织的机构

第十七条 著作权集体管理组织会员大会（以下简称会员大会）为著作权集体管理组织的权力机构。

会员大会由理事会依照本条例规定负责召集。理事会应当于会员大会召开60日以前将会议的时间、地点和拟审议事项予以公告；出席会员大会的会员，应当于会议召开30日以前报名。报名出席会员大会的会员少于章程规定的最低人数时，理事会应当将会员大会报名情况予以公告，会员可以于会议召开5日以前补充报名，并由全部报名出席会员大会的会员举行会员大会。

会员大会行使下列职权：

（一）制定和修改章程；

（二）制定和修改使用费收取标准；

（三）制定和修改使用费转付办法；

（四）选举和罢免理事；

（五）审议批准理事会的工作报告和财务报告；

（六）制定内部管理制度；

（七）决定使用费转付方案和著作权集体管理组织提取管理费的比例；

（八）决定其他重大事项。

会员大会每年召开一次；经10%以上会员或者理事会提议，可以召开临时会员大会。会员大会作出决定，应当经出席会议的会员过半数表决通过。

第十八条 著作权集体管理组织设立理事会，对会员大会负责，执行会员大会决定。理事会成员不得少于9人。

理事会任期为4年，任期届满应当进行换届选举。因特殊情况可以提前或者延期换届，但是换届延期不得超过1年。

第四章　著作权集体管理活动

第十九条　权利人可以与著作权集体管理组织以书面形式订立著作权集体管理合同，授权该组织对其依法享有的著作权或者与著作权有关的权利进行管理。权利人符合章程规定加入条件的，著作权集体管理组织应当与其订立著作权集体管理合同，不得拒绝。

权利人与著作权集体管理组织订立著作权集体管理合同并按照章程规定履行相应手续后，即成为该著作权集体管理组织的会员。

第二十条　权利人与著作权集体管理组织订立著作权集体管理合同后，不得在合同约定期限内自己行使或者许可他人行使合同约定的由著作权集体管理组织行使的权利。

第二十一条　权利人可以依照章程规定的程序，退出著作权集体管理组织，终止著作权集体管理合同。但是，著作权集体管理组织已经与他人订立许可使用合同的，该合同在期限届满前继续有效；该合同有效期内，权利人有权获得相应的使用费并可以查阅有关业务材料。

第二十二条　外国人、无国籍人可以通过与中国的著作权集体管理组织订立相互代表协议的境外同类组织，授权中国的著作权集体管理组织管理其依法在中国境内享有的著作权或者与著作权有关的权利。

前款所称相互代表协议，是指中国的著作权集体管理组织与境外的同类组织相互授权对方在其所在国家或者地区进行集体管理活动的协议。

著作权集体管理组织与境外同类组织订立的相互代表协议应当报国务院著作权管理部门备案，由国务院著作权管理部门予以公告。

第二十三条　著作权集体管理组织许可他人使用其管理的作品、录音录像制品等，应当与使用者以书面形式订立许可使用合同。

著作权集体管理组织不得与使用者订立专有许可使用合同。

使用者以合理的条件要求与著作权集体管理组织订立许可使用合同，著作权集体管理组织不得拒绝。

许可使用合同的期限不得超过 2 年；合同期限届满可以续订。

第二十四条　著作权集体管理组织应当建立权利信息查询系统，供权利人和使用者查询。权利信息查询系统应当包括著作权集体管理组织管理的权利种类和作品、录音录像制品等的名称、权利人姓名或者名称、授权管理的期限。

权利人和使用者对著作权集体管理组织管理的权利的信息进行咨询时，该组织应当予以答复。

第二十五条 除著作权法第二十三条、第三十二条第二款、第三十九条第三款、第四十二条第二款和第四十三条规定应当支付的使用费外，著作权集体管理组织应当根据国务院著作权管理部门公告的使用费收取标准，与使用者约定收取使用费的具体数额。

第二十六条 两个或者两个以上著作权集体管理组织就同一使用方式向同一使用者收取使用费，可以事先协商确定由其中一个著作权集体管理组织统一收取。统一收取的使用费在有关著作权集体管理组织之间经协商分配。

第二十七条 使用者向著作权集体管理组织支付使用费时，应当提供其使用的作品、录音录像制品等的名称、权利人姓名或者名称和使用的方式、数量、时间等有关使用情况；许可使用合同另有约定的除外。

使用者提供的有关使用情况涉及该使用者商业秘密的，著作权集体管理组织负有保密义务。

第二十八条 著作权集体管理组织可以从收取的使用费中提取一定比例作为管理费，用于维持其正常的业务活动。

著作权集体管理组织提取管理费的比例应当随着使用费收入的增加而逐步降低。

第二十九条 著作权集体管理组织收取的使用费，在提取管理费后，应当全部转付给权利人，不得挪作他用。

著作权集体管理组织转付使用费，应当编制使用费转付记录。使用费转付记录应当载明使用费总额、管理费数额、权利人姓名或者名称、作品或者录音录像制品等的名称、有关使用情况、向各权利人转付使用费的具体数额等事项，并应当保存10年以上。

第五章 对著作权集体管理组织的监督

第三十条 著作权集体管理组织应当依法建立财务、会计制度和资产管理制度，并按照国家有关规定设置会计账簿。

第三十一条 著作权集体管理组织的资产使用和财务管理受国务院著作权管理部门和民政部门的监督。

著作权集体管理组织应当在每个会计年度结束时制作财务会计报告，委托会计师事务所依法进行审计，并公布审计结果。

第三十二条 著作权集体管理组织应当对下列事项进行记录，供权利人和使用者查阅：

（一）作品许可使用情况；

（二）使用费收取和转付情况；

（三）管理费提取和使用情况。

权利人有权查阅、复制著作权集体管理组织的财务报告、工作报告和其他业务材料；著作权集体管理组织应当提供便利。

第三十三条 权利人认为著作权集体管理组织有下列情形之一的，可以向国务院著作权管理部门检举：

（一）权利人符合章程规定的加入条件要求加入著作权集体管理组织，或者会员依照章程规定的程序要求退出著作权集体管理组织，著作权集体管理组织拒绝的；

（二）著作权集体管理组织不按照规定收取、转付使用费，或者不按照规定提取、使用管理费的；

（三）权利人要求查阅本条例第三十二条规定的记录、业务材料，著作权集体管理组织拒绝提供的。

第三十四条 使用者认为著作权集体管理组织有下列情形之一的，可以向国务院著作权管理部门检举：

（一）著作权集体管理组织违反本条例第二十三条规定拒绝与使用者订立许可使用合同的；

（二）著作权集体管理组织未根据公告的使用费收取标准约定收取使用费的具体数额的；

（三）使用者要求查阅本条例第三十二条规定的记录，著作权集体管理组织拒绝提供的。

第三十五条 权利人和使用者以外的公民、法人或者其他组织认为著作权集体管理组织有违反本条例规定的行为的，可以向国务院著作权管理部门举报。

第三十六条 国务院著作权管理部门应当自接到检举、举报之日起60日内对检举、举报事项进行调查并依法处理。

第三十七条 国务院著作权管理部门可以采取下列方式对著作权集体管理组织进行监督，并应当对监督活动作出记录：

（一）检查著作权集体管理组织的业务活动是否符合本条例及其章程的规定；

（二）核查著作权集体管理组织的会计账簿、年度预算和决算报告及其他有关业务材料；

（三）派员列席著作权集体管理组织的会员大会、理事会等重要会议。

第三十八条 著作权集体管理组织应当依法接受国务院民政部门和其他有关部门的监督。

第六章 法律责任

第三十九条 著作权集体管理组织有下列情形之一的，由国务院著作权管理部门责令限期改正：

（一）违反本条例第二十二条规定，未将与境外同类组织订立的相互代表协议报国务院著作权管理部门备案的；

（二）违反本条例第二十四条规定，未建立权利信息查询系统的；

（三）未根据公告的使用费收取标准约定收取使用费的具体数额的。

著作权集体管理组织超出业务范围管理权利人的权利的，由国务院著作权管理部门责令限期改正，其与使用者订立的许可使用合同无效；给权利人、使用者造成损害的，依法承担民事责任。

第四十条 著作权集体管理组织有下列情形之一的，由国务院著作权管理部门责令限期改正；逾期不改正的，责令会员大会或者理事会根据本条例规定的权限罢免或者解聘直接负责的主管人员：

（一）违反本条例第十九条规定拒绝与权利人订立著作权集体管理合同

的，或者违反本条例第二十一条的规定拒绝会员退出该组织的要求的；

（二）违反本条例第二十三条规定，拒绝与使用者订立许可使用合同的；

（三）违反本条例第二十八条规定提取管理费的；

（四）违反本条例第二十九条规定转付使用费的；

（五）拒绝提供或者提供虚假的会计账簿、年度预算和决算报告或者其他有关业务材料的。

第四十一条 著作权集体管理组织自国务院民政部门发给登记证书之日起超过6个月无正当理由未开展著作权集体管理活动，或者连续中止著作权集体管理活动6个月以上的，由国务院著作权管理部门吊销其著作权集体管理许可证，并由国务院民政部门撤销登记。

第四十二条 著作权集体管理组织从事营利性经营活动的，由工商行政管理部门依法予以取缔，没收违法所得；构成犯罪的，依法追究刑事责任。

第四十三条 违反本条例第二十七条的规定，使用者能够提供有关使用情况而拒绝提供，或者在提供有关使用情况时弄虚作假的，由国务院著作权管理部门责令改正；著作权集体管理组织可以中止许可使用合同。

第四十四条 擅自设立著作权集体管理组织或者分支机构，或者擅自从事著作权集体管理活动的，由国务院著作权管理部门或者民政部门依照职责分工予以取缔，没收违法所得；构成犯罪的，依法追究刑事责任。

第四十五条 依照本条例规定从事著作权集体管理组织审批和监督工作的国家行政机关工作人员玩忽职守、滥用职权、徇私舞弊，构成犯罪的，依法追究刑事责任；尚不构成犯罪的，依法给予行政处分。

第七章　附　则

第四十六条 本条例施行前已经设立的著作权集体管理组织，应当自本条例生效之日起3个月内，将其章程、使用费收取标准、使用费转付办法及其他有关材料报国务院著作权管理部门审核，并将其与境外同类组织订立的相互代表协议报国务院著作权管理部门备案。

第四十七条 依照著作权法第二十三条、第三十二条第二款、第三十九条第三款的规定使用他人作品，未能依照《中华人民共和国著作权法实施条例》

第三十二条的规定向权利人支付使用费的，应当将使用费连同邮资以及使用作品的有关情况送交管理相关权利的著作权集体管理组织，由该著作权集体管理组织将使用费转付给权利人。

负责转付使用费的著作权集体管理组织应当建立作品使用情况查询系统，供权利人、使用者查询。

负责转付使用费的著作权集体管理组织可以从其收到的使用费中提取管理费，管理费按照会员大会决定的该集体管理组织管理费的比例减半提取。除管理费外，该著作权集体管理组织不得从其收到的使用费中提取其他任何费用。

第四十八条 本条例自2005年3月1日起施行。

[导读与提示]

该条例2001年制定，虽经2011年修改，但仍然将自身管理权限限定在以“录音带、录像带、唱片、激光唱盘和激光视盘”为介质的音像制品上，对于在信息网络上的作品形式、传播方式和传播渠道缺少关注。

对音像制品的出版、发行等活动，政府管理部门实行的是许可制度。未经许可，任何单位和个人不得从事该项活动。这一点显然也已经被信息网络，特别是UGC（用户生产内容）类网站在事实上突破了。

该条例规定：“图书出版社、报社、期刊社、电子出版物出版社，不得出版非配合本版出版物的音像制品。”在这里可以看到，数字音像制品也不应该属于电子出版物。但在最后又规定“电子出版物的出版、制作、复制、进口、批发、零售等活动适用本条例”。但电子出版物显然很难执行该条例中诸多规定。

从该条例的有关条文中看，对音像出版活动的监督管理并不只有政府出版管理部门一家。

根据该条例，音像出版单位、音像制作单位、音像复制单位以及音像进口、音像批发、零售、出租单位都得单独报批、单独成立。其复杂、繁琐令人望而生畏。

关于《音像制品制作许可证》，该条例有明确规定。

音像制品管理条例

（2001年12月25日中华人民共和国国务院第341号令公布，2011年3月19日《国务院关于修改〈音像制品管理条例〉的决定》修订）

第一章　总　则

第一条　为了加强音像制品的管理，促进音像业的健康发展和繁荣，丰富人民群众的文化生活，促进社会主义物质文明和精神文明建设，制定本条例。

第二条 本条例适用于录有内容的录音带、录像带、唱片、激光唱盘和激光视盘等音像制品的出版、制作、复制、进口、批发、零售、出租等活动。

音像制品用于广播电视播放的，适用广播电视法律、行政法规。

第三条 出版、制作、复制、进口、批发、零售、出租音像制品，应当遵守宪法和有关法律、法规，坚持为人民服务和为社会主义服务的方向，传播有益于经济发展和社会进步的思想、道德、科学技术和文化知识。

音像制品禁止载有下列内容：

（一）反对宪法确定的基本原则的；

（二）危害国家统一、主权和领土完整的；

（三）泄露国家秘密、危害国家安全或者损害国家荣誉和利益的；

（四）煽动民族仇恨、民族歧视，破坏民族团结，或者侵害民族风俗、习惯的；

（五）宣扬邪教、迷信的；

（六）扰乱社会秩序，破坏社会稳定的；

（七）宣扬淫秽、赌博、暴力或者教唆犯罪的；

（八）侮辱或者诽谤他人，侵害他人合法权益的；

（九）危害社会公德或者民族优秀文化传统的；

（十）有法律、行政法规和国家规定禁止的其他内容的。

第四条 国务院出版行政主管部门负责全国音像制品的出版、制作、复制、进口、批发、零售和出租的监督管理工作；国务院其他有关行政部门按照国务院规定的职责分工，负责有关的音像制品经营活动的监督管理工作。

县级以上地方人民政府负责出版管理的行政主管部门（以下简称出版行政主管部门）负责本行政区域内音像制品的出版、制作、复制、进口、批发、零售和出租的监督管理工作；县级以上地方人民政府其他有关行政部门在各自的职责范围内负责有关的音像制品经营活动的监督管理工作。

第五条 国家对出版、制作、复制、进口、批发、零售音像制品，实行许可制度；未经许可，任何单位和个人不得从事音像制品的出版、制作、复制、进口、批发、零售等活动。

依照本条例发放的许可证和批准文件，不得出租、出借、出售或者以其他任何形式转让。

第六条 国务院出版行政主管部门负责制定音像业的发展规划，确定全国音像出版单位、音像复制单位的总量、布局和结构。

第七条 音像制品经营活动的监督管理部门及其工作人员不得从事或者变相从事音像制品经营活动，并不得参与或者变相参与音像制品经营单位的经营活动。

第二章 出 版

第八条 设立音像出版单位，应当具备下列条件：

（一）有音像出版单位的名称、章程；

（二）有符合国务院出版行政主管部门认定的主办单位及其主管机关；

（三）有确定的业务范围；

（四）有适应业务范围需要的组织机构和符合国家规定的资格条件的音像出版专业人员；

（五）有适应业务范围需要的资金、设备和工作场所；

（六）法律、行政法规规定的其他条件。

审批设立音像出版单位，除依照前款所列条件外，还应当符合音像出版单位总量、布局和结构的规划。

第九条 申请设立音像出版单位，由所在地省、自治区、直辖市人民政府出版行政主管部门审核同意后，报国务院出版行政主管部门审批。国务院出版行政主管部门应当自受理申请之日起60日内作出批准或者不批准的决定，并通知申请人。批准的，发给《音像制品出版许可证》，由申请人持《音像制品出版许可证》到工商行政管理部门登记，依法领取营业执照；不批准的，应当说明理由。

申请书应当载明下列内容：

（一）音像出版单位的名称、地址；

（二）音像出版单位的主办单位及其主管机关的名称、地址；

（三）音像出版单位的法定代表人或者主要负责人的姓名、住址、资格证明文件；

（四）音像出版单位的资金来源和数额。

第十条 音像出版单位变更名称、主办单位或者其主管机关、业务范围，或者兼并其他音像出版单位，或者因合并、分立而设立新的音像出版单位的，应当依照本条例第九条的规定办理审批手续，并到原登记的工商行政管理部门办理相应的登记手续。

音像出版单位变更地址、法定代表人或者主要负责人，或者终止出版经营活动的，应当到原登记的工商行政管理部门办理变更登记或者注销登记，并向国务院出版行政主管部门备案。

第十一条 音像出版单位的年度出版计划和涉及国家安全、社会安定等方面的重大选题，应当经所在地省、自治区、直辖市人民政府出版行政主管部门审核后报国务院出版行政主管部门备案；重大选题音像制品未在出版前报备案的，不得出版。

第十二条 音像出版单位应当在其出版的音像制品及其包装的明显位置，标明出版单位的名称、地址和音像制品的版号、出版时间、著作权人等事项；出版进口的音像制品，还应当标明进口批准文号。

音像出版单位应当按照国家有关规定向国家图书馆、中国版本图书馆和国务院出版行政主管部门免费送交样本。

第十三条 音像出版单位不得向任何单位或者个人出租、出借、出售或者以其他任何形式转让本单位的名称，不得向任何单位或者个人出售或者以其他形式转让本单位的版号。

第十四条 任何单位和个人不得以购买、租用、借用、擅自使用音像出版单位的名称或者购买、伪造版号等形式从事音像制品出版活动。

图书出版社、报社、期刊社、电子出版物出版社，不得出版非配合本版出版物的音像制品；但是，可以按照国务院出版行政主管部门的规定，出版配合本版出版物的音像制品，并参照音像出版单位享有权利、承担义务。

第十五条 音像出版单位可以与香港特别行政区、澳门特别行政区、台湾地区或者外国的组织、个人合作制作音像制品。具体办法由国务院出版行政主管部门制定。

第十六条 音像出版单位实行编辑责任制度，保证音像制品的内容符合本条例的规定。

第十七条 音像出版单位以外的单位申请设立独立从事音像制品的制作业务的单位（以下简称音像制作单位），由所在地省、自治区、直辖市人民政府出版行政主管部门审批。省、自治区、直辖市人民政府出版行政主管部门应当自受理申请之日起60日内作出批准或者不批准的决定，并通知申请人。批准的，发给《音像制品制作许可证》，由申请人持《音像制品制作许可证》到工商行政管理部门登记，依法领取营业执照；不批准的，应当说明理由。广播、电视节目制作经营单位的设立，依照有关法律、行政法规的规定办理。

申请书应当载明下列内容：

（一）音像制作单位的名称、地址；

（二）音像制作单位的法定代表人或者主要负责人的姓名、住址、资格证明文件；

（三）音像制作单位的资金来源和数额。

审批设立音像制作单位，除依照前款所列条件外，还应当兼顾音像制作单位总量、布局和结构。

第十八条 音像制作单位变更名称、业务范围，或者兼并其他音像制作单位，或者因合并、分立而设立新的音像制作单位的，应当依照本条例第十七条的规定办理审批手续，并到原登记的工商行政管理部门办理相应的登记手续。

音像制作单位变更地址、法定代表人或者主要负责人，或者终止制作经营活动的，应当到原登记的工商行政管理部门办理变更登记或者注销登记，并向省、自治区、直辖市人民政府出版行政主管部门备案。

第十九条 音像出版单位不得委托未取得《音像制品制作许可证》的单位制作音像制品。

音像制作单位接受委托制作音像制品的，应当按照国家有关规定，与委托的出版单位订立制作委托合同；验证委托的出版单位的《音像制品出版许可证》或者本版出版物的证明及由委托的出版单位盖章的音像制品制作委托书。

音像制作单位不得出版、复制、批发、零售音像制品。

第三章　复　制

第二十条　设立音像复制单位应当具备下列条件：

（一）有音像复制单位的名称、章程；

（二）有确定的业务范围；

（三）有适应业务范围需要的组织机构和人员；

（四）有适应业务范围需要的资金、设备和复制场所；

（五）法律、行政法规规定的其他条件。

审批设立音像复制单位，除依照前款所列条件外，还应当符合音像复制单位总量、布局和结构的规划。

第二十一条　申请设立音像复制单位，由所在地省、自治区、直辖市人民政府出版行政主管部门审核同意后，报国务院出版行政主管部门审批。国务院出版行政主管部门应当自受理申请之日起60日内作出批准或者不批准的决定，并通知申请人。批准的，发给《复制经营许可证》，由申请人持《复制经营许可证》到工商行政管埋部门登记，依法领取营业执照；不批准的，应当说明理由。

申请书应当载明下列内容：

（一）音像复制单位的名称、地址；

（二）音像复制单位的法定代表人或者主要负责人的姓名、住址；

（三）音像复制单位的资金来源和数额。

第二十二条　音像复制单位变更业务范围，或者兼并其他音像复制单位，或者因合并、分立而设立新的音像复制单位的，应当依照本条例第二十一条的规定办理审批手续，并到工商行政管理部门办理相应的登记手续。

音像复制单位变更名称、地址、法定代表人或者主要负责人，或者终止复制经营活动的，应当到原登记的工商行政管理部门办理变更登记或者注销登记，并向国务院出版行政主管部门备案。

第二十三条　音像复制单位接受委托复制音像制品的，应当按照国家有关规定，与委托的出版单位订立复制委托合同；验证委托的出版单位的《音像制品出版许可证》、营业执照副本、盖章的音像制品复制委托书以及出版单位取得的授权书；接受委托复制的音像制品属于非卖品的，应当验证委托单位的身份证明和委托单位出具的音像制品非卖品复制委托书。

音像复制单位应当自完成音像制品复制之日起2年内，保存委托合同和所复制的音像制品的样本以及验证的有关证明文件的副本，以备查验。

第二十四条 音像复制单位不得接受非音像出版单位或者个人的委托复制经营性的音像制品；不得自行复制音像制品；不得批发、零售音像制品。

第二十五条 从事光盘复制的音像复制单位复制光盘，必须使用蚀刻有国务院出版行政主管部门核发的激光数码储存片来源识别码的注塑模具。

第二十六条 音像复制单位接受委托复制境外音像制品的，应当经省、自治区、直辖市人民政府出版行政主管部门批准，并持著作权人的授权书依法到著作权行政管理部门登记；复制的音像制品应当全部运输出境，不得在境内发行。

第四章 进 口

第二十七条 音像制品成品进口业务由国务院出版行政主管部门批准的音像制品成品进口经营单位经营；未经批准，任何单位或者个人不得经营音像制品成品进口业务。

第二十八条 进口用于出版的音像制品，以及进口用于批发、零售、出租等的音像制品成品，应当报国务院出版行政主管部门进行内容审查。

国务院出版行政主管部门应当自收到音像制品内容审查申请书之日起30日内作出批准或者不批准的决定，并通知申请人。批准的，发给批准文件；不批准的，应当说明理由。

进口用于出版的音像制品的单位、音像制品成品进口经营单位应当持国务院出版行政主管部门的批准文件到海关办理进口手续。

第二十九条 进口用于出版的音像制品，其著作权事项应当向国务院著作权行政管理部门登记。

第三十条 进口供研究、教学参考的音像制品，应当委托音像制品成品进口经营单位依照本条例第二十八条的规定办理。

进口用于展览、展示的音像制品，经国务院出版行政主管部门批准后，到海关办理临时进口手续。

依照本条规定进口的音像制品，不得进行经营性复制、批发、零售、出租和放映。

第五章　批发、零售和出租

第三十一条　设立音像制品批发、零售单位，应当具备下列条件：

（一）有音像制品批发、零售单位的名称、章程；

（二）有确定的业务范围；

（三）有适应业务范围需要的组织机构和人员；

（四）有适应业务范围需要的资金和场所；

（五）法律、行政法规规定的其他条件。

第三十二条　申请设立音像制品批发单位，应当报所在地省、自治区、直辖市人民政府出版行政主管部门审批。申请从事音像制品零售业务，应当报县级地方人民政府出版行政主管部门审批。出版行政主管部门应当自受理申请书之日起30日内作出批准或者不批准的决定，并通知申请人。批准的，应当发给《出版物经营许可证》，由申请人持《出版物经营许可证》到工商行政管理部门登记，依法领取营业执照；不批准的，应当说明理由。

《出版物经营许可证》应当注明音像制品经营活动的种类。

第三十三条　音像制品批发、零售单位变更名称、业务范围，或者兼并其他音像制品批发、零售单位，或者因合并、分立而设立新的音像制品批发、零售单位的，应当依照本条例第三十二条的规定办理审批手续，并到原登记的工商行政管理部门办理相应的登记手续。

音像制品批发、零售单位变更地址、法定代表人或者主要负责人或者终止经营活动，从事音像制品零售经营活动的个体工商户变更业务范围、地址或者终止经营活动的，应当到原登记的工商行政管理部门办理变更登记或者注销登记，并向原批准的出版行政主管部门备案。

第三十四条　音像出版单位可以按照国家有关规定，批发、零售本单位出版的音像制品。从事非本单位出版的音像制品的批发、零售业务的，应当依照本条例第三十二条的规定办理审批手续，并到原登记的工商行政管理部门办理登记手续。

第三十五条 国家允许设立从事音像制品发行业务的中外合作经营企业。

第三十六条 音像制品批发单位和从事音像制品零售、出租等业务的单位或者个体工商户，不得经营非音像出版单位出版的音像制品或者非音像复制单位复制的音像制品，不得经营未经国务院出版行政主管部门批准进口的音像制品，不得经营侵犯他人著作权的音像制品。

第六章 罚 则

第三十七条 出版行政主管部门或者其他有关行政部门及其工作人员，利用职务上的便利收受他人财物或者其他好处，批准不符合法定设立条件的音像制品出版、制作、复制、进口、批发、零售单位，或者不履行监督职责，或者发现违法行为不予查处，造成严重后果的，对负有责任的主管人员和其他直接责任人员依法给予降级直至开除的处分；构成犯罪的，依照刑法关于受贿罪、滥用职权罪、玩忽职守罪或者其他罪的规定，依法追究刑事责任。

第三十八条 音像制品经营活动的监督管理部门的工作人员从事或者变相从事音像制品经营活动的，参与或者变相参与音像制品经营单位的经营活动的，依法给予撤职或者开除的处分。

音像制品经营活动的监督管理部门有前款所列行为的，对负有责任的主管人员和其他直接责任人员依照前款规定处罚。

第三十九条 未经批准，擅自设立音像制品出版、制作、复制、进口、批发、零售单位，擅自从事音像制品出版、制作、复制业务或者进口、批发、零售经营活动的，由出版行政主管部门、工商行政管理部门依照法定职权予以取缔；依照刑法关于非法经营罪的规定，依法追究刑事责任；尚不够刑事处罚的，没收违法经营的音像制品和违法所得以及进行违法活动的专用工具、设备；违法经营额1万元以上的，并处违法经营额5倍以上10倍以下的罚款；违法经营额不足1万元的，可以处5万元以下的罚款。

第四十条 出版含有本条例第三条第二款禁止内容的音像制品，或者制作、复制、批发、零售、出租、放映明知或者应知含有本条例第三条第二款禁止内容的音像制品的，依照刑法有关规定，依法追究刑事责任；尚不够刑事处罚的，由出版行政主管部门、公安部门依据各自职权责令停业整顿，没收违法经营的音像制品和违法所得；违法经营额1万元以上的，并处违法经营额5倍以上10倍以下的罚款；违法经营额不足1万元的，可以处5万元以下的罚款；情节严重的，并由原发证机关吊销许可证。

第四十一条 走私音像制品的，依照刑法关于走私罪的规定，依法追究刑事责任；尚不够刑事处罚的，由海关依法给予行政处罚。

第四十二条 有下列行为之一的，由出版行政主管部门责令停止违法行为，给予警告，没收违法经营的音像制品和违法所得；违法经营额1万元以上的，并处违法经营额5倍以上10倍以下的罚款；违法经营额不足1万元的，可以处5万元以下的罚款；情节严重的，并责令停业整顿或者由原发证机关吊销许可证：

（一）音像出版单位向其他单位、个人出租、出借、出售或者以其他任何形式转让本单位的名称，出售或者以其他形式转让本单位的版号的；

（二）音像出版单位委托未取得《音像制品制作许可证》的单位制作音像制品，或者委托未取得《复制经营许可证》的单位复制音像制品的；

（三）音像出版单位出版未经国务院出版行政主管部门批准擅自进口的音像制品的；

（四）音像制作单位、音像复制单位未依照本条例的规定验证音像出版单位的委托书、有关证明的；

（五）音像复制单位擅自复制他人的音像制品，或者接受非音像出版单位、个人的委托复制经营性的音像制品，或者自行复制音像制品的。

第四十三条 音像出版单位违反国家有关规定与香港特别行政区、澳门特别行政区、台湾地区或者外国的组织、个人合作制作音像制品，音像复制单位违反国家有关规定接受委托复制境外音像制品，未经省、自治区、直辖市人民政府出版行政主管部门审核同意，或者未将复制的境外音像制品全部运输出境的，由省、自治区、直辖市人民政府出版行政主管部门责令改正，没收违法经营的音像制品和违法所得；违法经营额1万元以上的，并处违法经营额5倍以上10倍以下的罚款；违法经营额不足1万元的，可以处5万元以下的罚款；情节严重的，并由原发证机关吊销许可证。

第四十四条　有下列行为之一的，由出版行政主管部门责令改正，给予警告；情节严重的，并责令停业整顿或者由原发证机关吊销许可证：

（一）音像出版单位未将其年度出版计划和涉及国家安全、社会安定等方面的重大选题报国务院出版行政主管部门备案的；

（二）音像制品出版、制作、复制、批发、零售单位变更名称、地址、法定代表人或者主要负责人、业务范围等，未依照本条例规定办理审批、备案手续的；

（三）音像出版单位未在其出版的音像制品及其包装的明显位置标明本条例规定的内容的；

（四）音像出版单位未依照本条例的规定送交样本的；

（五）音像复制单位未依照本条例的规定留存备查的材料的；

（六）从事光盘复制的音像复制单位复制光盘，使用未蚀刻国务院出版行政主管部门核发的激光数码储存片来源识别码的注塑模具的。

第四十五条　有下列行为之一的，由出版行政主管部门责令停止违法行为，给予警告，没收违法经营的音像制品和违法所得；违法经营额 1 万元以上的，并处违法经营额 5 倍以上 10 倍以下的罚款；违法经营额不足 1 万元的，可以处 5 万元以下的罚款；情节严重的，并责令停业整顿或者由原发证机关吊销许可证：

（一）批发、零售、出租、放映非音像出版单位出版的音像制品或者非音像复制单位复制的音像制品的；

（二）批发、零售、出租或者放映未经国务院出版行政主管部门批准进口的音像制品的；

（三）批发、零售、出租、放映供研究、教学参考或者用于展览、展示的进口音像制品的。

第四十六条　单位违反本条例的规定，被处以吊销许可证行政处罚的，应当到工商行政管理部门办理变更登记或者注销登记；逾期未办理的，由工商行政管理部门吊销营业执照。

第四十七条　单位违反本条例的规定，被处以吊销许可证行政处罚的，其法定代表人或者主要负责人自许可证被吊销之日起 10 年内不得担任音像制品出版、制作、复制、进口、批发、零售单位的法定代表人或者主要负责人。

从事音像制品零售业务的个体工商户违反本条例的规定，被处以吊销许可证行政处罚的，自许可证被吊销之日起10年内不得从事音像制品零售业务。

第四十八条 依照本条例的规定实施罚款的行政处罚，应当依照有关法律、行政法规的规定，实行罚款决定与罚款收缴分离；收缴的罚款必须全部上缴国库。

第七章 附 则

第四十九条 除本条例第三十五条外，电子出版物的出版、制作、复制、进口、批发、零售等活动适用本条例。

第五十条 依照本条例发放许可证，除按照法定标准收取成本费外，不得收取其他任何费用。

第五十一条 本条例自2002年2月1日起施行。1994年8月25日国务院发布的《音像制品管理条例》同时废止。

[导读与提示]

本条例禁止通过信息网络擅自向公众提供他人的作品、表演、录音录像制品，以及故意避开或者破坏技术措施和故意删除或者改变通过信息网络向公众提供的作品、表演、录音录像制品的权利管理电子信息等传播行为。

“通过信息网络提供他人的作品、表演、录音录像制品，获得经济利益”在该条例中被明确禁止，在获利方式上没有区别直接获利与间接获利的区别。

第二十条规定网络服务提供者根据服务对象的指令提供网络自动接入服务，或者对服务对象提供的作品、表演、录音录像制品提供自动传输服务，具备下面两个条件的，不承担赔偿责任：一是未选择并且未改变所传输的作品、表演、录音录像制品；二是向指定的服务对象提供该作品、表演、录音录像制品，并防止指定的服务对象以外的其他人获得。特别是第二个条件，格外值得注意。

对提供信息存储空间或者提供搜索、链接服务的网络服务提供者，权利人认为其服务所涉及的作品、表演、录音录像制品，侵犯自己的信息网络传播权或者被删除、改变了自己的权利管理电子信息的，可以向该网络服务提供者提交书面通知，要求网络服务提供者删除该作品、表演、录音录像制品，或者断开与该作品、表演、录音录像制品的链接。本条例交代了通知书应当包含的具体内容。

该条例在文末对“信息网络传播权”做出了清晰界定，该权利“是指以有线或者无线方式向公众提供作品、表演或者录音录像制品，使公众可以在其个人选定的时间和地点获得作品、表演或者录音录像制品的权利。”其中所称的“表演”，不体现为作品或制品，那它和广播有何区别，值得注意。

网络服务提供者如果提供“与扶助贫困有关的作品和适应基本文化需求的作品”，有一个30日的公告期，经过公告无异议之后才可以在网络上提供。

“在公众集会上发表的讲话”和“时事性文章”一样，在本条例的规定中“可以不经著作权人许可，不向其支付报酬”。

该条例对于“权利管理电子信息”也有清晰界定。

信息网络传播权保护条例

（2006年5月18日以中华人民共和国国务院令第468号公布，2013年1月30日中华人民共和国国务院第634号令《国务院关于修改〈信息网络传播权保护条例〉的决定》修订）

第一条 为保护著作权人、表演者、录音录像制作者（以下统称权利人）的信息网络传播权，鼓励有益于社会主义精神文明、物质文明建设的作品的创作和传播，根据《中华人民共和国著作权法》（以下简称著作权法），制定本条例。

第二条 权利人享有的信息网络传播权受著作权法和本条例保护。除法律、行政法规另有规定的外，任何组织或者个人将他人的作品、表演、录音录像制品通过信息网络向公众提供，应当取得权利人许可，并支付报酬。

第三条 依法禁止提供的作品、表演、录音录像制品，不受本条例保护。

权利人行使信息网络传播权，不得违反宪法和法律、行政法规，不得损害公共利益。

第四条 为了保护信息网络传播权，权利人可以采取技术措施。

任何组织或者个人不得故意避开或者破坏技术措施，不得故意制造、进口或者向公众提供主要用于避开或者破坏技术措施的装置或者部件，不得故意为他人避开或者破坏技术措施提供技术服务。但是，法律、行政法规规定可以避开的除外。

第五条 未经权利人许可，任何组织或者个人不得进行下列行为：

（一）故意删除或者改变通过信息网络向公众提供的作品、表演、录音录像制品的权利管理电子信息，但由于技术上的原因无法避免删除或者改变的除外；

（二）通过信息网络向公众提供明知或者应知未经权利人许可被删除或者改变权利管理电子信息的作品、表演、录音录像制品。

第六条 通过信息网络提供他人作品，属于下列情形的，可以不经著作权人许可，不向其支付报酬：

（一）为介绍、评论某一作品或者说明某一问题，在向公众提供的作品中适当引用已经发表的作品；

（二）为报道时事新闻，在向公众提供的作品中不可避免地再现或者引用已经发表的作品；

（三）为学校课堂教学或者科学研究，向少数教学、科研人员提供少量已经发表的作品；

（四）国家机关为执行公务，在合理范围内向公众提供已经发表的作品；

（五）将中国公民、法人或者其他组织已经发表的、以汉语言文字创作的作品翻译成的少数民族语言文字作品，向中国境内少数民族提供；

（六）不以营利为目的，以盲人能够感知的独特方式向盲人提供已经发表的文字作品；

（七）向公众提供在信息网络上已经发表的关于政治、经济问题的时事性文章；

（八）向公众提供在公众集会上发表的讲话。

第七条 图书馆、档案馆、纪念馆、博物馆、美术馆等可以不经著作权人许可，通过信息网络向本馆馆舍内服务对象提供本馆收藏的合法出版的数字作品和依法为陈列或者保存版本的需要以数字化形式复制的作品，不向其支付报酬，但不得直接或者间接获得经济利益。当事人另有约定的除外。

前款规定的为陈列或者保存版本需要以数字化形式复制的作品，应当是已经损毁或者濒临损毁、丢失或者失窃，或者其存储格式已经过时，并且在市场上无法购买或者只能以明显高于标定的价格购买的作品。

第八条 为通过信息网络实施九年制义务教育或者国家教育规划，可以不经著作权人许可，使用其已经发表作品的片断或者短小的文字作品、音乐作品或者单幅的美术作品、摄影作品制作课件，由制作课件或者依法取得课件的远程教育机构通过信息网络向注册学生提供，但应当向著作权人支付报酬。

第九条 为扶助贫困，通过信息网络向农村地区的公众免费提供中国公民、法人或者其他组织已经发表的种植养殖、防病治病、防灾减灾等与扶助贫困有关的作品和适应基本文化需求的作品，网络服务提供者应当在提供前公告拟提供的作品及其作者、拟支付报酬的标准。自公告之日起 30 日内，著作权人不同意提供的，网络服务提供者不得提供其作品；自公告之日起满 30 日，著作权人没有异议的，网络服务提供者可以提供其作品，并按照公告的标准向著作权人支付报酬。网络服务提供者提供著作权人的作品后，著作权人不同意提供的，网络服务提供者应当立即删除著作权人的作品，并按照公告的标准向著作权人支付提供作品期间的报酬。

依照前款规定提供作品的，不得直接或者间接获得经济利益。

第十条　依照本条例规定不经著作权人许可、通过信息网络向公众提供其作品的，还应当遵守下列规定：

（一）除本条例第六条第一项至第六项、第七条规定的情形外，不得提供作者事先声明不许提供的作品；

（二）指明作品的名称和作者的姓名（名称）；

（三）依照本条例规定支付报酬；

（四）采取技术措施，防止本条例第七条、第八条、第九条规定的服务对象以外的其他人获得著作权人的作品，并防止本条例第七条规定的服务对象的复制行为对著作权人利益造成实质性损害；

（五）不得侵犯著作权人依法享有的其他权利。

第十一条　通过信息网络提供他人表演、录音录像制品的，应当遵守本条例第六条至第十条的规定。

第十二条　属于下列情形的，可以避开技术措施，但不得向他人提供避开技术措施的技术、装置或者部件，不得侵犯权利人依法享有的其他权利：

（一）为学校课堂教学或者科学研究，通过信息网络向少数教学、科研人员提供已经发表的作品、表演、录音录像制品，而该作品、表演、录音录像制品只能通过信息网络获取；

（二）不以营利为目的，通过信息网络以盲人能够感知的独特方式向盲人提供已经发表的文字作品，而该作品只能通过信息网络获取；

（三）国家机关依照行政、司法程序执行公务；

（四）在信息网络上对计算机及其系统或者网络的安全性能进行测试。

第十三条 著作权行政管理部门为了查处侵犯信息网络传播权的行为，可以要求网络服务提供者提供涉嫌侵权的服务对象的姓名（名称）、联系方式、网络地址等资料。

第十四条 对提供信息存储空间或者提供搜索、链接服务的网络服务提供者，权利人认为其服务所涉及的作品、表演、录音录像制品，侵犯自己的信息网络传播权或者被删除、改变了自己的权利管理电子信息的，可以向该网络服务提供者提交书面通知，要求网络服务提供者删除该作品、表演、录音录像制品，或者断开与该作品、表演、录音录像制品的链接。通知书应当包含下列内容：

（一）权利人的姓名（名称）、联系方式和地址；

（二）要求删除或者断开链接的侵权作品、表演、录音录像制品的名称和网络地址；

（三）构成侵权的初步证明材料。

权利人应当对通知书的真实性负责。

第十五条 网络服务提供者接到权利人的通知书后，应当立即删除涉嫌侵权的作品、表演、录音录像制品，或者断开与涉嫌侵权的作品、表演、录音录像制品的链接，并同时将通知书转送提供作品、表演、录音录像制品的服务对象；服务对象网络地址不明、无法转送的，应当将通知书的内容同时在信息网络上公告。

第十六条 服务对象接到网络服务提供者转送的通知书后，认为其提供的作品、表演、录音录像制品未侵犯他人权利的，可以向网络服务提供者提交书面说明，要求恢复被删除的作品、表演、录音录像制品，或者恢复与被断开的作品、表演、录音录像制品的链接。书面说明应当包含下列内容：

（一）服务对象的姓名（名称）、联系方式和地址；

（二）要求恢复的作品、表演、录音录像制品的名称和网络地址；

（三）不构成侵权的初步证明材料。

服务对象应当对书面说明的真实性负责。

第十七条 网络服务提供者接到服务对象的书面说明后，应当立即恢复被删除的作品、表演、录音录像制品，或者可以恢复与被断开的作品、表演、录音录像制品的链接，同时将服务对象的书面说明转送权利人。权利人不得再通知网络服务提供者删除该作品、表演、录音录像制品，或者断开与该作品、表演、录音录像制品的链接。

第十八条 违反本条例规定，有下列侵权行为之一的，根据情况承担停止侵害、消除影响、赔礼道歉、赔偿损失等民事责任；同时损害公共利益的，可以由著作权行政管理部门责令停止侵权行为，没收违法所得，非法经营额5万元以上的，可处非法经营额1倍以上5倍以下的罚款；没有非法经营额或者非法经营额5万元以下的，根据情节轻重，可处25万元以下的罚款；情节严重的，著作权行政管理部门可以没收主要用于提供网络服务的计算机等设备；构成犯罪的，依法追究刑事责任：

（一）通过信息网络擅自向公众提供他人的作品、表演、录音录像制品的；

（二）故意避开或者破坏技术措施的；

（三）故意删除或者改变通过信息网络向公众提供的作品、表演、录音录像制品的权利管理电子信息，或者通过信息网络向公众提供明知或者应知未经权利人许可而被删除或者改变权利管理电子信息的作品、表演、录音录像制品的；

（四）为扶助贫困通过信息网络向农村地区提供作品、表演、录音录像制品超过规定范围，或者未按照公告的标准支付报酬，或者在权利人不同意提供其作品、表演、录音录像制品后未立即删除的；

（五）通过信息网络提供他人的作品、表演、录音录像制品，未指明作品、表演、录音录像制品的名称或者作者、表演者、录音录像制作者的姓名（名称），或者未支付报酬，或者未依照本条例规定采取技术措施防止服务对象以外的其他人获得他人的作品、表演、录音录像制品，或者未防止服务对象的复制行为对权利人利益造成实质性损害的。

第十九条 违反本条例规定，有下列行为之一的，由著作权行政管理部门予以警告，没收违法所得，没收主要用于避开、破坏技术措施的装置或者部件；情节严重的，可以没收主要用于提供网络服务的计算机等设备；非法经营额5万元以上的，可处非法经营额1倍以上5倍以下的罚款；没有非法经营额或者非法经营额5万元以下的，根据情节轻重，可处25万元以下的罚款；构成犯罪的，依法追究刑事责任：

（一）故意制造、进口或者向他人提供主要用于避开、破坏技术措施的装置或者部件，或者故意为他人避开或者破坏技术措施提供技术服务的；

（二）通过信息网络提供他人的作品、表演、录音录像制品，获得经济利益的；

（三）为扶助贫困通过信息网络向农村地区提供作品、表演、录音录像制品，未在提供前公告作品、表演、录音录像制品的名称和作者、表演者、录音录像制作者的姓名（名称）以及报酬标准的。

第二十条 网络服务提供者根据服务对象的指令提供网络自动接入服务，或者对服务对象提供的作品、表演、录音录像制品提供自动传输服务，并具备下列条件的，不承担赔偿责任：

（一）未选择并且未改变所传输的作品、表演、录音录像制品；

（二）向指定的服务对象提供该作品、表演、录音录像制品，并防止指定的服务对象以外的其他人获得。

第二十一条 网络服务提供者为提高网络传输效率，自动存储从其他网络服务提供者获得的作品、表演、录音录像制品，根据技术安排自动向服务对象提供，并具备下列条件的，不承担赔偿责任：

（一）未改变自动存储的作品、表演、录音录像制品；

（二）不影响提供作品、表演、录音录像制品的原网络服务提供者掌握服务对象获取该作品、表演、录音录像制品的情况；

（三）在原网络服务提供者修改、删除或者屏蔽该作品、表演、录音录像制品时，根据技术安排自动予以修改、删除或者屏蔽。

第二十二条 网络服务提供者为服务对象提供信息存储空间，供服务对象通过信息网络向公众提供作品、表演、录音录像制品，并具备下列条件的，不承担赔偿责任：

（一）明确标示该信息存储空间是为服务对象所提供，并公开网络服务提供者的名称、联系人、网络地址；

（二）未改变服务对象所提供的作品、表演、录音录像制品；

（三）不知道也没有合理的理由应当知道服务对象提供的作品、表演、录音录像制品侵权；

（四）未从服务对象提供作品、表演、录音录像制品中直接获得经济利益；

（五）在接到权利人的通知书后，根据本条例规定删除权利人认为侵权的作品、表演、录音录像制品。

第二十三条 网络服务提供者为服务对象提供搜索或者链接服务，在接到权利人的通知书后，根据本条例规定断开与侵权的作品、表演、录音录像制品的链接的，不承担赔偿责任；但是，明知或者应知所链接的作品、表演、录音录像制品侵权的，应当承担共同侵权责任。

第二十四条 因权利人的通知导致网络服务提供者错误删除作品、表演、录音录像制品，或者错误断开与作品、表演、录音录像制品的链接，给服务对象造成损失的，权利人应当承担赔偿责任。

第二十五条 网络服务提供者无正当理由拒绝提供或者拖延提供涉嫌侵权的服务对象的姓名（名称）、联系方式、网络地址等资料的，由著作权行政管理部门予以警告；情节严重的，没收主要用于提供网络服务的计算机等设备。

第二十六条 本条例下列用语的含义：

信息网络传播权，是指以有线或者无线方式向公众提供作品、表演或者录音录像制品，使公众可以在其个人选定的时间和地点获得作品、表演或者录音录像制品的权利。

技术措施，是指用于防止、限制未经权利人许可浏览、欣赏作品、表演、录音录像制品的或者通过信息网络向公众提供作品、表演、录音录像制品的有效技术、装置或者部件。

权利管理电子信息，是指说明作品及其作者、表演及其表演者、录音录像制品及其制作者的信息，作品、表演、录音录像制品权利人的信息和使用条件的信息，以及表示上述信息的数字或者代码。

第二十七条 本条例自 2006 年 7 月 1 日起施行。

[导读与提示]

该条例为《中华人民共和国电信条例》，各省还会有本省制定的《电信条例》或称《电信管理条例》、《电信通信条例》等。

文末附有《电信业务分类目录》，2003 年政府有关部门曾做过大幅度修订。本书一并附在文后，请注意其区别。另据新闻，工信部透露 2013 年将出台新修订的电信业务分类目录。

关于“基础电信业务”和“增值电信业务”该条例在第八条有明确规定：“基础电信业务，是指提供公共网络基础设施、公共数据传送和基本话音通信服务的业务。增值电信业务，是指利用公共网络基础设施提供的电信与信息服务的业务。”

国家对电信业务经营按照电信业务分类，实行许可制度。国家信息产业主管部门有权颁发基础电信业务经营许可证，国家信息产业主管部门及各省、自治区、直辖市的电信管理机构有权颁发增值电信业务经营许可证。

中华人民共和国电信条例

（中华人民共和国国务院第 291 号令，2000 年 9 月 20 日国务院第 31 次常务会议通过，现予公布施行）

第一章　总　则

第一条　为了规范电信市场秩序，维护电信用户和电信业务经营者的合法权益，保障电信网络和信息的安全，促进电信业的健康发展，制定本条例。

第二条　在中华人民共和国境内从事电信活动或者与电信有关的活动，必须遵守本条例。

本条例所称电信，是指利用有线、无线的电磁系统或者光电系统，传送、发射或者接收语音、文字、数据、图像以及其他任何形式信息的活动。

第三条 国务院信息产业主管部门依照本条例的规定对全国电信业实施监督管理。

省、自治区、直辖市电信管理机构在国务院信息产业主管部门的领导下，依照本条例的规定对本行政区域内的电信业实施监督管理。

第四条 电信监督管理遵循政企分开、破除垄断、鼓励竞争、促进发展和公开、公平、公正的原则。

电信业务经营者应当依法经营，遵守商业道德，接受依法实施的监督检查。

第五条 电信业务经营者应当为电信用户提供迅速、准确、安全、方便和价格合理的电信服务。

第六条 电信网络和信息的安全受法律保护。任何组织或者个人不得利用电信网络从事危害国家安全、社会公共利益或者他人合法权益的活动。

第二章 电信市场

第一节 电信业务许可

第七条 国家对电信业务经营按照电信业务分类，实行许可制度。

经营电信业务，必须依照本条例的规定取得国务院信息产业主管部门或者省、自治区、直辖市电信管理机构颁发的电信业务经营许可证。

未取得电信业务经营许可证，任何组织或者个人不得从事电信业务经营活动。

第八条 电信业务分为基础电信业务和增值电信业务。

基础电信业务，是指提供公共网络基础设施、公共数据传送和基本话音通信服务的业务。增值电信业务，是指利用公共网络基础设施提供的电信与信息服务的业务。

电信业务分类的具体划分在本条例所附的《电信业务分类目录》中列出。国务院信息产业主管部门根据实际情况，可以对目录所列电信业务分类项目作局部调整，重新公布。

第九条 经营基础电信业务，须经国务院信息产业主管部门审查批准，取得《基础电信业务经营许可证》。

经营增值电信业务，业务覆盖范围在两个以上省、自治区、直辖市的，须经国务院信息产业主管部门审查批准，取得《跨地区增值电信业务经营许可证》；业务覆盖范围在一个省、自治区、直辖市行政区域内的，须经省、自治区、直辖市电信管理机构审查批准，取得《增值电信业务经营许可证》。

运用新技术试办《电信业务分类目录》未列出的新型电信业务的，应当向省、自治区、直辖市电信管理机构备案。

第十条 经营基础电信业务，应当具备下列条件：

（一）经营者为依法设立的专门从事基础电信业务的公司，且公司中国有股权或者股份不少于51%；

（二）有可行性研究报告和组网技术方案；

（三）有与从事经营活动相适应的资金和专业人员；

（四）有从事经营活动的场地及相应的资源；

（五）有为用户提供长期服务的信誉或者能力；

（六）国家规定的其他条件。

第十一条 申请经营基础电信业务，应当向国务院信息产业主管部门提出申请，并提交本条例第十条规定的相关文件。国务院信息产业主管部门应当自受理申请之日起180日内审查完毕，作出批准或者不予批准的决定。予以批准的，颁发《基础电信业务经营许可证》；不予批准的，应当书面通知申请人并说明理由。

第十二条 国务院信息产业主管部门审查经营基础电信业务的申请时，应当考虑国家安全、电信网络安全、电信资源可持续利用、环境保护和电信市场的竞争状况等因素。

颁发《基础电信业务经营许可证》，应当按照国家有关规定采用招标方式。

第十三条 经营增值电信业务，应当具备下列条件：

（一）经营者为依法设立的公司；

（二）有与开展经营活动相适应的资金和专业人员；

（三）有为用户提供长期服务的信誉或者能力；

（四）国家规定的其他条件。

第十四条 申请经营增值电信业务，应当根据本条例第九条第二款的规定，向国务院信息产业主管部门或者省、自治区、直辖市电信管理机构提出申请，并提交本条例第十三条规定的相关文件。申请经营的增值电信业务，按照国家有关规定须经有关主管部门审批的，还应当提交有关主管部门审核同意的文件。国务院信息产业主管部门或者省、自治区、直辖市电信管理机构应当自收到申请之日起60日内审查完毕，作出批准或者不予批准的决定。予以批准的，颁发《跨地区增值电信业务经营许可证》或者《增值电信业务经营许可证》；不予批准的，应当书面通知申请人并说明理由。

第十五条 电信业务经营者在经营过程中，变更经营主体、业务范围或者停止经营的，应当提前90日向原颁发许可证的机关提出申请，并办理相应手续；停止经营的，还应当按照国家有关规定做好善后工作。

第十六条 经批准经营电信业务的，应当持依法取得的电信业务经营许可证，向企业登记机关办理登记手续。

专用电信网运营单位在所在地区经营电信业务的，应当依照本条例规定的条件和程序提出申请，经批准，取得电信业务经营许可证，并依照前款规定办理登记手续。

第二节 电信网间互联

第十七条 电信网之间应当按照技术可行、经济合理、公平公正、相互配合的原则，实现互联互通。

主导的电信业务经营者不得拒绝其他电信业务经营者和专用网运营单位提出的互联互通要求。

前款所称主导的电信业务经营者，是指控制必要的基础电信设施并且在电信业务市场中占有较大份额，能够对其他电信业务经营者进入电信业务市场构成实质性影响的经营者。

主导的电信业务经营者由国务院信息产业主管部门确定。

第十八条 主导的电信业务经营者应当按照非歧视和透明化的原则，制定包括网间互联的程序、时限、非捆绑网络元素目录等内容的互联规程。互联规程应当报国务院信息产业主管部门审查同意。该互联规程对主导的电信业务经营者的互联互通活动具有约束力。

第十九条 公用电信网之间、公用电信网与专用电信网之间的网间互联，由网间互联双方按照国务院信息产业主管部门的网间互联管理规定进行互联协商，并订立网间互联协议。

网间互联协议应当向国务院信息产业主管部门备案。

第二十条 网间互联双方经协商未能达成网间互联协议的，自一方提出互联要求之日起60日内，任何一方均可以按照网间互联覆盖范围向国务院信息产业主管部门或者省、自治区、直辖市电信管理机构申请协调；收到申请的机关应当依照本条例第十七条第一款规定的原则进行协调，促使网间互联双方达成协议；自网间互联一方或者双方申请协调之日起45日内经协调仍不能达成协议的，由协调机关随机邀请电信技术专家和其他有关方面专家进行公开论证并提出网间互联方案。协调机关应当根据专家论证结论和提出的网间互联方案作出决定，强制实现互联互通。

第二十一条 网间互联双方必须在协议约定或者决定规定的时限内实现互联互通。未经国务院信息产业主管部门批准，任何一方不得擅自中断互联互通。网间互联遇有通信技术障碍的，双方应当立即采取有效措施予以消除。网间互联双方在互联互通中发生争议的，依照本条例第二十条规定的程序和办法处理。

网间互联的通信质量应当符合国家有关标准。主导的电信业务经营者向其他电信业务经营者提供网间互联，服务质量不得低于本网内的同类业务及向其子公司或者分支机构提供的同类业务质量。

第二十二条 网间互联的费用结算与分摊应当执行国家有关规定，不得在规定标准之外加收费用。

网间互联的技术标准、费用结算办法和具体管理规定，由国务院信息产业主管部门制定。

第三节 电信资费

第二十三条 电信资费标准实行以成本为基础的定价原则，同时考虑国民经济与社会发展要求、电信业的发展和电信用户的承受能力等因素。

第二十四条 电信资费分为市场调节价、政府指导价和政府定价。

基础电信业务资费实行政府定价、政府指导价或者市场调节价；增值电信业务资费实行市场调节价或者政府指导价。

市场竞争充分的电信业务，电信资费实行市场调节价。

实行政府定价、政府指导价和市场调节价的电信资费分类管理目录，由国务院信息产业主管部门经征求国务院价格主管部门意见制定并公布施行。

第二十五条 政府定价的重要的电信业务资费标准，由国务院信息产业主管部门提出方案，经征求国务院价格主管部门意见，报国务院批准后公布施行。

政府指导价的电信业务资费标准幅度，由国务院信息产业主管部门经征求国务院价格主管部门意见，制定并公布施行。电信业务经营者在标准幅度内，自主确定资费标准，报省、自治区、直辖市电信管理机构备案。

第二十六条 制定政府定价和政府指导价的电信业务资费标准，应当采取举行听证会等形式，听取电信业务经营者、电信用户和其他有关方面的意见。

电信业务经营者应当根据国务院信息产业主管部门和省、自治区、直辖市电信管理机构的要求，提供准确、完备的业务成本数据及其他有关资料。

第四节 电信资源

第二十七条 国家对电信资源统一规划、集中管理、合理分配，实行有偿使用制度。

前款所称电信资源，是指无线电频率、卫星轨道位置、电信网码号等用于实现电信功能且有限的资源。

第二十八条 电信业务经营者占有、使用电信资源，应当缴纳电信资源费。具体收费办法由国务院信息产业主管部门会同国务院财政部门、价格主管部门制定，报国务院批准后公布施行。

第二十九条 电信资源的分配，应当考虑电信资源规划、用途和预期服务能力。

分配电信资源，可以采取指配的方式，也可以采用拍卖的方式。

取得电信资源使用权的，应当在规定的时限内启用所分配的资源，并达到规定的最低使用规模。未经国务院信息产业主管部门或者省、自治区、直辖市电信管理机构批准，不得擅自使用、转让、出租电信资源或者改变电信资源的用途。

第三十条 电信资源使用者依法取得电信网码号资源后，主导的电信业务经营者和其他有关单位有义务采取必要的技术措施，配合电信资源使用者实现其电信网码号资源的功能。

法律、行政法规对电信资源管理另有特别规定的，从其规定。

第三章 电信服务

第三十一条 电信业务经营者应当按照国家规定的电信服务标准向电信用户提供服务。电信业务经营者提供服务的种类、范围、资费标准和时限，应当向社会公布，并报省、自治区、直辖市电信管理机构备案。

电信用户有权自主选择使用依法开办的各类电信业务。

第三十二条 电信用户申请安装、移装电信终端设备的，电信业务经营者应当在其公布的时限内保证装机开通；由于电信业务经营者的原因逾期未能装机开通的，应当每日按照收取的安装费、移装费或者其他费用数额百分之一的比例，向电信用户支付违约金。

第三十三条 电信用户申告电信服务障碍的，电信业务经营者应当自接到申告之日起，城镇 48 小时、农村 72 小时内修复或者调通；不能按期修复或者调通的，应当及时通知电信用户，并免收障碍期间的月租费用。但是，属于电信终端设备的原因造成电信服务障碍的除外。

第三十四条 电信业务经营者应当为电信用户交费和查询提供方便。电信用户要求提供国内长途通信、国际通信、移动通信和信息服务等收费清单的，电信业务经营者应当免费提供。

电信用户出现异常的巨额电信费用时，电信业务经营者一经发现，应当尽可能迅速告知电信用户，并采取相应的措施。

前款所称巨额电信费用，是指突然出现超过电信用户此前三个月平均电信费用 5 倍以上的费用。

第三十五条 电信用户应当按照约定的时间和方式及时、足额地向电信业务经营者交纳电信费用；电信用户逾期不交纳电信费用的，电信业务经营者有权要求补交电信费用，并可以按照所欠费用每日加收3‰的违约金。

对超过收费约定期限30日仍不交纳电信费用的电信用户，电信业务经营者可以暂停向其提供电信服务。电信用户在电信业务经营者暂停服务60日内仍未补交电信费用和违约金的，电信业务经营者可以终止提供服务，并可以依法追缴欠费和违约金。

经营移动电信业务的经营者可以与电信用户约定交纳电信费用的期限、方式，不受前款规定期限的限制。

电信业务经营者应当在迟延交纳电信费用的电信用户补足电信费用、违约金后的48小时内，恢复暂停的电信服务。

第三十六条　电信业务经营者因工程施工、网络建设等原因，影响或者可能影响正常电信服务的，必须按照规定的时限及时告知用户，并向省、自治区、直辖市电信管理机构报告。

因前款原因中断电信服务的，电信业务经营者应当相应减免用户在电信服务中断期间的相关费用。

出现本条第一款规定的情形，电信业务经营者未及时告知用户的，应当赔偿由此给用户造成的损失。

第三十七条　经营本地电话业务和移动电话业务的电信业务经营者，应当免费向用户提供火警、匪警、医疗急救、交通事故报警等公益性电信服务并保障通信线路畅通。

第三十八条　电信业务经营者应当及时为需要通过中继线接入其电信网的集团用户，提供平等、合理的接入服务。

未经批准，电信业务经营者不得擅自中断接入服务。

第三十九条　电信业务经营者应当建立健全内部服务质量管理制度，并可以制定并公布施行高于国家规定的电信服务标准的企业标准。

电信业务经营者应当采取各种形式广泛听取电信用户意见，接受社会监督，不断提高电信服务质量。

第四十条　电信业务经营者提供的电信服务达不到国家规定的电信服务标准或者其公布的企业标准的，或者电信用户对交纳电信费用持有异议的，电信用户有权要求电信业务经营者予以解决；电信业务经营者拒不解决或者电信用户对解决结果不满意的，电信用户有权向国务院信息产业主管部门或者省、自治区、直辖市电信管理机构或者其他有关部门申诉。收到申诉的机关必须对申诉及时处理，并自收到申诉之日起30日内向申诉者作出答复。

电信用户对交纳本地电话费用有异议的，电信业务经营者还应当应电信用户的要求免费提供本地电话收费依据，并有义务采取必要措施协助电信用户查找原因。

第四十一条 电信业务经营者在电信服务中，不得有下列行为：

（一）以任何方式限定电信用户使用其指定的业务；

（二）限定电信用户购买其指定的电信终端设备或者拒绝电信用户使用自备的已经取得入网许可的电信终端设备；

（三）违反国家规定，擅自改变或者变相改变资费标准，擅自增加或者变相增加收费项目；

（四）无正当理由拒绝、拖延或者中止对电信用户的电信服务；

（五）对电信用户不履行公开作出的承诺或者作容易引起误解的虚假宣传；

（六）以不正当手段刁难电信用户或者对投诉的电信用户打击报复。

第四十二条 电信业务经营者在电信业务经营活动中，不得有下列行为：

（一）以任何方式限制电信用户选择其他电信业务经营者依法开办的电信服务；

（二）对其经营的不同业务进行不合理的交叉补贴；

（三）以排挤竞争对手为目的，低于成本提供电信业务或者服务，进行不正当竞争。

第四十三条 国务院信息产业主管部门或者省、自治区、直辖市电信管理机构应当依据职权对电信业务经营者的电信服务质量和经营活动进行监督检查，并向社会公布监督抽查结果。

第四十四条 电信业务经营者必须按照国家有关规定履行相应的电信普遍服务义务。

国务院信息产业主管部门可以采取指定的或者招标的方式确定电信业务经营者具体承担电信普遍服务的义务。

电信普遍服务成本补偿管理办法，由国务院信息产业主管部门会同国务院财政部门、价格主管部门制定，报国务院批准后公布施行。

第四章 电信建设

第一节 电信设施建设

第四十五条 公用电信网、专用电信网、广播电视传输网的建设应当接受国务院信息产业主管部门的统筹规划和行业管理。

属于全国性信息网络工程或者国家规定限额以上建设项目的公用电信网、专用电信网、广播电视传输网建设，在按照国家基本建设项目审批程序报批前，应当征得国务院信息产业主管部门同意。

基础电信建设项目应当纳入地方各级人民政府城市建设总体规划和村镇、集镇建设总体规划。

第四十六条 城市建设和村镇、集镇建设应当配套设置电信设施。建筑物内的电信管线和配线设施以及建设项目用地范围内的电信管道，应当纳入建设项目的设计文件，并随建设项目同时施工与验收。所需经费应当纳入建设项目概算。

有关单位或者部门规划、建设道路、桥梁、隧道或者地下铁道等，应当事先通知省、自治区、直辖市电信管理机构和电信业务经营者，协商预留电信管线等事宜。

第四十七条 基础电信业务经营者可以在民用建筑物上附挂电信线路或者设置小型天线、移动通信基站等公用电信设施，但是应当事先通知建筑物产权人或者使用人，并按照省、自治区、直辖市人民政府规定的标准向该建筑物的产权人或者其他权利人支付使用费。

第四十八条 建设地下、水底等隐蔽电信设施和高空电信设施，应当按照国家有关规定设置标志。

基础电信业务经营者建设海底电信缆线，应当征得国务院信息产业主管部门同意，并征求有关部门意见后，依法办理有关手续。海底电信缆线由国务院有关部门在海图上标出。

第四十九条 任何单位或者个人不得擅自改动或者迁移他人的电信线路及

其他电信设施；遇有特殊情况必须改动或者迁移的，应当征得该电信设施产权人同意，由提出改动或者迁移要求的单位或者个人承担改动或者迁移所需费用，并赔偿由此造成的经济损失。

第五十条 从事施工、生产、种植树木等活动，不得危及电信线路或者其他电信设施的安全或者妨碍线路畅通；可能危及电信安全时，应当事先通知有关电信业务经营者，并由从事该活动的单位或者个人负责采取必要的安全防护措施。

违反前款规定，损害电信线路或者其他电信设施或者妨碍线路畅通的，应当恢复原状或者予以修复，并赔偿由此造成的经济损失。

第五十一条 从事电信线路建设，应当与已建的电信线路保持必要的安全距离；难以避开或者必须穿越，或者需要使用已建电信管道的，应当与已建电信线路的产权人协商，并签订协议；经协商不能达成协议的，根据不同情况，由国务院信息产业主管部门或者省、自治区、直辖市电信管理机构协调解决。

第五十二条 任何组织或者个人不得阻止或者妨碍基础电信业务经营者依法从事电信设施建设和向电信用户提供公共电信服务；但是，国家规定禁止或者限制进入的区域除外。

第五十三条 执行特殊通信、应急通信和抢修、抢险任务的电信车辆，经公安交通管理机关批准，在保障交通安全畅通的前提下可以不受各种禁止机动车通行标志的限制。

第二节 电信设备进网

第五十四条 国家对电信终端设备、无线电通信设备和涉及网间互联的设备实行进网许可制度。

接入公用电信网的电信终端设备、无线电通信设备和涉及网间互联的设备，必须符合国家规定的标准并取得进网许可证。

实行进网许可制度的电信设备目录，由国务院信息产业主管部门会同国务院产品质量监督部门制定并公布施行。

第五十五条 办理电信设备进网许可证的，应当向国务院信息产业主管部门提出申请，并附送经国务院产品质量监督部门认可的电信设备检测机构出具的检测报告或者认证机构出具的产品质量认证证书。

国务院信息产业主管部门应当自收到电信设备进网许可申请之日起60日内，对申请及电信设备检测报告或者产品质量认证证书审查完毕。经审查合格的，颁发进网许可证；经审查不合格的，应当书面答复并说明理由。

第五十六条 电信设备生产企业必须保证获得进网许可的电信设备的质量稳定、可靠，不得降低产品质量和性能。

电信设备生产企业应当在其生产的获得进网许可的电信设备上粘贴进网许可标志。

国务院产品质量监督部门应当会同国务院信息产业主管部门对获得进网许可证的电信设备进行质量跟踪和监督抽查，公布抽查结果。

第五章 电信安全

第五十七条 任何组织或者个人不得利用电信网络制作、复制、发布、传播含有下列内容的信息：

（一）反对宪法所确定的基本原则的；

（二）危害国家安全，泄露国家秘密，颠覆国家政权，破坏国家统一的；

（三）损害国家荣誉和利益的；

（四）煽动民族仇恨、民族歧视，破坏民族团结的；

（五）破坏国家宗教政策，宣扬邪教和封建迷信的；

（六）散布谣言，扰乱社会秩序，破坏社会稳定的；

（七）散布淫秽、色情、赌博、暴力、凶杀、恐怖或者教唆犯罪的；

（八）侮辱或者诽谤他人，侵害他人合法权益的；

（九）含有法律、行政法规禁止的其他内容的。

第五十八条 任何组织或者个人不得有下列危害电信网络安全和信息安全的行为：

（一）对电信网的功能或者存储、处理、传输的数据和应用程序进行删除或者修改；

（二）利用电信网从事窃取或者破坏他人信息、损害他人合法权益的活动；

（三）故意制作、复制、传播计算机病毒或者以其他方式攻击他人电信网络等电信设施；

（四）危害电信网络安全和信息安全的其他行为。

第五十九条 任何组织或者个人不得有下列扰乱电信市场秩序的行为：

（一）采取租用电信国际专线、私设转接设备或者其他方法，擅自经营国际或者香港特别行政区、澳门特别行政区和台湾地区电信业务；

（二）盗接他人电信线路，复制他人电信码号，使用明知是盗接、复制的电信设施或者码号；

（三）伪造、变造电话卡及其他各种电信服务有价凭证；

（四）以虚假、冒用的身份证件办理入网手续并使用移动电话。

第六十条 电信业务经营者应当按照国家有关电信安全的规定，建立健全内部安全保障制度，实行安全保障责任制。

第六十一条 电信业务经营者在电信网络的设计、建设和运行中，应当做到与国家安全和电信网络安全的需求同步规划，同步建设，同步运行。

第六十二条 在公共信息服务中，电信业务经营者发现电信网络中传输的信息明显属于本条例第五十七条所列内容的，应当立即停止传输，保存有关记录，并向国家有关机关报告。

第六十三条 使用电信网络传输信息的内容及其后果由电信用户负责。

电信用户使用电信网络传输的信息属于国家秘密信息的，必须依照保守国家秘密法的规定采取保密措施。

第六十四条 在发生重大自然灾害等紧急情况下，经国务院批准，国务院信息产业主管部门可以调用各种电信设施，确保重要通信畅通。

第六十五条 在中华人民共和国境内从事国际通信业务，必须通过国务院信息产业主管部门批准设立的国际通信出入口局进行。

我国内地与香港特别行政区、澳门特别行政区和台湾地区之间的通信，参照前款规定办理。

第六十六条 电信用户依法使用电信的自由和通信秘密受法律保护。除因国家安全或者追查刑事犯罪的需要，由公安机关、国家安全机关或者人民检察院依照法律规定的程序对电信内容进行检查外，任何组织或者个人不得以任何理由对电信内容进行检查。

电信业务经营者及其工作人员不得擅自向他人提供电信用户使用电信网络所传输信息的内容。

第六章　罚　则

第六十七条　违反本条例第五十七条、第五十八条的规定，构成犯罪的，依法追究刑事责任；尚不构成犯罪的，由公安机关、国家安全机关依照有关法律、行政法规的规定予以处罚。

第六十八条　有本条例第五十九条第（二）、（三）、（四）项所列行为之一，扰乱电信市场秩序，构成犯罪的，依法追究刑事责任；尚不构成犯罪的，由国务院信息产业主管部门或者省、自治区、直辖市电信管理机构依据职权责令改正，没收违法所得，处违法所得3倍以上5倍以下罚款；没有违法所得或者违法所得不足1万元的，处1万元以上10万元以下罚款。

第六十九条　违反本条例的规定，伪造、冒用、转让电信业务经营许可证、电信设备进网许可证或者编造在电信设备上标注的进网许可证编号的，由国务院信息产业主管部门或者省、自治区、直辖市电信管理机构依据职权没收违法所得，处违法所得3倍以上5倍以下罚款；没有违法所得或者违法所得不足1万元的，处1万元以上10万元以下罚款。

第七十条　违反本条例规定，有下列行为之一的，由国务院信息产业主管部门或者省、自治区、直辖市电信管理机构依据职权责令改正，没收违法所得，处违法所得3倍以上5倍以下罚款；没有违法所得或者违法所得不足5万元的，处10万元以上100万元以下罚款；情节严重的，责令停业整顿：

（一）违反本条例第七条第三款的规定或者有本条例第五十九条第（一）项所列行为，擅自经营电信业务的，或者超范围经营电信业务的；

（二）未通过国务院信息产业主管部门批准，设立国际通信出入口进行国际通信的；

（三）擅自使用、转让、出租电信资源或者改变电信资源用途的；

（四）擅自中断网间互联互通或者接入服务的；

（五）拒不履行普遍服务义务的。

第七十一条　违反本条例的规定，有下列行为之一的，由国务院信息产业主管部门或者省、自治区、直辖市电信管理机构依据职权责令改正，没收违法所得，处违法所得1倍以上3倍以下罚款；没有违法所得或者违法所得不足1万元的，处1万元以上10万元以下罚款；情节严重的，责令停业整顿：

（一）在电信网间互联中违反规定加收费用的；

（二）遇有网间通信技术障碍，不采取有效措施予以消除的；

（三）擅自向他人提供电信用户使用电信网络所传输信息的内容的；

（四）拒不按照规定缴纳电信资源使用费的。

第七十二条 违反本条例第四十二条的规定，在电信业务经营活动中进行不正当竞争的，由国务院信息产业主管部门或者省、自治区、直辖市电信管理机构依据职权责令改正，处10万元以上100万元以下罚款；情节严重的，责令停业整顿。

第七十三条 违反本条例的规定，有下列行为之一的，由国务院信息产业主管部门或者省、自治区、直辖市电信管理机构依据职权责令改正，处5万元以上50万元以下罚款；情节严重的，责令停业整顿：

（一）拒绝其他电信业务经营者提出的互联互通要求的；

（二）拒不执行国务院信息产业主管部门或者省、自治区、直辖市电信管理机构依法作出的互联互通决定的；

（三）向其他电信业务经营者提供网间互联的服务质量低于本网及其子公司或者分支机构的。

第七十四条 违反本条例第三十四条第一款、第四十条第二款的规定，电信业务经营者拒绝免费为电信用户提供国内长途通信、国际通信、移动通信和信息服务等收费清单，或者电信用户对交纳本地电话费用有异议并提出要求时，拒绝为电信用户免费提供本地电话收费依据的，由省、自治区、直辖市电信管理机构责令改正，并向电信用户赔礼道歉；拒不改正并赔礼道歉的，处以警告，并处5000元以上5万元以下的罚款。

第七十五条 违反本条例第四十一条的规定，由省、自治区、直辖市电信管理机构责令改正，并向电信用户赔礼道歉，赔偿电信用户损失；拒不改正并赔礼道歉、赔偿损失的，处以警告，并处1万元以上10万元以下的罚款；情节严重的，责令停业整顿。

第七十六条 违反本条例的规定，有下列行为之一的，由省、自治区、直辖市电信管理机构责令改正，处1万元以上10万元以下的罚款：

（一）销售未取得进网许可的电信终端设备的；

（二）非法阻止或者妨碍电信业务经营者向电信用户提供公共电信服务的；

（三）擅自改动或者迁移他人的电信线路及其他电信设施的。

第七十七条 违反本条例的规定，获得电信设备进网许可证后降低产品质量和性能的，由产品质量监督部门依照有关法律、行政法规的规定予以处罚。

第七十八条 有本条例第五十七条、第五十八条和第五十九条所列禁止行为之一，情节严重的，由原发证机关吊销电信业务经营许可证。

国务院信息产业主管部门或者省、自治区、直辖市电信管理机构吊销电信业务经营许可证后，应当通知企业登记机关。

第七十九条 国务院信息产业主管部门或者省、自治区、直辖市电信管理机构工作人员玩忽职守、滥用职权、徇私舞弊，构成犯罪的，依法追究刑事责任；尚不构成犯罪的，依法给予行政处分。

第七章　附　则

第八十条 外国的组织或者个人在中华人民共和国境内投资与经营电信业务和香港特别行政区、澳门特别行政区与台湾地区的组织或者个人在内地投资与经营电信业务的具体办法，由国务院另行制定。

第八十一条 本条例自公布之日起施行。

附：电信业务分类目录

一、基础电信业务

（一）固定网络国内长途及本地电话业务；

（二）移动网络电话和数据业务；

（三）卫星通信及卫星移动通信业务；

（四）互联网及其它公共数据传送业务；

（五）带宽、波长、光纤、光缆、管道及其它网络元素出租、出售业务；

（六）网络承载、接入及网络外包等业务；
（七）国际通信基础设施、国际电信业务；
（八）无线寻呼业务；
（九）转售的基础电信业务。
第（八）、（九）项业务比照增值电信业务管理。
二、增值电信业务
（一）电子邮件；
（二）语音信箱；
（三）在线信息库存储和检索；
（四）电子数据交换；
（五）在线数据处理与交易处理；
（六）增值传真；
（七）互联网接入服务；
（八）互联网信息服务；
（九）可视电话会议服务。

关于重新调整《电信业务分类目录》的通告

为适应电信业务发展，根据《中华人民共和国电信条例》（以下简称《电信条例》）的规定，我部对《电信条例》所附《电信业务分类目录》重新进行了调整。现将调整后的《电信业务分类目录》予以公布，自2003年4月1日起施行。届时，本通告发布之前公布的《电信业务分类目录》不再适用。

附件：电信业务分类目录

中华人民共和国信息产业部

二〇〇三年二月二十一日

电信业务分类目录

A. 基础电信业务
一、第一类基础电信业务
（一）固定通信业务

固定通信是指通信终端设备与网络设备之间主要通过电缆或光缆等线路固定连接起来，进而实现的用户间相互通信，其主要特征是终端的不可移动性或有限移动性，如普通电话机、IP 电话终端、传真机、无绳电话机、联网计算机等电话网和数据网终端设备。固定通信业务在此特指固定电话网通信业务和国际通信设施服务业务。

根据我国现行的“电话网编号标准”，全国固定电话网分成若干个“长途编号区”，每个长途编号区为一个本地电话网。固定电话网可采用电路交换技术或分组交换技术。

固定通信业务包括：固定网本地电话业务、固定网国内长途电话业务、固定网国际长途电话业务、IP 电话业务、国际通信设施服务业务。

1. 固定网本地电话业务固定网本地电话业务是指通过本地电话网（包括 ISDN 网）在同一个长途电话编号区范围内提供的电话业务。

固定网本地电话业务包括以下主要业务类型：

端到端的双向话音业务。端到端的传真业务和中、低速数据业务（如固定网短消息业务）。呼叫前转、三方通话、主叫号码显示等补充业务。

经过本地电话网与智能网共同提供的本地智能网业务。

基于 ISDN 的承载业务。固定网本地电话业务经营者必须自己组建本地电话网络设施（包括有线接入设施），所提供的本地电话业务类型可以是一部分或全部。提供一次本地电话业务经过的网络，可以是同一个运营者的网络，也可以是不同运营者的网络。

2. 固定网国内长途电话业务固定网国内长途电话业务是指通过长途电话网（包括 ISDN 网）、在不同“长途编号”区，即不同的本地电话网之间提供的电话业务。某一本地电话网用户可以通过加拨国内长途字冠和长途区号，呼叫另一个长途编号区本地电话网的用户。

固定网国内长途电话业务包括以下主要业务类型：

跨长途编号区的端到端的双向话音业务。

跨长途编号区的端到端的传真业务和中、低速数据业务。

跨长途编号区的呼叫前转、三方通话、主叫号码显示等各种补充业务。

经过本地电话网、长途网与智能网共同提供的跨长途编号区的智能网业务。

跨长途编号区的基于 ISDN 的承载业务。

固定网国内长途电话业务的经营者必须自己组建国内长途电话网络设施，所提供的国内长途电话业务类型可以是一部分或全部。提供一次国内长途电话业务经过的本地电话网和长途电话网，可以是同一个运营者的网络，也可以由不同运营者的网络共同完成。

3. 固定网国际长途电话业务固定网国际长途电话业务是指国家之间或国家与地区之间，通过国际电话网络（包括 ISDN 网）提供的国际电话业务。某一国内电话网用户可以通过加拨国际长途字冠和国家（地区）码，呼叫另一个国家或地区的电话网用户。

固定网国际长途电话业务包括以下主要业务类型：

跨国家或地区的端到端的双向话音业务。

跨国家或地区的端到端的传真业务和中、低速数据业务。

经过本地电话网、长途网、国际网与智能网共同提供的跨国家或地区的智能网业务，如国际闭合用户群话音业务等。

跨国家或地区的基于 ISDN 的承载业务。

利用国际专线提供的国际闭合用户群话音服务属固定网国际长途电话业务。

固定网国际长途电话业务的经营者必须自己组建国际长途电话业务网络，无国际通信设施服务业务经营权的运营商不得建设国际传输设施，必须租用有相应经营权运营商的国际传输设施。所提供的国际长途电话业务类型可以是一部分或全部。提供固定网国际长途电话业务，必须经过国家批准设立的国际通信出入口。提供一次国际长途电话业务经过的本地电话网、国内长途电话网和国际网络，可以是同一个运营者的网络，也可以由不同运营者的网络共同完成。

4. IP 电话业务 IP 电话业务泛指利用 IP 网络协议，通过 IP 网络提供或通过电话网络和 IP 网络共同提供的电话业务。

IP 电话业务在此特指由电话网络和 IP 网络共同提供的 Phone - Phone 以及 PC - Phone 的电话业务，其业务范围包括国内长途 IP 电话业务和国际长途 IP

电话业务。IP 电话业务在整个信息传递过程中，中间传输段采用 IP 包方式。

IP 电话业务包括以下主要业务类型：端到端的双向话音业务。端到端的传真业务和中、低速数据业务。

与智能网共同提供的国内和国际长途智能网业务。

IP 电话业务的经营者必须自己组建 IP 电话业务网络，无国际或国内通信设施服务业务经营权的运营商不得建设国际或国内传输设施，必须租用有相应经营权运营商的国际或国内传输设施。所提供的 IP 电话业务类型可以是部分或全部。提供国际 IP 长途电话业务，必须经过国家批准设立的国际通信出入口。提供一次 IP 电话业务经过的网络，可以是同一个运营者的网络，也可以由不同运营者的网络共同完成。

5. 国际通信设施服务业务国际通信设施是指用于实现国际通信业务所需的地面传输网络和网络元素。国际通信设施服务业务是指建设并出租、出售国际通信设施的业务。

国际通信设施主要包括：国际陆缆、国际海缆、陆地入境站，海缆登陆站、国际地面传输通道、国际卫星地球站、国际传输通道的国内延伸段，以及国际通信网络带宽、光通信波长、电缆、光纤、光缆等国际通信传输设施。

国际通信设施服务业务经营者应根据国家有关规定建设上述国际通信设施的部分或全部物理资源和功能资源，并可以开展相应的出租、出售经营活动。

（二）蜂窝移动通信业务

蜂窝移动通信是采用蜂窝无线组网方式，在终端和网络设备之间通过无线通道连接起来，进而实现用户在活动中可相互通信。其主要特征是终端的移动性，并具有越区切换和跨本地网自动漫游功能。蜂窝移动通信业务是指经过由基站子系统和移动交换子系统等设备组成蜂窝移动通信网提供的话音、数据、视频图像等业务。

蜂窝移动通信业务包括：900/1800MHzGSM 第二代数字蜂窝移动通信业务、800MHzCDMA 第二代数字蜂窝移动通信业务、第三代数字蜂窝移动通信业务。

1. 900/1800MHzGSM 第二代数字蜂窝移动通信业务

900/1800MHzGSM 第二代数字蜂窝移动通信（简称 GSM 移动通信）业务

是指利用工作在900/1800MHz 频段的 GSM 移动通信网络提供的话音和数据业务。GSM 移动通信系统的无线接口采用 TDMA 技术，核心网移动性管理协议采用 MAP 协议。

900/1800MHzGSM 第二代数字蜂窝移动通信业务包括以下主要业务类型：

端到端的双向话音业务。移动消息业务，利用 GSM 网络和消息平台提供的移动台发起、移动台接收的消息业务。

移动承载业务以及其上的移动数据业务。

移动补充业务，如主叫号码显示、呼叫前转业务等。

经过 GSM 网络与智能网共同提供的移动智能网业务，如预付费业务等。

国内漫游和国际漫游业务。900/1800MHzGSM 第二代数字蜂窝移动通信业务的经营者必须自己组建 GSM 移动通信网络，所提供的移动通信业务类型可以是一部分或全部。提供一次移动通信业务经过的网络可以是同一个运营者的网络，也可以由不同运营者的网络共同完成。提供移动网国际通信业务，必须经过国家批准设立的国际通信出入口。

2. 800MHzCDMA 第二代数字蜂窝移动通信业务

800MHzCDMA 第二代数字蜂窝移动通信（简称 CDMA 移动通信）业务是指利用工作在800MHz 频段上的 CDMA 移动通信网络提供的话音和数据业务。CDMA 移动通信的无线接口采用窄带码分多址 CDMA 技术，核心网移动性管理协议采用 IS－41 协议。

800MHzCDMA 第二代数字蜂窝移动通信业务包括以下主要业务类型：

端到端的双向话音业务。移动消息业务，利用 CDMA 网络和消息平台提供的移动台发起、移动台接收的消息业务。

移动承载业务以及其上的移动数据业务。

移动补充业务，如主叫号码显示、呼叫前转业务等。

经过 CDMA 网络与智能网共同提供的移动智能网业务，如预付费业务等。

国内漫游和国际漫游业务。800MHzCDMA 第二代数字蜂窝移动通信业务的经营者必须自己组建 CDMA 移动通信网络，所提供的移动通信业务类型可以是一部分或全部。提供一次移动通信业务经过的网络，可以是同一个运营者的网络，也可以由不同运营者的网络共同完成。提供移动网国际通信业务，必须经过国家批准设立的国际通信出入口。

3. 第三代数字蜂窝移动通信业务第三代数字蜂窝移动通信（简称3G移动通信）业务是指利用第三代移动通信网络提供的话音、数据、视频图像等业务。

第三代数字蜂窝移动通信业务的主要特征是可提供移动宽带多媒体业务，其中高速移动环境下支持144kb/s速率，步行和慢速移动环境下支持384kb/s速率，室内环境支持2Mb/s速率的数据传输，并保证高可靠的服务质量（QoS）。第三代数字蜂窝移动通信业务包括第二代蜂窝移动通信可提供的所有的业务类型和移动多媒体业务。

第三代数字蜂窝移动通信业务的经营者必须自己组建3G移动通信网络，所提供的移动通信业务类型可以是一部分或全部。提供一次移动通信业务经过的网络，可以是同一个运营者的网络设施，也可以由不同运营者的网络设施共同完成。提供移动网国际通信业务，必须经过国家批准设立的国际通信出入口。

（三）第一类卫星通信业务

卫星通信业务是指经过通信卫星和地球站组成的卫星通信网络提供的话音、数据、视频图像等业务。通信卫星的种类分为地球同步卫星（静止卫星）、地球中轨道卫星和低轨道卫星（非静止卫星）。地球站通常是固定地球站，也可以是可搬运地球站、移动地球站或移动用户终端。

根据管理的需要，卫星通信业务分为两类。第一类卫星通信业务包括：卫星移动通信业务、卫星国际专线业务。

1. 卫星移动通信业务卫星移动通信业务是指地球表面上的移动地球站或移动用户使用手持终端、便携终端、车（船、飞机）载终端，通过由通信卫星、关口地球站、系统控制中心组成的卫星移动通信系统实现用户或移动体在陆地、海上、空中的通信业务。

卫星移动通信业务主要包括话音、数据、视频图像等业务类型。

卫星移动通信业务的经营者必须组建卫星移动通信网络设施，所提供的业务类型可以是一部分或全部。提供跨境卫星移动通信业务（通信的一端在境外）时，必须经过国家批准设立的国际通信出入口转接。提供卫星移动通信业务经过的网络，可以是同一个运营者的网络，也可以由不同运营者的网络共同完成。

2. 卫星国际专线业务卫星国际专线业务是指利用由固定卫星地球站和静止或非静止卫星组成的卫星固定通信系统向用户提供的点对点国际传输通道、通信专线出租业务。卫星国际专线业务有永久连接和半永久连接两种类型。

提供卫星国际专线业务应用的地球站设备分别设在境内和境外，并且可以由最终用户租用或购买。

卫星国际专线业务的经营者必须自己组建卫星通信网络设施。

（四）第一类数据通信业务

数据通信业务是通过因特网、帧中继、ATM、X. 25 分组交换网、DDN 等网络提供的各类数据传送业务。

根据管理的需要，数据通信业务分为两类。第一类数据通信业务包括：因特网数据传送业务、国际数据通信业务、公众电报和用户电报业务。

1. 因特网数据传送业务因特网数据传送业务是指利用 IP 技术，将用户产生的 IP 数据包从源网络或主机向目标网络或主机传送的业务。

因特网数据传送业务的经营者必须自己组建因特网骨干网络和因特网国际出入口，无国际或国内通信设施服务业务经营权的运营商不得建设国际或国内传输设施，必须租用有相应经营权运营商的国际或国内传输设施。

因特网数据传送业务的经营者可以为因特网接入服务商提供接入，也可以直接向终端用户提供因特网接入服务。提供因特网数据传送业务经过的网络可以是同一个运营者的网络，也可以利用不同运营者的网络共同完成。

因特网数据传送业务经营者可以建设用户驻地网、有线接入网、城域网等网络设施。

基于因特网的国际会议电视和图像服务业务、国际闭合用户群的数据业务属因特网数据传送业务。

2. 国际数据通信业务国际数据通信业务是国家之间或国家与地区之间，通过帧中继和 ATM 等网络向用户提供永久虚电路（PVC）连接，以及利用国际线路或国际专线提供的数据或图像传送业务。

利用国际专线提供的国际会议电视业务和国际闭合用户群的数据业务属于

国际数据通信业务。

国际数据通信业务的经营者必须自己组建国际帧中继和 ATM 等业务网络，无国际通信设施服务业务经营权的运营商不得建设国际传输设施，必须租用有相应经营权运营商的国际传输设施。

3. 公众电报和用户电报业务公众电报业务是发报人交发的报文由电报局通过电报网传递并投递给收报人的电报业务。公众电报业务按照电报传送的目的地分为国内公众电报业务和国际公众电报业务两种。

用户电报业务是用户利用装设在本单位或本住所或电报局营业厅的电报终端设备，通过用户电报网与本地或国内外各地用户直接通报的一种电报业务。用户电报业务按使用方式分为专用用户电报业务、公众用户电报业务和海事用户电报业务。

二、第二类基础电信业务

（一）集群通信业务

集群通信业务是指利用具有信道共用和动态分配等技术特点的集群通信系统组成的集群通信共网，为多个部门、单位等集团用户提供的专用指挥调度等通信业务。

集群通信系统是按照动态信道指配的方式实现多用户共享多信道的无线电移动通信系统。该系统一般由终端设备、基站和中心控制站等组成，具有调度、群呼、优先呼、虚拟专用网、漫游等功能。

集群通信业务包括：模拟集群通信业务、数字集群通信业务。

1. 模拟集群通信业务模拟集群通信业务是指利用模拟集群通信系统向集团用户提供的指挥调度等通信业务。模拟集群通信系统是指在无线接口采用模拟调制方式进行通信的集群通信系统。

模拟集群通信业务经营者必须自己组建模拟集群通信业务网络，无国内通信设施服务业务经营权的经营者不得建设国内传输网络设施，必须租用具有相应经营权运营商的传输设施组建业务网络。

2. 数字集群通信业务数字集群通信业务是指利用数字集群通信系统向集团用户提供的指挥调度等通信业务。数字集群通信系统是指在无线接口采用数字调制方式进行通信的集群通信系统。

数字集群通信业务主要包括调度指挥、数据、电话（含集群网内互通的电话或集群网与公众网间互通的电话）等业务类型。

数字集群通信业务经营者必须提供调度指挥业务，也可以提供数据业务、集群网内互通的电话业务及少量的集群网与公众网间互通的电话业务。

数字集群通信业务经营者必须自己组建数字集群通信业务网络，无国内通信设施服务业务经营权的经营者不得建设国内传输网络设施，必须租用具有相应经营权运营商的传输设施组建业务网络。

（二）无线寻呼业务

无线寻呼业务是指利用大区制无线寻呼系统，在无线寻呼频点上，系统中心（包括寻呼中心和基站）以采用广播方式向终端单向传递信息的业务。无线寻呼业务可采用人工或自动接续方式。在漫游服务范围内，寻呼系统应能够为用户提供不受地域限制的寻呼漫游服务。

根据终端类型和系统发送内容的不同，无线寻呼用户在无线寻呼系统的服务范围内可以收到数字显示信息、汉字显示信息或声音信息。

无线寻呼业务经营者必须自己组建无线寻呼网络，无国内通信设施服务业务经营权的经营者不得建设国内传输网络设施，必须租用具有相应经营权运营商的传输设施组建业务网络。

（三）第二类卫星通信业务

第二类卫星通信业务包括：卫星转发器出租、出售业务、国内甚小口径终端地球站（VSAT）通信业务。

1. 卫星转发器出租、出售业务卫星转发器出租、出售业务是指根据使用者需要，在中华人民共和国境内将自有或租有的卫星转发器资源（包括一个或多个完整转发器、部分转发器带宽等）向使用者出租或出售，以供使用者在境内利用其所租赁或购买的卫星转发器资源为自己或他人、组织提供服务的业务。

卫星转发器出租、出售业务经营者可以利用其自有或租用的卫星转发器资源，在境内开展相应的出租或出售的经营活动。

2. 国内甚小口径终端地球站（VSAT）通信业务

国内甚小口径终端地球站（VSAT）通信业务是指利用卫星转发器，通过

VSAT通信系统中心站的管理和控制，在国内实现中心站与VSAT终端用户（地球站）之间、VSAT终端用户之间的语音、数据、视频图像等传送业务。

由甚小口径天线和地球站终端设备组成的地球站称VSAT地球站。由卫星转发器、中心站和VSAT地球站组成VSAT系统。

国内甚小口径终端地球站通信业务经营者必须自己组建VSAT系统，在国内提供中心站与VSAT终端用户（地球站）之间、VSAT终端用户之间的语音、数据、视频图像等传送业务。

（四）第二类数据通信业务

第二类数据通信业务包括：固定网国内数据传送业务、无线数据传送业务。

1. 固定网国内数据传送业务固定网国内数据传送业务是指第一类数据传送业务以外的，在固定网中以有线方式提供的国内端到端数据传送业务。主要包括基于异步转移模式（ATM）网络的ATM数据传送业务、基于X.25分组交换网的X.25数据传送业务、基于数字数据网（DDN）的DDN数据传送业务、基于帧中继网络的帧中继数据传送业务等。

固定网国内数据传送业务的业务类型包括：永久虚电路（PVC）数据传送业务、交换虚电路（SVC）数据传送业务、虚拟专用网业务等。

固定网国内数据传送业务经营者可组建上述基于不同技术的数据传送网，无国内通信设施服务业务经营权的经营者不得建设国内传输网络设施，必须租用具有相应经营权运营商的传输设施组建业务网络。

2. 无线数据传送业务无线数据传送业务是指前述基础电信业务条目中未包括的、以无线方式提供的端到端数据传送业务，该业务可提供漫游服务，一般为区域性。

提供该类业务的系统包括蜂窝数据分组数据（CDPD）、PLANET、NEX-NET、Mobi-tex等系统。双向寻呼属无线数据传送业务的一种应用。

无线数据传送业务经营者必须自己组建无线数据传送网，无国内通信设施服务业务经营权的经营者不得建设国内传输网络设施，必须租用具有相应经营权运营商的传输设施组建业务网络。

（五）网络接入业务

网络接入业务是指以有线或无线方式提供的、与网络业务节点接口（SNI）或用户网络接口（UNI）相连接的接入业务。网络接入业务在此特指无线接入业务、用户驻地网业务。

1. 无线接入业务无线接入业务是以无线方式提供的网络接入业务，在此特指为终端用户提供面向固定网络（包括固定电话网和因特网）的无线接入方式。无线接入的网络位置为固定网业务节点接口（SNI）到用户网络接口（UNI）之间部分，传输媒质全部或部分采用空中传播的无线方式，用户终端不含移动性或只含有限的移动性。

无线接入业务经营者必须自己组建位于固定网业务节点接口（SNI）到用户网络接口（UNI）之间的无线接入网络设施，可以从事自己所建设施的网络元素出租和出售业务。

2. 用户驻地网业务用户驻地网业务是指以有线或无线方式，利用与公众网相连的用户驻地网（CPN）相关网络设施提供的网络接入业务。

用户驻地网是指用户网络接口（UNI）到用户终端之间的相关网络设施。根据管理需要，在此，用户驻地网特指从用户驻地业务集中点到用户终端之间的相关网络设施。用户驻地可以是一个居民小区，也可以是一栋或相邻的多栋写字楼，但不包括城域范围内的接入网。

用户驻地网业务经营者必须自己组建用户驻地网，并可以开展驻地网内网络元素出租或出售业务。

（六）国内通信设施服务

业务国内通信设施是指用于实现国内通信业务所需的地面传输网络和网络元素。国内通信设施服务业务是指建设并出租、出售国内通信设施的业务。

国内通信设施主要包括：光缆、电缆、光纤、金属线、节点设备、线路设备、微波站、国内卫星地球站等物理资源，和带宽（包括通道、电路）、波长等功能资源组成的国内通信传输设施。

国内专线电路租用服务业务属国内通信设施服务业务。

国内通信设施服务业务经营者应根据国家有关规定建设上述国内通信设施的部分或全部物理资源和功能资源，并可以开展相应的出租、出售经营活动。

（七）网络托管业务

网络托管业务是指受用户委托，代管用户自有或租用的国内的网络、网络元素或设备，包括为用户提供设备的放置、网络的管理、运行和维护等服务，以及为用户提供互联互通和其它网络应用的管理和维护服务。

注：模拟集群通信业务、无线寻呼业务、国内甚小口径终端地球站（VSAT）通信业务、第二类数据通信业务（含固定网国内数据传送业务和无线数据传送业务）、用户驻地网业务、网络托管业务比照增值电信业务管理。

B. 增值电信业务

一、第一类增值电信业务

（一）在线数据处理与交易处理业务

在线数据与交易处理业务是指利用各种与通信网络相连的数据与交易/事务处理应用平台，通过通信网络为用户提供在线数据处理和交易/事务处理的业务。在线数据和交易处理业务包括交易处理业务、电子数据交换业务和网络/电子设备数据处理业务。

交易处理业务包括办理各种银行业务、股票买卖、票务买卖、拍卖商品买卖、费用支付等。

网络/电子设备数据处理指通过通信网络传送，对连接到通信网络的电子设备进行控制和数据处理的业务。

电子数据交换业务，即EDI，是一种把贸易或其它行政事务有关的信息和数据按统一规定的格式形成结构化的事务处理数据，通过通信网络在有关用户的计算机之间进行交换和自动处理，完成贸易或其它行政事务的业务。

（二）国内多方通信服务业务

国内多方通信服务业务是指通过通信网络实现国内两点或多点之间实时的交互式或点播式的话音、图像通信服务。

国内多方通信服务业务包括国内多方电话服务业务、国内可视电话会议服务业务和国内因特网会议电视及图像服务业务等。

国内多方电话服务业务是指通过公用电话网把我国境内两点以上的多点电话终端连接起来，实现多点间实时双向话音通信的业务。

国内可视电话会议服务业务是通过公用电话网把我国境内两地或多个地点的可视电话会议终端连接起来，以可视方式召开会议，能够实时进行话音、图像和数据的双向通信。

国内因特网会议电视及图像服务业务是为国内用户在因特网上两点或多点之间提供的双向对称、交互式的多媒体应用或双向不对称、点播式图像的各种应用，如远程诊断、远程教学、协同工作、视频点播（VOD）、游戏等应用。

（三）国内因特网虚拟专用网业务

国内因特网虚拟专用网业务（IP－VPN）是指经营者利用自有的或租用公用因特网网络资源，采用TCP/IP协议，为国内用户定制因特网闭合用户群网络的服务。因特网虚拟专用网主要采用IP隧道等基于TCP/IP的技术组建，并提供一定的安全性和保密性，专网内可实现加密的透明分组传送。

IP－VPN业务的用户不得利用IP－VPN进行公共因特网信息浏览及用于经营性活动；IP－VPN业务的经营者必须有确实的技术与管理措施（监控手段）防止其用户违反上述规定。

（四）因特网数据中心业务

因特网数据中心业务（IDC）是指利用相应的机房设施，以外包出租的方式为用户的服务器等因特网或其他网络的相关设备提供放置、代理维护、系统配置及管理服务，以及提供数据库系统或服务器等设备的出租及其存储空间的出租、通信线路和出口带宽的代理租用和其它应用服务。

因特网数据中心业务经营者必须提供机房和相应的配套设施，并提供安全保障措施。

二、第二类增值电信业务

（一）存储转发类业务

存储转发类业务是指利用存储转发机制为用户提供信息发送的业务。语音信箱、X.400电子邮件、传真存储转发等属于存储转发类业务。

1. 语音信箱语音信箱业务是指利用与公用电话网或公用数据传送网相连接的语音信箱系统向用户提供存储、提取、调用话音留言及其他辅助功能的一种业务。每个语音信箱有一个专用信箱号码，用户可以通过终端设备，例如通过电话呼叫和话机按键进行操作，完成信息投递、接收、存储、删除、转发、通知等功能。

2. X.400电子邮件业务X.400电子邮件业务是指符合ITUX.400建议、基于分组网的电子信箱业务。它通过计算机与公用电信网结合，利用存储转发方式为用户提供多种类型的信息交换。

3. 传真存储转发业务传真存储转发业务是指在用户的传真机之间设立存储转发系统，用户间的传真经存储转发系统的控制，非实时地传送到对端的业务。

传真存储转发系统主要由传真工作站和传真存储转发信箱组成，两者之间通过分组网或数字专线连接。传真存储转发业务主要有：多址投送、定时投送、传真信箱、指定接收人通信、报文存档及其他辅助功能等。

（二）呼叫中心业务

呼叫中心业务是指受企事业单位委托，利用与公用电话网或因特网连接的呼叫中心系统和数据库技术，经过信息采集、加工、存储等建立信息库，通过固定网、移动网或因特网等公众通信网络向用户提供有关该企事业单位的业务咨询、信息咨询和数据查询等服务。

呼叫中心业务还包括呼叫中心系统和话务员座席的出租服务。

用户可以通过固定电话、传真、移动通信终端和计算机终端等多种方式进入系统，访问系统的数据库，以语音、传真、电子邮件、短消息等方式获取有关该企事业单位的信息咨询服务。

（三）因特网接入服务业务

因特网接入服务是指利用接入服务器和相应的软硬件资源建立业务节点，并利用公用电信基础设施将业务节点与因特网骨干网相连接，为各类用户提供接入因特网的服务。用户可以利用公用电话网或其它接入手段连接到其业务节点，并通过该节点接入因特网。

因特网接入服务业务主要有两种应用，一是为因特网信息服务业务（ICP）经营者等利用因特网从事信息内容提供、网上交易、在线应用等提供接入因特网的服务；二是为普通上网用户等需要上网获得相关服务的用户提供接入因特网的服务。

（四）信息服务业务

信息服务业务是指通过信息采集、开发、处理和信息平台的建设，通过固定网、移动网或因特网等公众通信网络直接向终端用户提供语音信息服务

（声讯服务）或在线信息和数据检索等信息服务的业务。

信息服务的类型主要包括内容服务、娱乐/游戏、商业信息和定位信息等服务。信息服务业务面向的用户可以是固定通信网络用户、移动通信网络用户、因特网用户或其他数据传送网络的用户。

注：我国承诺的 WTO 减让表中所列出的服务项目与本分类目录中的业务名称不一致时，其对应关系如下：

基础电信服务中，“移动话音和数据业务”属蜂窝移动通信业务。国内业务中，“话音服务”、“传真服务”、“电路交换数据传送业务”含在固定网本地电话业务和固定网长途电话业务；“分组交换数据传输业务”属第二类数据通信业务；“国内专线电路租用服务”属国内通信服务设施业务。

国际业务中，“话音服务”、“传真服务”、“电路交换数据传输业务”、“国际闭合用户群话音服务”属固定网国际长途电话业务；“分组交换数据传输业务”含在因特网数据传送业务和国际数据通信业务中；基于因特网“国际闭合用户群数据业务”属因特网数据传送业务，利用国际专线的“国际闭合用户群数据服务”属国际数据通信业务。

增值电信服务中，“在线信息和/或数据处理（包括交易处理）”和“电子数据交换”属在线数据处理与交易处理业务；“电子邮件”、“语音邮件”、“增值传真服务（包括存储与传送、存储与调用）”属存储转发类业务；“在线信息和数据检索”属信息服务业务；“编码和规程转换”在目前电信网已无具体应用，故在本目录中未列出。

[导读与提示]

苹果 iTunes，特别是苹果商店的成功运作告诉我们，计算机软件或称应用程序，也可以为数字音像制品的出版与传播贡献力量。2010 年以后的时代，是小插件的时代。该条例因此需要重视。

软件著作权事宜由国家著作权行政管理部门制定管理政策，这也是该条例与著作权法和著作权管理条例多有类似的原因。

该条例第四条规定："受本条例保护的软件必须由开发者独立开发，并已固定在某种有形物体上。"这一条恐怕值得商榷，因为我们已经进入"云时代"。

计算机软件保护条例

（2001 年 12 月 20 日以中华人民共和国国务院第 339 号令公布，2011 年 1 月 8 日《国务院关于废止和修改部分行政法规的决定》第一次修订，2013 年 1 月 30 日中华人民共和国国务院第 632 号令《国务院关于修改〈计算机软件保护条例〉的决定》第二次修订）

第一章　总　则

第一条　为了保护计算机软件著作权人的权益，调整计算机软件在开发、传播和使用中发生的利益关系，鼓励计算机软件的开发与应用，促进软件产业和国民经济信息化的发展，根据《中华人民共和国著作权法》，制定本条例。

第二条　本条例所称计算机软件（以下简称软件），是指计算机程序及其有关文档。

第三条　本条例下列用语的含义：

（一）计算机程序，是指为了得到某种结果而可以由计算机等具有信息处理能力的装置执行的代码化指令序列，或者可以被自动转换成代码化指令序列的符号化指令序列或者符号化语句序列。同一计算机程序的源程序和目标程序为同一作品。

（二）文档，是指用来描述程序的内容、组成、设计、功能规格、开发情况、测试结果及使用方法的文字资料和图表等，如程序设计说明书、流程图、用户手册等。

（三）软件开发者，是指实际组织开发、直接进行开发，并对开发完成的软件承担责任的法人或者其他组织；或者依靠自己具有的条件独立完成软件开发，并对软件承担责任的自然人。

（四）软件著作权人，是指依照本条例的规定，对软件享有著作权的自然人、法人或者其他组织。

第四条 受本条例保护的软件必须由开发者独立开发，并已固定在某种有形物体上。

第五条 中国公民、法人或者其他组织对其所开发的软件，不论是否发表，依照本条例享有著作权。

外国人、无国籍人的软件首先在中国境内发行的，依照本条例享有著作权。

外国人、无国籍人的软件，依照其开发者所属国或者经常居住地国同中国签订的协议或者依照中国参加的国际条约享有的著作权，受本条例保护。

第六条 本条例对软件著作权的保护不延及开发软件所用的思想、处理过程、操作方法或者数学概念等。

第七条 软件著作权人可以向国务院著作权行政管理部门认定的软件登记机构办理登记。软件登记机构发放的登记证明文件是登记事项的初步证明。

办理软件登记应当缴纳费用。软件登记的收费标准由国务院著作权行政管理部门会同国务院价格主管部门规定。

第二章 软件著作权

第八条 软件著作权人享有下列各项权利：

（一）发表权，即决定软件是否公之于众的权利；

（二）署名权，即表明开发者身份，在软件上署名的权利；

（三）修改权，即对软件进行增补、删节，或者改变指令、语句顺序的权利；

（四）复制权，即将软件制作一份或者多份的权利；

（五）发行权，即以出售或者赠与方式向公众提供软件的原件或者复制件的权利；

（六）出租权，即有偿许可他人临时使用软件的权利，但是软件不是出租的主要标的的除外；

（七）信息网络传播权，即以有线或者无线方式向公众提供软件，使公众可以在其个人选定的时间和地点获得软件的权利；

（八）翻译权，即将原软件从一种自然语言文字转换成另一种自然语言文字的权利；

（九）应当由软件著作权人享有的其他权利。

软件著作权人可以许可他人行使其软件著作权，并有权获得报酬。

软件著作权人可以全部或者部分转让其软件著作权，并有权获得报酬。

第九条　软件著作权属于软件开发者，本条例另有规定的除外。

如无相反证明，在软件上署名的自然人、法人或者其他组织为开发者。

第十条　由两个以上的自然人、法人或者其他组织合作开发的软件，其著作权的归属由合作开发者签订书面合同约定。无书面合同或者合同未作明确约定，合作开发的软件可以分割使用的，开发者对各自开发的部分可以单独享有著作权；但是，行使著作权时，不得扩展到合作开发的软件整体的著作权。合作开发的软件不能分割使用的，其著作权由各合作开发者共同享有，通过协商一致行使；不能协商一致，又无正当理由的，任何一方不得阻止他方行使除转让权以外的其他权利，但是所得收益应当合理分配给所有合作开发者。

第十一条　接受他人委托开发的软件，其著作权的归属由委托人与受托人签订书面合同约定；无书面合同或者合同未作明确约定的，其著作权由受托人享有。

第十二条　由国家机关下达任务开发的软件，著作权的归属与行使由项目任务书或者合同规定；项目任务书或者合同中未作明确规定的，软件著作权由接受任务的法人或者其他组织享有。

第十三条 自然人在法人或者其他组织中任职期间所开发的软件有下列情形之一的，该软件著作权由该法人或者其他组织享有，该法人或者其他组织可以对开发软件的自然人进行奖励：

（一）针对本职工作中明确指定的开发目标所开发的软件；

（二）开发的软件是从事本职工作活动所预见的结果或者自然的结果；

（三）主要使用了法人或者其他组织的资金、专用设备、未公开的专门信息等物质技术条件所开发并由法人或者其他组织承担责任的软件。

第十四条 软件著作权自软件开发完成之日起产生。

自然人的软件著作权，保护期为自然人终生及其死亡后50年，截止于自然人死亡后第50年的12月31日；软件是合作开发的，截止于最后死亡的自然人死亡后第50年的12月31日。

法人或者其他组织的软件著作权，保护期为50年，截止于软件首次发表后第50年的12月31日，但软件自开发完成之日起50年内未发表的，本条例不再保护。

第十五条 软件著作权属于自然人的，该自然人死亡后，在软件著作权的保护期内，软件著作权的继承人可以依照《中华人民共和国继承法》的有关规定，继承本条例第八条规定的除署名权以外的其他权利。

软件著作权属于法人或者其他组织的，法人或者其他组织变更、终止后，其著作权在本条例规定的保护期内由承受其权利义务的法人或者其他组织享有；没有承受其权利义务的法人或者其他组织的，由国家享有。

第十六条 软件的合法复制品所有人享有下列权利：

（一）根据使用的需要把该软件装入计算机等具有信息处理能力的装置内；

（二）为了防止复制品损坏而制作备份复制品。这些备份复制品不得通过任何方式提供给他人使用，并在所有人丧失该合法复制品的所有权时，负责将备份复制品销毁；

（三）为了把该软件用于实际的计算机应用环境或者改进其功能、性能而进行必要的修改；但是，除合同另有约定外，未经该软件著作权人许可，不得向任何第三方提供修改后的软件。

第十七条 为了学习和研究软件内含的设计思想和原理，通过安装、显示、传输或者存储软件等方式使用软件的，可以不经软件著作权人许可，不向其支付报酬。

第三章 软件著作权的许可使用和转让

第十八条 许可他人行使软件著作权的，应当订立许可使用合同。

许可使用合同中软件著作权人未明确许可的权利，被许可人不得行使。

第十九条 许可他人专有行使软件著作权的，当事人应当订立书面合同。

没有订立书面合同或者合同中未明确约定为专有许可的，被许可行使的权利应当视为非专有权利。

第二十条 转让软件著作权的，当事人应当订立书面合同。

第二十一条 订立许可他人专有行使软件著作权的许可合同，或者订立转让软件著作权合同，可以向国务院著作权行政管理部门认定的软件登记机构登记。

第二十二条 中国公民、法人或者其他组织向外国人许可或者转让软件著作权的，应当遵守《中华人民共和国技术进出口管理条例》的有关规定。

第四章 法律责任

第二十三条 除《中华人民共和国著作权法》或者本条例另有规定外，有下列侵权行为的，应当根据情况，承担停止侵害、消除影响、赔礼道歉、赔偿损失等民事责任：

（一）未经软件著作权人许可，发表或者登记其软件的；

（二）将他人软件作为自己的软件发表或者登记的；

（三）未经合作者许可，将与他人合作开发的软件作为自己单独完成的软件发表或者登记的；

（四）在他人软件上署名或者更改他人软件上的署名的；

（五）未经软件著作权人许可，修改、翻译其软件的；

（六）其他侵犯软件著作权的行为。

第二十四条 除《中华人民共和国著作权法》、本条例或者其他法律、行政法规另有规定外，未经软件著作权人许可，有下列侵权行为的，应当根据情况，承担停止侵害、消除影响、赔礼道歉、赔偿损失等民事责任；同时损害社会公共利益的，由著作权行政管理部门责令停止侵权行为，没收违法所得，没收、销毁侵权复制品，可以并处罚款；情节严重的，著作权行政管理部门并可以没收主要用于制作侵权复制品的材料、工具、设备等；触犯刑律的，依照刑法关于侵犯著作权罪、销售侵权复制品罪的规定，依法追究刑事责任：

（一）复制或者部分复制著作权人的软件的；

（二）向公众发行、出租、通过信息网络传播著作权人的软件的；

（三）故意避开或者破坏著作权人为保护其软件著作权而采取的技术措施的；

（四）故意删除或者改变软件权利管理电子信息的；

（五）转让或者许可他人行使著作权人的软件著作权的。

有前款第一项或者第二项行为的，可以并处每件100元或者货值金额1倍以上5倍以下的罚款；有前款第三项、第四项或者第五项行为的，可以并处20万元以下的罚款。

第二十五条 侵犯软件著作权的赔偿数额，依照《中华人民共和国著作权法》第四十九条的规定确定。

第二十六条 软件著作权人有证据证明他人正在实施或者即将实施侵犯其权利的行为，如不及时制止，将会使其合法权益受到难以弥补的损害的，可以依照《中华人民共和国著作权法》第五十条的规定，在提起诉讼前向人民法院申请采取责令停止有关行为和财产保全的措施。

第二十七条 为了制止侵权行为，在证据可能灭失或者以后难以取得的情况下，软件著作权人可以依照《中华人民共和国著作权法》第五十一条的规定，在提起诉讼前向人民法院申请保全证据。

第二十八条 软件复制品的出版者、制作者不能证明其出版、制作有合法授权的，或者软件复制品的发行者、出租者不能证明其发行、出租的复制品有合法来源的，应当承担法律责任。

第二十九条 软件开发者开发的软件，由于可供选用的表达方式有限而与已经存在的软件相似的，不构成对已经存在的软件的著作权的侵犯。

第三十条 软件的复制品持有人不知道也没有合理理由应当知道该软件是侵权复制品的，不承担赔偿责任；但是，应当停止使用、销毁该侵权复制品。如果停止使用并销毁该侵权复制品将给复制品使用人造成重大损失的，复制品使用人可以在向软件著作权人支付合理费用后继续使用。

第三十一条 软件著作权侵权纠纷可以调解。

软件著作权合同纠纷可以依据合同中的仲裁条款或者事后达成的书面仲裁协议，向仲裁机构申请仲裁。

当事人没有在合同中订立仲裁条款，事后又没有书面仲裁协议的，可以直接向人民法院提起诉讼。

第五章 附 则

第三十二条 本条例施行前发生的侵权行为，依照侵权行为发生时的国家有关规定处理。

第三十三条 本条例自 2002 年 1 月 1 日起施行。1991 年 6 月 4 日国务院发布的《计算机软件保护条例》同时废止。

[导读与提示]

这是一项即将废止的法规，自2000年以来，网络世界发生了翻天覆地的变化，此办法中的许多规定早已落后，因征求意见期刚刚结束，新办法尚未出台，此办法仍旧执行。将来废止之后，也具有史料价值，可以为政府对网络信息服务不断深入的认知和掌控作证。

这里面提到了《互联网信息服务增值电信业务经营许可证》。

该办法的修订草案自2012年6月7日开始征求意见，截止日期为同年7月6日。截止到本书付梓，未见新办法出台。本篇附上《互联网信息服务管理办法（修订草案征求意见稿）》，供对照参考。一俟新办法正式出台，当遵照执行新法。

互联网信息服务管理办法

（中华人民共和国国务院第292号令，2000年9月20日国务院第三十一次常务会议通过，2000年9月25日公布施行）

第一条 为了规范互联网信息服务活动，促进互联网信息服务健康有序发展，制定本办法。

第二条 在中华人民共和国境内从事互联网信息服务活动，必须遵守本办法。

本办法所称互联网信息服务，是指通过互联网向上网用户提供信息的服务活动。

第三条 互联网信息服务分为经营性和非经营性两类。

经营性互联网信息服务，是指通过互联网向上网用户有偿提供信息或者网页制作等服务活动。

非经营性互联网信息服务，是指通过互联网向上网用户无偿提供具有公开性、共享性信息的服务活动。

第四条 国家对经营性互联网信息服务实行许可制度；对非经营性互联网信息服务实行备案制度。

未取得许可或者未履行备案手续的，不得从事互联网信息服务。

第五条 从事新闻、出版、教育、医疗保健、药品和医疗器械等互联网信息服务，依照法律、行政法规以及国家有关规定须经有关主管部门审核同意的，在申请经营许可或者履行备案手续前，应当依法经有关主管部门审核同意。

第六条 从事经营性互联网信息服务，除应当符合《中华人民共和国电信条例》规定的要求外，还应当具备下列条件：

（一）有业务发展计划及相关技术方案；

（二）有健全的网络与信息安全保障措施，包括网站安全保障措施、信息安全保密管理制度、用户信息安全管理制度；

（三）服务项目属于本办法第五条规定范围的，已取得有关主管部门同意的文件。

第七条 从事经营性互联网信息服务，应当向省、自治区、直辖市电信管理机构或者国务院信息产业主管部门申请办理互联网信息服务增值电信业务经营许可证（以下简称经营许可证）。

省、自治区、直辖市电信管理机构或者国务院信息产业主管部门应当自收到申请之日起60日内审查完毕，作出批准或者不予批准的决定。予以批准的，颁发经营许可证；不予批准的，应当书面通知申请人并说明理由。

申请人取得经营许可证后，应当持经营许可证向企业登记机关办理登记手续。

第八条 从事非经营性互联网信息服务，应当向省、自治区、直辖市电信管理机构或者国务院信息产业主管部门办理备案手续。办理备案时，应当提交下列材料：

（一）主办单位和网站负责人的基本情况；

（二）网站网址和服务项目；

（三）服务项目属于本办法第五条规定范围的，已取得有关主管部门的同意文件。

省、自治区、直辖市电信管理机构对备案材料齐全的，应当予以备案并编号。

第九条 从事互联网信息服务，拟开办电子公告服务的，应当在申请经营性互联网信息服务许可或者办理非经营性互联网信息服务备案时，按照国家有关规定提出专项申请或者专项备案。

第十条 省、自治区、直辖市电信管理机构和国务院信息产业主管部门应当公布取得经营许可证或者已履行备案手续的互联网信息服务提供者名单。

第十一条 互联网信息服务提供者应当按照经许可或者备案的项目提供服务，不得超出经许可或者备案的项目提供服务。

非经营性互联网信息服务提供者不得从事有偿服务。

互联网信息服务提供者变更服务项目、网站网址等事项的，应当提前30日向原审核、发证或者备案机关办理变更手续。

第十二条 互联网信息服务提供者应当在其网站主页的显著位置标明其经营许可证编号或者备案编号。

第十三条 互联网信息服务提供者应当向上网用户提供良好的服务，并保证所提供的信息内容合法。

第十四条 从事新闻、出版以及电子公告等服务项目的互联网信息服务提供者，应当记录提供的信息内容及其发布时间、互联网地址或者域名；互联网接入服务提供者应当记录上网用户的上网时间、用户帐号、互联网地址或者域名、主叫电话号码等信息。

互联网信息服务提供者和互联网接入服务提供者的记录备份应当保存60日，并在国家有关机关依法查询时，予以提供。

第十五条 互联网信息服务提供者不得制作、复制、发布、传播含有下列内容的信息：

（一）反对宪法所确定的基本原则的；

（二）危害国家安全，泄露国家秘密，颠覆国家政权，破坏国家统一的；

（三）损害国家荣誉和利益的；

（四）煽动民族仇恨、民族歧视，破坏民族团结的；

（五）破坏国家宗教政策，宣扬邪教和封建迷信的；

（六）散布谣言，扰乱社会秩序，破坏社会稳定的；

（七）散布淫秽、色情、赌博、暴力、凶杀、恐怖或者教唆犯罪的；

（八）侮辱或者诽谤他人，侵害他人合法权益的；

（九）含有法律、行政法规禁止的其他内容的。

第十六条　互联网信息服务提供者发现其网站传输的信息明显属于本办法第十五条所列内容之一的，应当立即停止传输，保存有关记录，并向国家有关机关报告。

第十七条　经营性互联网信息服务提供者申请在境内境外上市或者同外商合资、合作，应当事先经国务院信息产业主管部门审查同意；其中，外商投资的比例应当符合有关法律、行政法规的规定。

第十八条　国务院信息产业主管部门和省、自治区、直辖市电信管理机构，依法对互联网信息服务实施监督管理。

新闻、出版、教育、卫生、药品监督管理、工商行政管理和公安、国家安全等有关主管部门，在各自职责范围内依法对互联网信息内容实施监督管理。

第十九条　违反本办法的规定，未取得经营许可证，擅自从事经营性互联网信息服务，或者超出许可的项目提供服务的，由省、自治区、直辖市电信管理机构责令限期改正，有违法所得的，没收违法所得，处违法所得3倍以上5倍以下的罚款；没有违法所得或者违法所得不足5万元的，处10万元以上100万元以下的罚款；情节严重的，责令关闭网站。

违反本办法的规定，未履行备案手续，擅自从事非经营性互联网信息服务，或者超出备案的项目提供服务的，由省、自治区、直辖市电信管理机构责令限期改正；拒不改正的，责令关闭网站。

第二十条　制作、复制、发布、传播本办法第十五条所列内容之一的信息，构成犯罪的，依法追究刑事责任；尚不构成犯罪的，由公安机关、国家安全机关依照《中华人民共和国治安管理处罚条例》、《计算机信息网络国际联网安全保护管理办法》等有关法律、行政法规的规定予以处罚；对经营性互联网信息服务提供者，并由发证机关责令停业整顿直至吊销经营许可证，通知企业登记机关；对非经营性互联网信息服务提供者，并由备案机关责令暂时关闭网站直至关闭网站。

第二十一条 未履行本办法第十四条规定的义务的，由省、自治区、直辖市电信管理机构责令改正；情节严重的，责令停业整顿或者暂时关闭网站。

第二十二条 违反本办法的规定，未在其网站主页上标明其经营许可证编号或者备案编号的，由省、自治区、直辖市电信管理机构责令改正，处5000元以上5万元以下的罚款。

第二十三条 违反本办法第十六条规定的义务的，由省、自治区、直辖市电信管理机构责令改正；情节严重的，对经营性互联网信息服务提供者，并由发证机关吊销经营许可证，对非经营性互联网信息服务提供者，并由备案机关责令关闭网站。

第二十四条 互联网信息服务提供者在其业务活动中，违反其他法律、法规的，由新闻、出版、教育、卫生、药品监督管理和工商行政管理等有关主管部门依照有关法律、法规的规定处罚。

第二十五条 电信管理机构和其他有关主管部门及其工作人员，玩忽职守、滥用职权、徇私舞弊，疏于对互联网信息服务的监督管理，造成严重后果，构成犯罪的，依法追究刑事责任；尚不构成犯罪的，对直接负责的主管人员和其他直接责任人员依法给予降级、撤职直至开除的行政处分。

第二十六条 在本办法公布前从事互联网信息服务的，应当自本办法公布之日起60日内依照本办法的有关规定补办有关手续。

第二十七条 本办法自公布之日起施行。

互联网信息服务管理办法（修订草案征求意见稿）

第一章 总 则

第一条 为了促进互联网信息服务健康有序发展，维护国家安全和公共利益，保护公众和互联网信息服务提供者的合法权益，规范互联网信息服务活动，制定本办法。

第二条 在中华人民共和国境内从事互联网信息服务活动，应当遵守本办法。

本办法所称互联网信息服务，是指通过互联网提供信息服务的活动。

第三条 国家互联网信息内容主管部门依照职责负责互联网信息内容管理，协调国务院电信主管部门、国务院公安部门及其他相关部门对互联网信息内容实施监督管理。

国务院电信主管部门依照职责负责互联网行业管理，负责对互联网信息服务的市场准入、市场秩序、网络资源、网络信息安全等实施监督管理。

国务院公安部门依照职责负责互联网安全监督，维护互联网公共秩序和公共安全，防范和惩治网络违法犯罪活动。

国务院其他有关部门在各自职责范围内对互联网信息服务实施管理。

地方互联网信息服务管理职责依照国家有关规定确定。

第四条 国家鼓励互联网信息服务提供者传播有益于提高民族素质、推动经济社会发展的信息。

第五条 国家鼓励互联网信息服务提供者开展行业自律活动，鼓励公众监督互联网信息服务。

第二章 设 立

第六条 互联网信息服务分为经营性和非经营性两类。

从事经营性互联网信息服务，应当获得电信主管部门颁发的互联网信息服务增值电信业务经营许可；从事非经营性互联网信息服务，应当在电信主管部门备案。未取得许可或者未履行备案手续的，不得从事互联网信息服务。

第七条 从事互联网信息服务，应在三年内未受到电信主管部门吊销互联网信息服务增值电信业务经营许可证件或者取消备案的处罚。

在申请互联网信息服务增值电信业务经营许可或者履行备案手续时，应当向电信主管部门提供以下材料：

（一）主办者等相关人员的真实身份证明文件、地址、联系方式等基本情况；

（二）拟使用的网站名称、互联网地址、服务器所在地、接入服务提供者等有关情况；

（三）拟提供的服务项目及相关主管部门的许可文件；

（四）公安机关出具的安全检查意见。

从事互联网信息服务，应当具备符合国家规定的网络安全与信息安全管理制度和技术保障措施。

第八条 从事经营性互联网信息服务，除应当遵守本办法第七条的规定外，还应当具备以下条件：

（一）经营者为依法设立的企业法人；

（二）有与从事互联网信息服务相适应的资金、场所、设施和专业人员；

（三）有可以证明为用户提供长期服务的能力；

（四）有业务发展计划及相关技术方案。

第九条 申请从事经营性互联网信息服务，应当向电信主管部门提出申请，电信主管部门应当自受理申请之日起60日内审查完毕，作出批准或者不予批准的决定。

第十条 从事互联网信息服务，涉及以下服务项目的，应当获得相应主管部门的许可：

（一）从事互联网新闻信息服务，提供由互联网用户向公众发布信息的服务，及提供互联网信息搜索服务，须经互联网信息内容主管部门许可；

（二）从事文化、出版、视听节目、教育、医疗保健、药品和医疗器械等互联网信息服务，依照法律、行政法规以及国家有关规定须经有关主管部门许可，许可结果报国家互联网信息内容主管部门备案。

前款第一项中提供由互联网用户向公众发布信息的服务，及提供互联网信息搜索服务的许可条件、程序、期限及需要提供的材料等，由国家互联网信息内容主管部门公布。

第三章 运 行

第十一条 互联网接入服务提供者应当查验互联网信息服务提供者的合法

资质，不得为未取得合法资质的互联网信息服务提供者提供服务。

利用互联网从事的服务依照法律、行政法规的规定需要取得相应资质的，互联网信息服务提供者应当查验服务对象的合法资质。

第十二条 互联网信息服务提供者应当在提供服务时明示许可证编号或者备案编号。

互联网信息服务提供者许可或者备案事项发生变更的，应当向原许可或者备案机关办理变更手续。

第十三条 互联网信息服务提供者不得侵犯其他互联网信息服务提供者和用户的合法权益。

第十四条 互联网信息服务提供者、互联网接入服务提供者应当建立网络安全与信息安全管理、公共信息巡查、应急处置、用户信息安全管理等制度及具备安全防范措施。

第十五条 提供由互联网用户向公众发布信息服务的互联网信息服务提供者，应当要求用户用真实身份信息注册。

互联网接入服务提供者应当记录其所接入的互联网信息服务提供者的真实身份信息、网站名称、互联网地址等信息。

第十六条 互联网信息服务提供者应当记录所发布的信息和服务对象所发布的信息，并保存6个月。

互联网信息服务提供者、互联网接入服务提供者应当记录日志信息，保存12个月，并为公安机关、国家安全机关依法查询提供技术支持。

第十七条 互联网信息服务提供者、互联网接入服务提供者对用户的身份信息、日志信息等个人信息负有保密义务，不得出售、篡改、故意泄露或违法使用用户的个人信息。

第十八条 任何单位和个人不得制作、复制、发布、传播含有下列内容的信息，或者故意为制作、复制、发布、传播含有下列内容的信息提供服务：

（一）反对宪法所确定的基本原则的；

（二）危害国家安全，泄露国家秘密，颠覆国家政权，破坏国家统一的；

（三）损害国家荣誉和利益的；

（四）煽动民族仇恨、民族歧视，破坏民族团结的；

（五）破坏国家宗教政策，宣扬邪教和封建迷信的；

（六）散布谣言，煽动非法聚集，扰乱社会秩序，破坏社会稳定的；

（七）散布淫秽、色情、赌博、暴力、凶杀、恐怖或者教唆犯罪，或者交易、制造违禁品、管制物品的；

（八）侮辱或者诽谤他人，侵害他人合法权益的，或者仿冒、假借国家机构、社会团体或其他法人名义的；

（九）含有法律、行政法规禁止的其他内容的。

第十九条 互联网信息服务提供者、互联网接入服务提供者明知发布、传输的信息属于本办法第十八条所列内容的，应当立即停止发布、传输，保存有关记录，向互联网信息内容主管部门、公安机关报告。

国家有关部门可以采取措施阻断属于本办法第十八条所列内容的信息的传播。

第四章　监督检查

第二十条 互联网信息内容主管部门、电信主管部门和其他有关部门应当向社会公开对互联网信息服务的许可、备案情况，公众有权查阅有关许可、备案情况。

第二十一条 互联网信息内容主管部门、电信主管部门、公安机关和其他有关部门工作人员依法履行监督检查、执法职责时，互联网信息服务提供者、互联网接入服务提供者应当予以配合，不得拒绝、阻挠。

第二十二条 互联网信息内容主管部门、电信主管部门、公安机关和其他有关部门工作人员依法履行监督检查、执法职责，至少应有两名具有行政执法资格的人员参加，并主动出示执法证件。

第二十三条 互联网信息内容主管部门、电信主管部门、公安机关和其他有关部门工作人员应当记录监督检查、执法的情况和处理结果。监督检查记录、执法记录由执法人员签字归档。公众有权查阅监督检查记录。

第二十四条 互联网信息内容主管部门、电信主管部门、公安机关和其他有关部门应当建立信息共享和信息通报制度。

第二十五条 互联网信息内容主管部门、电信主管部门、公安机关和其他有关部门应当建立公众举报制度，向社会公开举报联系方式。

任何单位和个人发现互联网信息服务提供者、互联网接入服务提供者有违反本办法行为的，有权向有关部门举报。

互联网信息内容主管部门、电信主管部门、公安机关和其他有关部门接到举报应当记录并及时依法调查处理；对不属于本部门职责范围的，应当及时移送有关部门。

第五章　法律责任

第二十六条　互联网信息内容主管部门、电信主管部门、公安机关和其他有关部门工作人员，玩忽职守、滥用职权、徇私舞弊的，对直接负责的主管人员和其他直接责任人员依法给予处分。

第二十七条　未取得互联网信息服务增值电信业务经营许可或者未履行备案手续，擅自从事互联网信息服务的，由电信主管部门责令互联网接入服务提供者停止为其提供接入服务；有违法所得的，没收违法所得，处违法所得3倍以上5倍以下罚款。

第二十八条　未经许可，擅自从事本办法第十条规定互联网信息服务的，由互联网信息内容主管部门或有关主管部门依照职责责令停止相关互联网信息服务；有违法所得的，没收违法所得，处违法所得3倍以上5倍以下罚款；情节严重的，由电信主管部门吊销其互联网信息服务增值电信业务经营许可证件或者取消备案。

第二十九条　互联网信息服务提供者未履行本办法第十一条规定义务的，由互联网信息内容主管部门、电信主管部门、公安机关依照职责给予警告，责令限期改正；有违法所得的，没收违法所得，处违法所得3倍以上5倍以下罚款；逾期未改正的，责令暂停或停止相关互联网信息服务，直至由电信主管部门吊销其互联网信息服务增值电信业务经营许可证件或者取消备案。

第三十条　互联网信息服务提供者违反本办法规定，有下列行为之一的，由原许可、备案机关给予警告，责令限期改正；逾期未改正的，吊销或者撤销其相应许可证件或者取消备案：

（一）未如实提供相关材料取得许可或者办理备案手续的；

（二）未在提供互联网信息服务时明示许可证件编号或者备案编号，或者标注虚假编号的；

（三）未及时办理变更手续的。

第三十一条　互联网信息服务提供者违反本办法第十三条规定的，由电信主管部门给予警告，并处10万元以上100万元以下罚款；情节严重的，责令暂停相关互联网信息服务，直至吊销其互联网信息服务增值电信业务经营许可证件或者取消备案。

第三十二条　互联网信息服务提供者未履行本办法第十四条、第十五条、第十六条规定义务的，由互联网信息内容主管部门、电信主管部门、公安机关依照职责给予警告，责令限期改正；逾期未改正的，责令暂停或停止相关互联网信息服务，直至由电信主管部门吊销其互联网信息服务增值电信业务经营许可证件或者取消备案。

第三十三条　互联网接入服务提供者违反本办法第十一条、第十四条、第十五条规定的，由电信主管部门给予警告，责令限期改正，并处10万元以上100万元以下罚款；情节严重的，吊销其电信业务经营许可证件。

互联网接入服务提供者违反本办法第十六条、第十九条规定的，由电信主管部门、公安机关依照职责给予警告，责令限期改正；逾期未改正的，由电信主管部门处10万元以上100万元以下罚款；情节严重的，吊销其电信业务经营许可证件。

互联网接入服务提供者违反本办法第十八条规定，故意为制作、复制、发布、传播违法信息提供服务的，由电信主管部门、公安机关依照职责责令停止违法活动；有违法所得的，由电信主管部门没收违法所得，处违法所得3倍以上5倍以下罚款；情节严重的，吊销其电信业务经营许可证件。

第三十四条　互联网信息服务提供者、互联网接入服务提供者违反本办法第十七条规定的，由电信主管部门、公安机关依照职责责令改正，没收违法所得；违法所得5万元以上的，并处违法所得3倍以上5倍以下罚款；违法所得不足5万元或者没有违法所得的，处10万元以上15万元以下罚款；情节严重的，责令暂停相关服务，直至由电信主管部门吊销其电信业务经营许可证件或者取消备案。

第三十五条　互联网信息服务提供者违反本办法第十八条、第十九条规定的，由互联网信息内容主管部门、公安机关依照职责责令停止违法活动；有违法所得的，没收违法所得，处违法所得3倍以上5倍以下罚款；并由电信主管部门吊销其互联网信息服务增值电信业务经营许可证件或者取消备案。

对其他单位和个人，依据相关法律法规予以处罚。

第三十六条　违反本办法规定，被电信主管部门吊销互联网信息服务增值电信业务经营许可证件或者取消备案的，由电信主管部门通知相关互联网接入服务提供者和域名解析服务提供者停止为其提供服务。涉及本办法第十条规定服务项目的，并由电信主管部门通知有关部门，由有关部门吊销其相应许可证件。

第三十七条　违反本办法规定，构成犯罪的，依法追究刑事责任。

第六章　附　则

第三十八条　本办法所称提供由互联网用户向公众发布信息的服务，是指为互联网用户提供信息发布条件的服务，包括通常所称的论坛、博客、微博客等。

第三十九条　本办法施行前已经从事提供由互联网用户向公众发布信息的服务，或者提供互联网信息搜索服务的，应当依照本办法的规定办理许可手续。其中，不完全具备本办法规定条件的，应当自本办法施行之日起6个月内达到本办法规定的条件；逾期未达到本办法规定条件的，由互联网信息内容主管部门予以取缔。

第四十条　本办法自×年×月×日起施行。2000年9月25日国务院公布的《互联网信息服务管理办法》同时废止。

[导读与提示]

如其所言，该规定“适用于出版物发行活动及其监督管理”，可问题在于，传统的出版物和传统的发行方式在数字时代和网络环境下已经发生重大变化。苹果商店的模式，算不算出版物发行？有形出版物有发行问题，无形出版物的发行怎么算？归根到底，是一定要附着在某种介质上的出版物概念限制了法规制定者们的思路。

第四条提到的“制定出版物发行业发展规划”的确需要根据数字时代和网络环境来“科学论证”一下了。

新修订的该规定版本一直强调“经营场所”，出版物的发行单位也要有经营场所，在传统出版物发行概念体系中，这显然是指仓库，但在数字出版语境下，应该是指硬盘或服务器吧？

“经营地点”以及所属“行政区域”的说法，也不适应数字时代和网络环境，比如如果不是因为你要卖硬件的话，苹果公司在中国是不必有经营地点的。因此第二十七条规定的“建立发行出版物的网络交易平台应向所在地省、自治区、直辖市新闻出版行政部门备案，接受新闻出版行政部门的指导与监督管理”，苹果公司就无需遵守，也无从遵守。

数字音像制品和电子出版物因为是无形的，所以没有了传统意义上“复制”的概念，也没有了传统意义上的“出租”。数字时代和网络环境下所谓的出租，是一个购买使用权限的概念，时间一到，自动消失。

所谓“出版物连锁经营企业”也不一样了。国美、苏宁需要有好多个，遍布全国；苹果商店和安卓市场，全世界只需要有一个。

第十七条规定“通过互联网等信息网络从事出版物发行业务的单位或者个人，应当依照本规定取得《出版物经营许可证》”，但是如果不改变“出版物”的定义，恐怕就没办法约束苹果公司。

第十八条关于书友会、读者俱乐部及类似组织的规定，恐怕不能简单参照第十条、第十一条的规定。

第三十八条所谓“提供出版物网络交易平台服务的经营者”恐怕概括不全，因为所谓“平台”不一定只是交易平台，比如靠MP3搜索起家的百度，是网络服务平台，但不是交易平台。

出版物市场管理规定

（2011年3月17日新闻出版总署第一次署务会议和商务部通过，2011年3月25日新闻出版总署、商务部第52号令公布）

第一章 总 则

第一条 为规范出版物发行活动及其监督管理，建立全国统一、开放、竞争、有序的出版物市场体系，发展社会主义出版产业，根据《出版管理条例》和有关法律、行政法规，制定本规定。

第二条 本规定适用于出版物发行活动及其监督管理。

本规定所称出版物，是指图书、报纸、期刊、音像制品、电子出版物等。

本规定所称发行，包括总发行、批发、零售以及出租、展销等活动。

总发行是指由唯一供货商向其他出版物经营者销售出版物。

批发是指供货商向其他出版物经营者销售出版物。

零售是指经营者直接向消费者销售出版物。

出租是指经营者以收取租金的形式向读者提供出版物。

展销是指主办者在一定场所、时间内组织出版物经营者集中展览、销售、订购出版物。

第三条 国家对出版物发行依法实行许可制度，未经许可，任何单位和个人不得从事出版物发行活动。本规定另有规定的除外。

第四条 新闻出版总署负责全国出版物发行活动的监督管理，负责制定全国出版物发行业发展规划。

省、自治区、直辖市新闻出版行政部门负责本行政区域内出版物发行活动的监督管理，制定本省、自治区、直辖市出版物发行业发展规划。省级以下各级人民政府新闻出版行政部门负责本行政区域内出版物发行活动的监督管理。

制定出版物发行业发展规划须经科学论证，遵循合法公正、符合实际、促进发展的原则。

第五条 发行行业的社会团体按照其章程，在新闻出版行政部门的指导下，实行自律管理。

第二章 出版物发行单位设立

第六条 设立出版物总发行企业或者其他单位从事出版物总发行业务，应当具备下列条件：

（一）有确定的企业名称和经营范围；

（二）以出版物发行为主营业务；

（三）有与出版物总发行业务相适应的组织机构和发行人员，至少一名负责人应当具有高级以上出版物发行员职业资格或者新闻出版总署认可的与出版物发行专业相关的中级以上专业技术资格；

（四）有与出版物总发行业务相适应的设备和固定的经营场所，经营场所的营业面积不少于1000平方米；

（五）注册资本不少于2000万元；

（六）具备健全的管理制度并具有符合行业标准的信息管理系统；

（七）最近三年内未受到新闻出版行政部门行政处罚，无其他严重违法记录。

除出版物总发行企业依法设立的从事总发行业务的分公司外，总发行单位应为公司制法人。

第七条 申请设立出版物总发行企业或者其他单位申请从事出版物总发行业务，须向所在地省、自治区、直辖市新闻出版行政部门提交申请材料，经其审核后，报新闻出版总署审批。

新闻出版总署应当自受理申请之日起60个工作日内作出批准或者不予批准的决定，并书面告知申请人。批准的，由新闻出版总署颁发《出版物经营许可证》，申请人持《出版物经营许可证》到工商行政管理部门依法办理相关手续；不予批准的，应当书面说明理由。

申请材料包括下列书面材料：

（一）申请书，载明单位基本情况及申请事项；

（二）组织机构和章程；

（三）注册资本信用证明；

（四）经营场所的情况和使用权证明；

（五）法定代表人及主要负责人的身份证明；

（六）负责人的发行员职业资格证书或其他专业技术资格证明材料；

（七）企业信息管理系统情况的证明材料；

（八）其他需要的证明材料。

第八条 设立出版物批发企业或者其他单位从事出版物批发业务，应当具备下列条件：

（一）有确定的企业名称和经营范围；

（二）有与出版物批发业务相适应的组织机构和发行人员，至少一名负责人应当具有中级以上出版物发行员职业资格或者新闻出版总署认可的与出版物发行专业相关的中级以上专业技术资格；

（三）有与出版物批发业务相适应的设备和固定的经营场所，其中进入出版物批发市场的单店营业面积不少于50平米，独立设置经营场所的营业面积不少于200平方米；

（四）注册资本不少于500万元；

（五）具备健全的管理制度并具有符合行业标准的信息管理系统；

（六）最近三年内未受到新闻出版行政部门行政处罚，无其他严重违法记录。

除出版物发行企业依法设立的从事批发业务的分公司外，批发单位应为公司制法人。

第九条 申请设立出版物批发企业或者其他单位申请从事出版物批发业务，须向所在地地市级新闻出版行政部门提交申请材料，经审核后报省、自治区、直辖市新闻出版行政部门审批。

省、自治区、直辖市新闻出版行政部门自受理申请之日起20个工作日内作出批准或者不予批准的决定，并书面告知申请人。批准的，由省、自治区、直辖市新闻出版行政部门颁发《出版物经营许可证》，并报新闻出版总署备案。申请人持《出版物经营许可证》到工商行政管理部门依法办理相关手续。不予批准的，应当书面说明理由。

申请材料包括下列书面材料：

（一）申请书，载明单位基本情况及申请事项；

（二）企业章程；

（三）注册资本信用证明；

（四）经营场所的情况及使用权证明；

（五）法定代表人及主要负责人的身份证明；

（六）负责人的发行员职业资格证书或其他专业技术资格证明材料；

（七）企业信息管理系统情况的证明材料；

（八）其他需要的证明材料。

第十条 设立出版物零售企业或者其他单位、个人从事出版物零售业务，应当具备下列条件：

（一）有确定的名称和经营范围；

（二）至少一名负责人应当具有初级以上出版物发行员职业资格或者新闻出版总署认可的与出版物发行专业相关的初级以上专业技术资格；

（三）有固定的经营场所。

第十一条 申请设立出版物零售企业或者其他单位、个人申请从事出版物零售业务，须向所在地县级人民政府新闻出版行政部门提交申请材料。

县级新闻出版行政部门应当自受理申请之日起20个工作日内作出批准或者不予批准的决定，并书面告知申请人。批准的，由县级人民政府新闻出版行政部门颁发《出版物经营许可证》，并同时报上一级新闻出版行政部门备案，其中营业面积在5000平方米以上的应同时报省、自治区、直辖市新闻出版行政部门备案。申请人持《出版物经营许可证》到工商行政管理部门依法办理相关手续。不予批准的，应当书面说明理由。

申请材料包括下列书面材料：

（一）申请书，载明单位基本情况及申请事项；

（二）经营场所的使用权证明；

（三）经营者的身份证明和发行员职业资格证书或其他专业技术资格证明

材料。

第十二条 设立出版物出租企业或者其他单位、个人从事出版物出租业务，应当于取得营业执照后15日内持营业执照复印件及经营地址、法定代表人或者主要负责人情况等材料到当地县级人民政府新闻出版行政部门备案。

第十三条 设立出版物连锁经营企业或者其他连锁经营企业从事出版物连锁经营业务，应当具备下列条件：

（一）有确定的企业名称和经营范围；

（二）符合连锁经营的组织形式和经营方式；

（三）注册资本不少于300万元，其中从事全国性连锁经营的不少于1000万元；

（四）有10个以上的直营连锁门店；

（五）有与出版物连锁业务相适应的组织机构和发行人员，至少一名负责人应当具有中级以上出版物发行员职业资格或者新闻出版总署认可的与出版物发行专业相关的中级以上专业技术资格；

（六）有与出版物连锁业务相适应的设备和固定的经营场所，其中样本店的经营面积不少于500平方米；

（七）具备健全的管理制度并具有符合行业标准的信息管理系统；

（八）最近三年内未受到新闻出版行政部门行政处罚，无其他严重违法记录。

第十四条 申请设立出版物连锁经营企业或者其他连锁经营企业申请从事出版物连锁经营业务，须向总部所在地地市级新闻出版行政部门提交申请材料。经审核后报省、自治区、直辖市新闻出版行政部门审批；省、自治区、直辖市新闻出版行政部门自受理申请之日起20个工作日内作出批准或者不予批准的决定，并书面告知申请人。批准的，由省、自治区、直辖市新闻出版行政部门颁发《出版物经营许可证》，并报新闻出版总署备案；不予批准的，应当书面说明理由。申请设立全国性出版物连锁经营企业或者其他连锁经营企业申请从事全国性出版物连锁经营业务，须向总部所在地省、自治区、直辖市新闻出版行政部门提交申请材料，经审核后报新闻出版总署审批。新闻出版总署应当自受理申请之日起60个工作日内作出批准或者不予批准的决定，并书面告知申请人。批准的，由新闻出版总署颁发《出版物经营许可证》。申请人持《出版物经营许可证》到工商行政管理部门依法办理相关手续。不予批准的，应当书面说明理由。申请材料包括下列书面材料：

（一）申请书，载明企业基本情况、申请事项等；

（二）组织机构和章程；

（三）注册资本信用证明；

（四）总部和连锁门店经营场所名单及使用权证明；

（五）法定代表人及主要负责人的身份证明；

（六）负责人的发行员职业资格证书或其他专业技术资格证明材料；

（七）企业信息管理系统使用情况证明材料；

（八）其他需要的证明材料。

第十五条 出版物连锁经营企业设立直营连锁门店不需单独办理《出版物经营许可证》，可以凭出版物连锁经营企业总部的《出版物经营许可证》复印件到门店所在地县级人民政府新闻出版行政部门备案后，到工商行政管理部门依法领取非法人的营业执照。

出版物连锁经营企业开设非直营连锁门店，连锁门店须按照本规定第十条、第十一条的有关规定办理审批手续，已具有《出版物经营许可证》的除外。

第十六条 国家允许设立从事图书、报纸、期刊、电子出版物发行活动的中外合资经营企业、中外合作经营企业和外资企业，允许设立从事音像制品发行活动的中外合作经营企业；其中，从事图书、报纸、期刊连锁经营业务，连锁门店超过30家的，不允许外资控股；外国投资者不得以变相参股方式违反上述有关30家连锁门店的限制。

设立外商投资出版物总发行、批发、零售、连锁经营企业应具备的条件及新闻出版行政部门的审批程序按照本规定第六条至第十五条的有关规定执行；申请人获得新闻出版行政部门批准文件后，还须按照有关法律、法规向商务主管部门提出申请，办理外商投资审批手续，并于获得批准后90天内持批准文件和《外商投资企业批准证书》到原批准的新闻出版行政部门领取《出版物经营许可证》。申请人持《出版物经营许可证》和《外商投资企业批准证书》

向所在地工商行政管理部门依法领取营业执照。

第十七条 通过互联网等信息网络从事出版物发行业务的单位或者个人，应当依照本规定取得《出版物经营许可证》，外商投资企业还应按照相关规定办理外商投资审批手续。

已经取得《出版物经营许可证》的出版物发行单位在批准的经营范围内通过互联网等信息网络从事出版物发行业务，应自开展网络出版物发行业务15日内到原批准的新闻出版行政部门备案。

第十八条 申请设立从事出版物发行的书友会、读者俱乐部或者其他类似组织，按照本规定第十条、第十一条的规定办理。出版物发行企业可以设立不具备法人资格的书友会、读者俱乐部或者其他类似组织，无需审批，但应于设立后15日内持相关材料到原批准的新闻出版行政部门备案。

第十九条 出版物发行单位可在原批准的新闻出版行政部门所辖行政区域一定地点及时间内，设立临时零售点开展其业务范围内的出版物销售活动，但须提前到设点所在地县级新闻出版行政部门履行备案手续，并须遵守所在地其他有关管理规定。

第二十条 出版物总发行单位可以从事出版物批发、零售业务；出版物批发单位可以从事出版物零售业务。

出版物发行单位设立不具备法人资格的发行分支机构，根据拟设分支机构的业务范围，分别按照设立出版物总发行、批发、零售单位的有关规定办理审批手续。

出版单位设立发行本版出版物的不具备法人资格的发行分支机构，出版单位须持《出版物经营许可证》复印件及分支机构设立地址、人员情况等相关材料于分支机构设立后15日内到分支机构所在地省、自治区、直辖市新闻出版行政部门备案。

第二十一条 从事出版物发行业务的单位和个人变更《出版物经营许可证》登记事项，或者兼并、合并、分立的，应当依照本办法到原批准的新闻出版行政部门办理审批手续，并持批准文件到工商行政管理部门办理相应的登记手续，外商投资企业还应按照相关规定办理外商投资审批手续。

从事出版物发行业务的单位和个人终止经营活动的，应当到工商行政管理部门办理注销登记，并向原批准的新闻出版行政部门备案。

第三章　出版物发行活动管理

第二十二条　任何组织和个人不得发行下列出版物：

（一）含有《出版管理条例》禁止内容的违禁出版物；

（二）各种非法出版物，包括：未经批准擅自出版、印刷或者复制的出版物，伪造、假冒出版单位或者报刊名称出版的出版物，非法进口的出版物；

（三）侵犯他人著作权或者专有出版权的出版物；

（四）新闻出版行政部门明令禁止出版、印刷或者复制、发行的出版物。

第二十三条　内部发行的出版物不得公开宣传、陈列、展示、销售。

内部资料性出版物只能在本系统、本行业或者本单位内部免费分发，任何组织和个人不得发行。

第二十四条　从事出版物发行业务的单位和个人在发行活动中应当遵循公平、合法、诚实守信的原则，依法订立供销合同，不得损害消费者的合法权益。

从事出版物发行业务的单位和个人，必须遵守下列规定：

（一）从依法设立的出版发行单位进货；发行进口出版物的，须从依法设立的出版物进口经营单位进货；

（二）将出版物发行进销货清单等有关非财务票据至少保存两年，以备查验；

（三）不得超出新闻出版行政部门核准的经营范围经营；

（四）不得张贴和散发有法律、法规禁止内容的或者有欺诈性文字的征订单、广告和宣传画；

（五）不得擅自更改出版物版权页；

（六）《出版物经营许可证》应在经营场所明显处张挂；利用信息网络从事出版物发行业务的，应在其网站主页面或者从事经营活动的网页醒目位置公开《出版物经营许可证》和营业执照登载的有关信息或链接标识；

（七）不得涂改、变造、出租、出借、出售或者以其他任何形式转让《出版物经营许可证》和批准文件。

第二十五条 出版物发行单位应当建立职业培训制度，按照《中华人民共和国劳动法》和国家确定的职业分类以及出版物发行员职业技能标准，组织本单位从业人员参加经过国家劳动行政部门批准的考核鉴定机构所实施的职业技能鉴定考核。

第二十六条 出版单位对本版出版物具有总发行权。

出版单位不得向无出版物总发行权的单位转让或者变相转让出版物总发行权，不得委托无出版物批发权的单位批发出版物或者代理出版物批发业务，不得委托非出版物发行单位发行出版物。

第二十七条 建立发行出版物的网络交易平台应向所在地省、自治区、直辖市新闻出版行政部门备案，接受新闻出版行政部门的指导与监督管理。

提供出版物发行网络交易平台服务的经营者，应当对申请通过网络交易平台从事出版物发行的经营主体身份进行审查，核实经营主体的营业执照、《出版物经营许可证》，并留存证照复印件备查。不得向无证无照、证照不齐的经营者提供网络交易平台服务。

提供出版物发行网络交易平台服务的经营者，发现在网络交易平台内从事各类违法活动的，应当采取有效措施予以制止，并及时向所在地新闻出版行政部门报告。

第二十八条 省、自治区、直辖市新闻出版行政部门和全国性出版、发行行业协会，可以申请主办全国性的出版物展销活动，并须提前6个月报新闻出版总署审批。

全国性出版、发行行业协会可以主办跨省专业性出版物展销活动；市、县级新闻出版行政部门和省级出版、发行协会可以主办地方性的出版物展销活动；主办单位须提前2个月报所在地省、自治区、直辖市新闻出版行政部门备案。

第二十九条 中学小学教科书发行单位应当具有适应教科书发行业务需要的资金、组织机构和人员等条件，并取得新闻出版总署批准的教科书发行资质。纳入政府采购范围的中学小学教科书，其发行单位还须按照《中华人民共和国政府采购法》的有关规定确定。其他任何单位或者个人不得从事中学小学教科书的发行业务。

中小学教科书发行管理办法由新闻出版总署另行制定。

第三十条 任何单位和个人不得从事本规定第二十二条所列出版物的征订、储存、运输、邮寄、投递、散发、附送等活动。

从事出版物储存、运输、投递活动，应当接受新闻出版行政部门的监督检查。

第三十一条 从事出版物发行业务的单位和个人应当按照新闻出版行政部门的规定接受年度核验，并按照《中华人民共和国统计法》、《新闻出版统计管理办法》及有关规定如实报送统计资料，不得以任何借口拒报、迟报、虚报、瞒报以及伪造和篡改统计资料。出版物发行单位不再具备行政许可的法定条件的，由新闻出版行政部门责令限期改正；逾期仍未改正的，由原发证机关撤销《出版物经营许可证》。

第四章 罚 则

第三十二条 未经批准，擅自设立出版物发行单位，或者擅自从事出版物发行业务的，依照《出版管理条例》第六十一条处罚。

未经批准擅自设立发行分支机构、出版物批发市场，擅自主办全国性出版物展销活动或者不符合本条例规定的主办单位擅自主办地方性或者跨省专业性出版物展销活动的，按照前款处罚。

第三十三条 发行违禁出版物的，依照《出版管理条例》第六十二条处罚。

发行新闻出版总署禁止进口的出版物，或者发行进口出版物未从依法批准的出版物进口经营单位进货的，依照《出版管理条例》第六十三条处罚。

发行其他非法出版物和新闻出版行政部门明令禁止出版、印刷或者复制、发行的出版物的，依照《出版管理条例》第六十五条处罚。

发行违禁出版物或者非法出版物的，当事人对其来源作出说明、指认，经查证属实的，没收出版物和非法所得，可以减轻或免除其他行政处罚。

第三十四条 违反本规定发行侵犯他人著作权或者专有出版权的出版物的，依照《中华人民共和国著作权法》和《中华人民共和国著作权法实施条例》的规定处罚。

第三十五条 发行未经依法审定的中学小学教科书，或者未经法定方式确定的单位从事中学小学教科书的发行业务的，依照《出版管理条例》第六十五条处罚。

第三十六条 出版物发行单位未依照规定办理变更审批手续的，按照《出版管理条例》第六十七条处罚。

第三十七条 单位违反本规定被吊销《出版物经营许可证》的，由原发证单位吊销其法定代表人或者主要负责人及直接责任人的出版物发行员职业资格证书；其法定代表人或者主要负责人自许可证被吊销之日起10年内不得担任发行单位的法定代表人或者主要负责人。

第三十八条 违反本规定，有下列行为之一的，由新闻出版行政部门责令停止违法行为，予以警告，并处3万元以下罚款：

（一）未能提供近两年的出版物发行进销货清单等有关非财务票据的；

（二）超出新闻出版行政部门核准的经营范围经营的；

（三）张贴和散发有法律、法规禁止内容的或者有欺诈性文字的征订单、广告和宣传画的；

（四）擅自更改出版物版权页的；

（五）《出版物经营许可证》未在经营场所明显处张挂或未在网页醒目位置公开《出版物经营许可证》和营业执照登载的有关信息或链接标识的；

（六）出售、出借、出租、转让或擅自涂改、变造《出版物经营许可证》的；

（七）发行内部资料性出版物的，或公开宣传、陈列、销售规定应由内部发行的出版物的；

（八）向无总发行权的单位转让或者变相转让出版物总发行权，委托无出版物批发权的单位批发出版物或代理出版物批发业务，委托非出版物发行单位发行出版物的；

（九）提供出版物网络交易平台服务的经营者未按本规定履行有关审查及管理责任的；

（十）应按本规定进行备案而未备案的；

（十一）不按规定接受年度核检的。

第三十九条 征订、储存、运输、邮寄、投递、散发、附送本规定第二十二条所列出版物的，按照本规定第三十三条进行处罚。

第四十条 违反本规定第三十一条未报送统计数据的，按照新闻出版总署《新闻出版统计管理办法》处理。

第五章 附 则

第四十一条 香港特别行政区、澳门特别行政区、台湾地区的投资者在其他省、自治区、直辖市设立出版物发行企业，按照本规定第十六条办理，并作如下补充规定：

（一）允许香港、澳门服务提供者在内地以独资、合资形式提供音像制品（含后电影产品）的发行服务；

（二）对于同一香港、澳门服务提供者在内地从事图书、报纸、期刊连锁经营，允许其控股，但出资比例不得超过65%；

（三）香港、澳门服务提供者应分别符合《内地与香港关于建立更紧密经贸关系的安排》及《内地与澳门关于建立更紧密经贸关系的安排》中关于"服务提供者"定义及相关规定的要求，取得香港、澳门服务提供者证明书。

第四十二条 除已依法设立的出版物批发市场外，各省、自治区、直辖市不得再设立或者变相设立出版物批发市场；进入出版物批发市场的经营单位在出版物销售前，须将出版物样本报送批发市场管理机构审验，报送审验的出版物样本必须与所销售的出版物一致。

第四十三条 本规定所称全国性连锁经营，是指跨省、自治区、直辖市连锁经营。

第四十四条 《出版物经营许可证》正、副本的样式由新闻出版总署规定，由新闻出版总署或者省、自治区、直辖市新闻出版行政部门统一印制。

第四十五条 本规定自公布之日起施行，此前新闻出版总署和有关部门颁布的《出版物市场管理规定》、《音像制品批发、零售、出租管理办法》、《外商投资图书、报纸、期刊分销企业管理办法》和《中外合作音像制品分销企业管理办法》及有关补充规定同时废止，本规定施行前与本规定不一致的其他规定不再执行。

[导读与提示]

该规定对电子出版物的定义有这样几个问题：一是努力将数字音像制品排除在外，强调电子出版物承载的是“有知识性、思想性内容的信息”；二是突出强调其存储介质是“固定物理形态的磁、光、电”，这里的“固定物理形态”表意不明；三是需要通过设备读取。这几个关键点恐怕都需要斟酌。比如电子书一直被混淆为电子阅读器，恐怕就和这个定义有直接关系。

该规定第五条规定“国家对电子出版物出版活动实行许可制度；未经许可，任何单位和个人不得从事电子出版物的出版活动”。众所周知，电子书制作软件已经是傻瓜软件，即便是文科专业的普通大学生几分钟就可以掌握。如果这位学生把自己的原创作品做成电子书并声明其著作权，按照该规定，恐怕不能算是出版。这样一来，著作权就不能同时是版权了，有违我国的《著作权法》。

该规定还要求电子出版物出版单位的必备条件之一，是“固定工作场所面积不得少于200平方米”，据说豆瓣公司在798的办公场所只有百余平米，这样豆瓣公司显然就不足以成为电子出版物出版单位。这就如同博客写作按照中国法律不算是个人出版，博客作品集结成册、经出版社加工成为纸质书，才能叫出版一样。

电子杂志作为连续出版物，也要接受该规定的管理。可问题在于，2006年至2008年间甚嚣尘上的电子杂志热潮中，大多数电子杂志平台运营商及电子杂志制作者显然都没有执行此规定。

这个规定涉及到了《电子出版物出版许可证》，自有该规定起，不知政府有关部门发放了几张这样的证。

第十八条规定“电子出版物出版单位实行编辑责任制度”，显然这也不符合电子出版物生产实际，因为在这个自媒介时代，编辑正在成为多余的人。而“重大选题备案制度”更难落实。

电子游戏在该规定中被列为电子出版物。

该规定第四章涉及的电子出版物进口管理显然也约束不了苹果公司，因为该规定无法界定苹果商店中的电子书、电子杂志、电子游戏属不属于电子出版物。若按该规定，应该不属于。

该规定第六章的“委托复制管理”要求“电子出版物、电子出版物非卖品应当委托经新闻出版总署批准设立的复制单位复制”。在复制如此便捷，甚至无需复制，只需下载或点播的网络世界，这一条规定显然不切实际。

至于第五十条“电子出版物出版单位实行年度核验制度，年度核验每两年进行一次。省、自治区、直辖市新闻出版行政部门负责对本行政区域内的电子出版物出版单位实施年度核验”也无法面对苹果和亚马逊这样的跨国电子出版物出版单位，因为数字时代也是一个全球化的时代。

电子出版物出版管理规定

（经2007年12月26日新闻出版总署第二次署务会议通过，自2008年4月15日起施行）

第一章　总　则

第一条　为了加强对电子出版物出版活动的管理，促进电子出版事业的健康发展与繁荣，根据国务院《出版管理条例》、《国务院对确需保留的行政审批项目设定行政许可的决定》和有关法律、行政法规，制定本规定。

第二条　在中华人民共和国境内从事电子出版物的制作、出版、进口活动，适用本规定。

本规定所称电子出版物，是指以数字代码方式，将有知识性、思想性内容的信息编辑加工后存储在固定物理形态的磁、光、电等介质上，通过电子阅读、显示、播放设备读取使用的大众传播媒体，包括只读光盘（CD－ROM、DVD－ROM等）、一次写入光盘（CD－R、DVD－R等）、可擦写光盘（CD－RW、DVD－RW等）、软磁盘、硬磁盘、集成电路卡等，以及新闻出版总署认定的其他媒体形态。

第三条　电子出版物不得含有《出版管理条例》第二十六条、第二十七条禁止的内容。

第四条　新闻出版总署负责全国电子出版物出版活动的监督管理工作。

县级以上地方新闻出版行政部门负责本行政区域内电子出版物出版活动的监督管理工作。

第五条 国家对电子出版物出版活动实行许可制度；未经许可，任何单位和个人不得从事电子出版物的出版活动。

第二章 出版单位设立

第六条 设立电子出版物出版单位，应当具备下列条件：

（一）有电子出版物出版单位的名称、章程；

（二）有符合新闻出版总署认定条件的主管、主办单位；

（三）有确定的电子出版物出版业务范围；

（四）有200万元以上的注册资本；

（五）有适应业务范围需要的设备和工作场所，其固定工作场所面积不得少于200平方米；

（六）有适应业务范围需要的组织机构，有2人以上具有中级以上出版专业职业资格；

（七）法律、行政法规规定的其他条件。

除依照前款所列条件外，还应当符合国家关于电子出版物出版单位总量、结构、布局的规划。

第七条 设立电子出版物出版单位，经其主管单位同意后，由主办单位向所在地省、自治区、直辖市新闻出版行政部门提出申请；经省、自治区、直辖市新闻出版行政部门审核同意后，报新闻出版总署审批。

第八条 申请设立电子出版物出版单位，应当提交下列材料：

（一）按要求填写的申请表，应当载明出版单位的名称、地址、资本结构、资金来源及数额，出版单位的主管、主办单位的名称和地址等内容；

（二）主办单位、主管单位的有关资质证明材料；

（三）出版单位章程；

（四）法定代表人或者主要负责人及本规定第六条要求的有关人员的资格证明和身份证明；

（五）可行性论证报告；

（六）由依法设立的验资机构出具的注册资本验资证明；

（七）工作场所使用证明。

第九条 新闻出版总署自受理设立电子出版物出版单位的申请之日起90日内，作出批准或者不批准的决定，直接或者由省、自治区、直辖市新闻出版行政部门书面通知主办单位；不批准的，应当说明理由。

第十条 设立电子出版物出版单位的主办单位应当自收到批准决定之日起60日内，向所在地省、自治区、直辖市新闻出版行政部门登记，领取新闻出版总署颁发的《电子出版物出版许可证》。

电子出版物出版单位持《电子出版物出版许可证》向所在地工商行政管理部门登记，依法领取营业执照。

第十一条 电子出版物出版单位自登记之日起满180日未从事出版活动的，由省、自治区、直辖市新闻出版行政部门注销登记，收回《电子出版物出版许可证》，并报新闻出版总署备案。

因不可抗力或者其他正当理由发生前款所列情形的，电子出版物出版单位可以向省、自治区、直辖市新闻出版行政部门申请延期。

第十二条 电子出版物出版单位变更名称、主办单位或者主管单位、业务范围、资本结构，合并或者分立，须依照本规定第七条、第八条的规定重新办理审批手续，并到原登记的工商行政管理部门办理相应的登记手续。

电子出版物出版单位变更地址、法定代表人或者主要负责人的，应当经其主管、主办单位同意，向所在地省、自治区、直辖市新闻出版行政部门申请变更登记后，到原登记的工商行政管理部门办理变更登记。

省、自治区、直辖市新闻出版行政部门须将有关变更登记事项报新闻出版总署备案。

第十三条 电子出版物出版单位终止出版活动的，应当向所在地省、自治区、直辖市新闻出版行政部门办理注销登记手续，并到原登记的工商行政管理部门办理注销登记。

省、自治区、直辖市新闻出版行政部门应将有关注销登记报新闻出版总署备案。

第十四条 申请出版连续型电子出版物，经主管单位同意后，由主办单位向所在地省、自治区、直辖市新闻出版行政部门提出申请；经省、自治区、直辖市新闻出版行政部门审核同意后，报新闻出版总署审批。

本规定所称连续型电子出版物，是指有固定名称，用卷、期、册或者年、月顺序编号，按照一定周期出版的电子出版物。

第十五条 申请出版连续型电子出版物，应当提交下列材料：

（一）申请书，应当载明连续型电子出版物的名称、刊期、媒体形态、业务范围、读者对象、栏目设置、文种等；

（二）主管单位的审核意见。

申请出版配报纸、期刊的连续型电子出版物，还须报送报纸、期刊样本。

第十六条 经批准出版的连续型电子出版物，新增或者改变连续型电子出版物的名称、刊期与出版范围的，须按照本规定第十四条、第十五条办理审批手续。

第十七条 出版行政部门对从事电子出版物制作的单位实行备案制管理。电子出版物制作单位应当于单位设立登记以及有关变更登记之日起30日内，将单位名称、地址、法定代表人或者主要负责人的姓名及营业执照复印件、法定代表人或主要负责人身份证明报所在地省、自治区、直辖市新闻出版行政部门备案。

本规定所称电子出版物制作，是指通过创作、加工、设计等方式，提供用于出版、复制、发行的电子出版物节目源的经营活动。

第三章 出版管理

第十八条 电子出版物出版单位实行编辑责任制度，保障电子出版物的内容符合有关法规、规章规定。

第十九条 电子出版物出版单位应于每年12月1日前将下一年度的出版计划报所在地省、自治区、直辖市新闻出版行政部门，省、自治区、直辖市新闻出版行政部门审核同意后报新闻出版总署备案。

第二十条 电子出版物出版实行重大选题备案制度。涉及国家安全、社会安定等方面重大选题，涉及重大革命题材和重大历史题材的选题，应当按照新闻出版总署有关选题备案的规定办理备案手续；未经备案的重大选题，不得出版。

第二十一条 出版电子出版物，必须按规定使用中国标准书号。同一内容，不同载体形态、格式的电子出版物，应当分别使用不同的中国标准书号。

出版连续型电子出版物，必须按规定使用国内统一连续出版物号，不得使用中国标准书号出版连续型电子出版物。

第二十二条 电子出版物出版单位不得以任何形式向任何单位或者个人转让、出租、出售本单位的名称、电子出版物中国标准书号、国内统一连续出版物号。

第二十三条 电子出版物应当符合国家的技术、质量标准和规范要求。

出版电子出版物，须在电子出版物载体的印刷标识面或其装帧的显著位置载明电子出版物制作、出版单位的名称，中国标准书号或国内统一连续出版物号及条码，著作权人名称以及出版日期等其他有关事项。

第二十四条 电子出版物出版单位申请出版境外著作权人授权的电子出版物，须向所在地省、自治区、直辖市新闻出版行政部门提出申请；所在地省、自治区、直辖市新闻出版行政部门审核同意后，报新闻出版总署审批。

第二十五条 申请出版境外著作权人授权的电子出版物，应当提交下列材料：

（一）申请书，应当载明电子出版物名称、内容简介、授权方名称、授权方基本情况介绍等；

（二）申请单位的审读报告；

（三）样品及必要的内容资料；

（四）申请单位所在地省、自治区、直辖市著作权行政管理部门的著作权合同登记证明文件。

出版境外著作权人授权的电子游戏出版物还须提交游戏主要人物和主要场景图片资料、代理机构营业执照、发行合同及发行机构批发许可证、游戏文字脚本全文等材料。

第二十六条 新闻出版总署自受理出版境外著作权人授权电子出版物申请之日起，20 日内作出批准或者不批准的决定；不批准的，应当说明理由。

审批出版境外著作权人授权电子出版物，应当组织专家评审，并应当符合国家总量、结构、布局规划。

第二十七条 境外著作权人授权的电子出版物，须在电子出版物载体的印刷标识面或其装帧的显著位置载明引进出版批准文号和著作权授权合同登记证号。

第二十八条 已经批准出版的境外著作权人授权的电子出版物，若出版升级版本，须按照本规定第二十五条提交申请材料，报所在地省、自治区、直辖市新闻出版行政部门审批。

第二十九条 出版境外著作权人授权的电子游戏测试盘及境外互联网游戏作品客户端程序光盘，须按照本规定第二十五条提交申请材料，报所在地省、自治区、直辖市新闻出版行政部门审批。

第三十条 电子出版物出版单位与境外机构合作出版电子出版物，须经主管单位同意后，将选题报所在地省、自治区、直辖市新闻出版行政部门审核；省、自治区、直辖市新闻出版行政部门审核同意后，报新闻出版总署审批。

新闻出版总署自受理合作出版电子出版物选题申请之日起20日内，作出批准或者不批准的决定；不批准的，应当说明理由。

第三十一条 电子出版物出版单位申请与境外机构合作出版电子出版物，应当提交下列材料：

（一）申请书，应当载明合作出版的电子出版物的名称、载体形态、内容简介、合作双方名称、基本情况、合作方式等，并附拟合作出版的电子出版物的有关文字内容、图片等材料；

（二）合作意向书；

（三）主管单位的审核意见。

第三十二条 电子出版物出版单位与境外机构合作出版电子出版物，应在该电子出版物出版30日内将样盘报送新闻出版总署备案。

第三十三条 出版单位配合本版出版物出版电子出版物，向所在地省、自治区、直辖市新闻出版行政部门提出申请，省、自治区、直辖市新闻出版行政部门审核同意的，发放电子出版物中国标准书号和复制委托书，并报新闻出版总署备案。

第三十四条 出版单位申请配合本版出版物出版电子出版物，应提交申请书及本版出版物、拟出版电子出版物样品。

申请书应当载明配合本版出版物出版的电子出版物的名称、制作单位、主要内容、出版时间、复制数量和载体形式等内容。

第三十五条 电子出版物发行前，出版单位应当向国家图书馆、中国版本图书馆和新闻出版总署免费送交样品。

第三十六条 电子出版物出版单位的从业人员，应当具备国家规定的出版专业职业资格条件。

电子出版物出版单位的社长、总编辑须符合国家规定的任职资格和条件。

电子出版物出版单位的社长、总编辑须参加新闻出版行政部门组织的岗位培训，取得岗位培训合格证书后才能上岗。

第三十七条 电子出版物出版单位须遵守国家统计规定，依法向新闻出版行政部门报送统计资料。

第四章 进口管理

第三十八条 进口电子出版物成品，须由新闻出版总署批准的电子出版物进口经营单位提出申请；所在地省、自治区、直辖市新闻出版行政部门审核同意后，报新闻出版总署审批。

第三十九条 申请进口电子出版物，应当提交下列材料：

（一）申请书，应当载明进口电子出版物的名称、内容简介、出版者名称、地址、进口数量等；

（二）主管单位审核意见；

（三）申请单位关于进口电子出版物的审读报告；

（四）进口电子出版物的样品及必要的内容资料。

第四十条 新闻出版总署自受理进口电子出版物申请之日起20日内，作出批准或者不批准的决定；不批准的，应当说明理由。

审批进口电子出版物，应当组织专家评审，并应当符合国家总量、结构、布局规划。

第四十一条 进口电子出版物的外包装上应贴有标识，载明批准进口文号及用中文注明的出版者名称、地址、著作权人名称、出版日期等有关事项。

第五章 非卖品管理

第四十二条 委托复制电子出版物非卖品，须向委托方或受托方所在地省、自治区、直辖市新闻出版行政部门提出申请，申请书应写明电子出版物非卖品的使用目的、名称、内容、发送对象、复制数量、载体形式等，并附样品。

电子出版物非卖品内容限于公益宣传、企事业单位业务宣传、交流、商品介绍等，不得定价，不得销售、变相销售或与其他商品搭配销售。

第四十三条 省、自治区、直辖市新闻出版行政部门应当自受理委托复制电子出版物非卖品申请之日起20日内，作出批准或者不批准的决定，批准的，发给电子出版物复制委托书；不批准的，应当说明理由。

第四十四条 电子出版物非卖品载体的印刷标识面及其装帧的显著位置应当注明电子出版物非卖品统一编号，编号分为四段：第一段为方括号内的各省、自治区、直辖市简称，第二段为“电子出版物非卖品”字样，第三段为圆括号内的年度，第四段为顺序编号。

第六章 委托复制管理

第四十五条 电子出版物、电子出版物非卖品应当委托经新闻出版总署批准设立的复制单位复制。

第四十六条 委托复制电子出版物和电子出版物非卖品，必须使用复制委托书，并遵守国家关于复制委托书的管理规定。

复制委托书由新闻出版总署统一印制。

第四十七条 委托复制电子出版物、电子出版物非卖品的单位，应当保证开具的复制委托书内容真实、准确、完整，并须将开具的复制委托书直接交送复制单位。

委托复制电子出版物、电子出版物非卖品的单位不得以任何形式向任何单位或者个人转让、出售本单位的复制委托书。

第四十八条 委托复制电子出版物的单位，自电子出版物完成复制之日起30日内，须向所在地省、自治区、直辖市新闻出版行政部门上交本单位及复制单位签章的复制委托书第二联及样品。

委托复制电子出版物的单位须将电子出版物复制委托书第四联保存2年备查。

第四十九条 委托复制电子出版物、电子出版物非卖品的单位，经批准获得电子出版物复制委托书之日起 90 日内未使用的，须向发放该委托书的省、自治区、直辖市新闻出版行政部门交回复制委托书。

第七章 年度核验

第五十条 电子出版物出版单位实行年度核验制度，年度核验每两年进行一次。省、自治区、直辖市新闻出版行政部门负责对本行政区域内的电子出版物出版单位实施年度核验。核验内容包括电子出版物出版单位的登记项目、设立条件、出版经营情况、遵纪守法情况、内部管理情况等。

第五十一条 电子出版物出版单位进行年度核验，应提交以下材料：

（一）电子出版物出版单位年度核验登记表；

（二）电子出版物出版单位两年的总结报告，应当包括执行出版法规的情况、出版业绩、资产变化等内容；

（三）两年出版的电子出版物出版目录；

（四）《电子出版物出版许可证》的复印件。

第五十二条 电子出版物出版单位年度核验程序为：

（一）电子出版物出版单位应于核验年度的 1 月 15 日前向所在地省、自治区、直辖市新闻出版行政部门提交年度核验材料；

（二）各省、自治区、直辖市新闻出版行政部门对本行政区域内电子出版物出版单位的设立条件、开展业务及执行法规等情况进行全面审核，并于该年度的 2 月底前完成年度核验工作；对符合年度核验要求的单位予以登记，并换发《电子出版物出版许可证》；

（三）各省、自治区、直辖市新闻出版行政部门应于核验年度的 3 月 20 日前将年度核验情况及有关书面材料报新闻出版总署备案。

第五十三条 电子出版物出版单位有下列情形之一的，暂缓年度核验：

（一）不具备本规定第六条规定条件的；

（二）因违反出版管理法规，正在限期停业整顿的；

（三）经审核发现有违法行为应予处罚的；

（四）曾违反出版管理法规受到行政处罚，未认真整改，仍存在违法问题的；

（五）长期不能正常开展电子出版物出版活动的。

暂缓年度核验的期限由省、自治区、直辖市新闻出版行政部门确定，最长不得超过3个月。暂缓期间，省、自治区、直辖市新闻出版行政部门应当督促、指导电子出版物出版单位进行整改。暂缓年度核验期满，对达到年度核验要求的电子出版物出版单位予以登记；仍未达到年度核验要求的电子出版物出版单位，由所在地省、自治区、直辖市新闻出版行政部门提出注销登记意见，新闻出版总署撤销《电子出版物出版许可证》，所在地省、自治区、直辖市新闻出版行政部门办理注销登记。

第五十四条 不按规定参加年度核验的电子出版物出版单位，经书面催告仍未参加年度核验的，由所在地省、自治区、直辖市新闻出版行政部门提出注销登记意见，新闻出版总署撤销《电子出版物出版许可证》，所在地省、自治区、直辖市新闻出版行政部门办理注销登记。

第五十五条 出版连续型电子出版物的单位按照本章规定参加年度核验。

第八章 法律责任

第五十六条 电子出版物出版单位违反本规定的，新闻出版总署或者省、自治区、直辖市新闻出版行政部门可以采取下列行政措施：

（一）下达警示通知书；

（二）通报批评；

（三）责令公开检讨；

（四）责令改正；

（五）责令停止复制、发行电子出版物；

（六）责令收回电子出版物；

（七）责成主办单位、主管单位监督电子出版物出版单位整改。

警示通知书由新闻出版总署制定统一格式，由新闻出版总署或者省、自治区、直辖市新闻出版行政部门下达给违法的电子出版物出版单位，并抄送违法电子出版物出版单位的主办单位及其主管单位。

本条所列行政措施可以并用。

第五十七条 未经批准，擅自设立电子出版物出版单位，擅自从事电子出版物出版业务，伪造、假冒电子出版物出版单位或者连续型电子出版物名称、电子出版物专用中国标准书号出版电子出版物的，按照《出版管理条例》第五十五条处罚。

图书、报纸、期刊、音像等出版单位未经批准，配合本版出版物出版电子出版物的，属于擅自从事电子出版物出版业务，按照前款处罚。

第五十八条 从事电子出版物制作、出版业务，有下列行为之一的，按照《出版管理条例》第五十六条处罚：

（一）制作、出版含有《出版管理条例》第二十六条、第二十七条禁止内容的电子出版物的；

（二）明知或者应知他人出版含有《出版管理条例》第二十六条、第二十七条禁止内容的电子出版物而向其出售、出租或者以其他形式转让本出版单位的名称、电子出版物专用中国标准书号、国内统一连续出版物号、条码及电子出版物复制委托书的。

第五十九条 电子出版物出版单位出租、出借、出售或者以其他任何形式转让本单位的名称、电子出版物专用中国标准书号、国内统一连续出版物号的，按照《出版管理条例》第六十条处罚。

第六十条 有下列行为之一的，按照《出版管理条例》第六十一条处罚：

（一）电子出版物出版单位变更名称、主办单位或者主管单位、业务范围、资本结构，合并或者分立，电子出版物出版单位变更地址、法定代表人或者主要负责人，未依照本规定的要求办理审批、变更登记手续的；

（二）经批准出版的连续型电子出版物，新增或者改变连续型电子出版物的名称、刊期与出版范围，未办理审批手续的；

（三）电子出版物出版单位未按规定履行年度出版计划和重大选题备案的；

（四）出版单位未按照有关规定送交电子出版物样品的；

（五）电子出版物进口经营单位违反本规定第三十八条未经批准进口电子出版物的。

第六十一条 电子出版物出版单位未依法向新闻出版行政部门报送统计资

料的，依据新闻出版总署、国家统计局联合颁布的《新闻出版统计管理办法》处罚。

第六十二条 有下列行为之一的，由新闻出版行政部门责令改正，给予警告，可并处三万元以下罚款：

（一）电子出版物制作单位违反本规定第十七条，未办理备案手续的；

（二）电子出版物出版单位违反本规定第二十一条，未按规定使用中国标准书号或者国内统一连续出版物号的；

（三）电子出版物出版单位出版的电子出版物不符合国家的技术、质量标准和规范要求的，或者未按本规定第二十三条载明有关事项的；

（四）电子出版物出版单位出版境外著作权人授权的电子出版物，违反本规定第二十四条、第二十七条、第二十八条、第二十九条有关规定的；

（五）电子出版物出版单位与境外机构合作出版电子出版物，未按本规定第三十条办理选题审批手续的，未按本规定第三十二条将样盘报送备案的；

（六）电子出版物进口经营单位违反本规定第四十一条的；

（七）委托复制电子出版物非卖品违反本规定第四十二条的有关规定，或者未按第四十四条标明电子出版物非卖品统一编号的；

（八）电子出版物出版单位及其他委托复制单位违反本规定第四十五条至第四十九条的规定，委托未经批准设立的复制单位复制，或者未遵守有关复制委托书的管理制度的。

第九章　附　则

第六十三条 本规定自 2008 年 4 月 15 日起施行，新闻出版署 1997 年 12 月 30 日颁布的《电子出版物管理规定》同时废止，此前新闻出版行政部门对电子出版物制作、出版、进口活动的其他规定，凡与本规定不一致的，以本规定为准。

[导读与提示]

这个规定虽然还是暂行规定，但是由文化部在2011年重新发布的。2003年5月10日发布、2004年7月1日修订的《互联网文化管理暂行规定》已经废止。

该规定对“互联网文化产品”的定义比较宽泛，数字音像制品及其发行与传播显然都在其管理范围之内。

第四条说：“在中华人民共和国境内从事互联网文化活动，适用本规定。”但该怎样对进入中国境内从事互联网文化活动的跨国公司实施监管，并未提出具体可行的条款、措施。

该规定区分了互联网文化产品和互联网文化活动两个概念，区分了“为互联网生产”与“到互联网上传播”这两类互联网文化产品，区分了经营性和非经营性这两种互联网文化活动，明确了文化部负责“监督管理”全国互联网文化活动。

第十五条特别规定“进口互联网文化产品应当报文化部进行内容审查”，并需获得批准文号。

该规定提到了“文化市场综合执法机构”，因为仅靠文化部一家难于执法。

该规定提到了《网络文化经营许可证》。

互联网文化管理暂行规定

（中华人民共和国文化部第27号令，2003年3月4日文化部部务会议审议通过，现予发布，自2003年7月1日起施行）

第一条 为了加强对互联网文化的管理，保障互联网文化单位的合法权益，促进我国互联网文化健康、有序地发展，根据《全国人民代表大会常务委员会关于维护互联网安全的决定》和《互联网信息服务管理办法》以及国家法律法规有关规定，制定本规定。

第二条 本规定所称互联网文化产品是指通过互联网生产、传播和流通的文化产品，主要包括：

（一）专门为互联网而生产的网络音乐娱乐、网络游戏、网络演出剧（节）目、网络表演、网络艺术品、网络动漫等互联网文化产品；

（二）将音乐娱乐、游戏、演出剧（节）目、表演、艺术品、动漫等文化产品以一定的技术手段制作、复制到互联网上传播的互联网文化产品。

第三条 本规定所称互联网文化活动是指提供互联网文化产品及其服务的活动，主要包括：

（一）互联网文化产品的制作、复制、进口、发行、播放等活动；

（二）将文化产品登载在互联网上，或者通过互联网、移动通信网等信息网络发送到计算机、固定电话机、移动电话机、电视机、游戏机等用户端以及网吧等互联网上网服务营业场所，供用户浏览、欣赏、使用或者下载的在线传播行为；

（三）互联网文化产品的展览、比赛等活动。

互联网文化活动分为经营性和非经营性两类。经营性互联网文化活动是指以营利为目的，通过向上网用户收费或者以电子商务、广告、赞助等方式获取利益，提供互联网文化产品及其服务的活动。非经营性互联网文化活动是指不以营利为目的向上网用户提供互联网文化产品及其服务的活动。

第四条 本规定所称互联网文化单位，是指经文化行政部门和电信管理机构批准或者备案，从事互联网文化活动的互联网信息服务提供者。

在中华人民共和国境内从事互联网文化活动，适用本规定。

第五条 从事互联网文化活动应当遵守宪法和有关法律、法规，坚持为人民服务、为社会主义服务的方向，弘扬民族优秀文化，传播有益于提高公众文化素质、推动经济发展、促进社会进步的思想道德、科学技术和文化知识，丰富人民的精神生活。

第六条 文化部负责制定互联网文化发展与管理的方针、政策和规划，监督管理全国互联网文化活动。

省、自治区、直辖市人民政府文化行政部门对申请从事经营性互联网文化活动的单位进行审批，对从事非经营性互联网文化活动的单位进行备案。

县级以上人民政府文化行政部门负责本行政区域内互联网文化活动的监督管理工作。县级以上人民政府文化行政部门或者文化市场综合执法机构对从事互联网文化活动违反国家有关法规的行为实施处罚。

第七条 申请设立经营性互联网文化单位，应当符合《互联网信息服务管理办法》的有关规定，并具备以下条件：

（一）单位的名称、住所、组织机构和章程；

（二）确定的互联网文化活动范围；

（三）适应互联网文化活动需要并取得相应从业资格的 8 名以上业务管理人员和专业技术人员；

（四）适应互联网文化活动需要的设备、工作场所以及相应的经营管理技术措施；

（五）不低于 100 万元的注册资金，其中申请从事网络游戏经营活动的应当具备不低于 1000 万元的注册资金；

（六）符合法律、行政法规和国家有关规定的条件。

审批设立经营性互联网文化单位，除依照前款所列条件外，还应当符合互联网文化单位总量、结构和布局的规划。

第八条 申请设立经营性互联网文化单位，应当向所在地省、自治区、直辖市人民政府文化行政部门提出申请，由省、自治区、直辖市人民政府文化行政部门审核批准。

第九条 申请设立经营性互联网文化单位，应当提交下列文件：

（一）申请书；

（二）企业名称预先核准通知书或者营业执照和章程；

（三）资金来源、数额及其信用证明文件；

（四）法定代表人、主要负责人及主要经营管理人员、专业技术人员的资格证明和身份证明文件；

（五）工作场所使用权证明文件；

（六）业务发展报告；

（七）依法需要提交的其他文件。

对申请设立经营性互联网文化单位的，省、自治区、直辖市人民政府文化行政部门应当自受理申请之日起 20 日内做出批准或者不批准的决定。批准的，核发《网络文化经营许可证》，并向社会公告；不批准的，应当书面通知申请人并说明理由。

《网络文化经营许可证》有效期为 3 年。有效期届满，需继续从事经营的，应当于有效期届满 30 日前申请续办。

第十条 非经营性互联网文化单位，应当自设立之日起 60 日内向所在地省、自治区、直辖市人民政府文化行政部门备案，并提交下列文件：

（一）备案报告书；

（二）章程；

（三）资金来源、数额及其信用证明文件；

（四）法定代表人或者主要负责人、主要经营管理人员、专业技术人员的资格证明和身份证明文件；

（五）工作场所使用权证明文件；

（六）需要提交的其他文件。

第十一条 申请设立经营性互联网文化单位经批准后，应当持《网络文化经营许可证》，按照《互联网信息服务管理办法》的有关规定，到所在地电信管理机构或者国务院信息产业主管部门办理相关手续。

第十二条 互联网文化单位应当在其网站主页的显著位置标明文化行政部门颁发的《网络文化经营许可证》编号或者备案编号，标明国务院信息产业主管部门或者省、自治区、直辖市电信管理机构颁发的经营许可证编号或者备案编号。

第十三条 经营性互联网文化单位变更单位名称、网站名称、网站域名、法定代表人、注册地址、经营地址、注册资金、股权结构以及许可经营范围的，应当自变更之日起 20 日内到所在地省、自治区、直辖市人民政府文化行政部门办理变更手续。

非经营性互联网文化单位变更名称、地址、法定代表人或者主要负责人、业务范围的，应当自变更之日起 60 日内到所在地省、自治区、直辖市人民政府文化行政部门办理备案手续。

第十四条 经营性互联网文化单位终止互联网文化活动的，应当自终止之日起30日内到所在地省、自治区、直辖市人民政府文化行政部门办理注销手续。

经营性互联网文化单位自取得《网络文化经营许可证》并依法办理企业登记之日起满180日未开展互联网文化活动的，由原审核的省、自治区、直辖市人民政府文化行政部门注销《网络文化经营许可证》，同时通知相关省、自治区、直辖市电信管理机构。

非经营性互联网文化单位停止互联网文化活动的，由原备案的省、自治区、直辖市人民政府文化行政部门注销备案，同时通知相关省、自治区、直辖市电信管理机构。

第十五条 经营进口互联网文化产品的活动应当由取得文化行政部门核发的《网络文化经营许可证》的经营性互联网文化单位实施，进口互联网文化产品应当报文化部进行内容审查。

文化部应当自受理内容审查申请之日起20日内（不包括专家评审所需时间）做出批准或者不批准的决定。批准的，发给批准文件；不批准的，应当说明理由。

经批准的进口互联网文化产品应当在其显著位置标明文化部的批准文号，不得擅自变更产品名称或者增删产品内容。自批准之日起一年内未在国内经营的，进口单位应当报文化部备案并说明原因；决定终止进口的，文化部撤销其批准文号。

经营性互联网文化单位经营的国产互联网文化产品应当自正式经营起30日内报省级以上文化行政部门备案，并在其显著位置标明文化部备案编号，具体办法另行规定。

第十六条 互联网文化单位不得提供载有以下内容的文化产品：

（一）反对宪法确定的基本原则的；

（二）危害国家统一、主权和领土完整的；

（三）泄露国家秘密、危害国家安全或者损害国家荣誉和利益的；

（四）煽动民族仇恨、民族歧视，破坏民族团结，或者侵害民族风俗、习惯的；

（五）宣扬邪教、迷信的；

（六）散布谣言，扰乱社会秩序，破坏社会稳定的；

（七）宣扬淫秽、赌博、暴力或者教唆犯罪的；

（八）侮辱或者诽谤他人，侵害他人合法权益的；

（九）危害社会公德或者民族优秀文化传统的；

（十）有法律、行政法规和国家规定禁止的其他内容的。

第十七条 互联网文化单位提供的文化产品，使公民、法人或者其他组织的合法利益受到侵害的，互联网文化单位应当依法承担民事责任。

第十八条 互联网文化单位应当建立自审制度，明确专门部门，配备专业人员负责互联网文化产品内容和活动的自查与管理，保障互联网文化产品内容和活动的合法性。

第十九条 互联网文化单位发现所提供的互联网文化产品含有本规定第十六条所列内容之一的，应当立即停止提供，保存有关记录，向所在地省、自治区、直辖市人民政府文化行政部门报告并抄报文化部。

第二十条 互联网文化单位应当记录备份所提供的文化产品内容及其时间、互联网地址或者域名；记录备份应当保存 60 日，并在国家有关部门依法查询时予以提供。

第二十一条 未经批准，擅自从事经营性互联网文化活动的，由县级以上人民政府文化行政部门或者文化市场综合执法机构依据《无照经营查处取缔办法》的规定予以查处。

第二十二条 非经营性互联网文化单位违反本规定第十条，逾期未办理备案手续的，由县级以上人民政府文化行政部门或者文化市场综合执法机构责令限期改正；拒不改正的，责令停止互联网文化活动，并处 1000 元以下罚款。

第二十三条 经营性互联网文化单位违反本规定第十二条的，由县级以上人民政府文化行政部门或者文化市场综合执法机构责令限期改正，并可根据情节轻重处 10000 元以下罚款。

非经营性互联网文化单位违反本规定第十二条的，由县级以上人民政府文化行政部门或者文化市场综合执法机构责令限期改正；拒不改正的，责令停止互联网文化活动，并处 500 元以下罚款。

第二十四条 经营性互联网文化单位违反本规定第十三条的，由县级以上人民政府文化行政部门或者文化市场综合执法机构责令改正，没收违法所得，并处10000元以上30000元以下罚款；情节严重的，责令停业整顿直至吊销《网络文化经营许可证》；构成犯罪的，依法追究刑事责任。

非经营性互联网文化单位违反本规定第十三条的，由县级以上人民政府文化行政部门或者文化市场综合执法机构责令限期改正；拒不改正的，责令停止互联网文化活动，并处1000元以下罚款。

第二十五条 经营性互联网文化单位违反本规定第十五条，经营进口互联网文化产品未在其显著位置标明文化部批准文号、经营国产互联网文化产品未在其显著位置标明文化部备案编号的，由县级以上人民政府文化行政部门或者文化市场综合执法机构责令改正，并可根据情节轻重处10000元以下罚款。

第二十六条 经营性互联网文化单位违反本规定第十五条，擅自变更进口互联网文化产品的名称或者增删内容的，由县级以上人民政府文化行政部门或者文化市场综合执法机构责令停止提供，没收违法所得，并处10000元以上30000元以下罚款；情节严重的，责令停业整顿直至吊销《网络文化经营许可证》；构成犯罪的，依法追究刑事责任。

第二十七条 经营性互联网文化单位违反本规定第十五条，经营国产互联网文化产品逾期未报文化行政部门备案的，由县级以上人民政府文化行政部门或者文化市场综合执法机构责令改正，并可根据情节轻重处20000元以下罚款。

第二十八条 经营性互联网文化单位提供含有本规定第十六条禁止内容的互联网文化产品，或者提供未经文化部批准进口的互联网文化产品的，由县级以上人民政府文化行政部门或者文化市场综合执法机构责令停止提供，没收违法所得，并处10000元以上30000元以下罚款；情节严重的，责令停业整顿直至吊销《网络文化经营许可证》；构成犯罪的，依法追究刑事责任。

非经营性互联网文化单位，提供含有本规定第十六条禁止内容的互联网文化产品，或者提供未经文化部批准进口的互联网文化产品的，由县级以上人民政府文化行政部门或者文化市场综合执法机构责令停止提供，处1000元以下罚款；构成犯罪的，依法追究刑事责任。

第二十九条 经营性互联网文化单位违反本规定第十八条的，由县级以上人民政府文化行政部门或者文化市场综合执法机构责令改正，并可根据情节轻重处 20000 元以下罚款。

第三十条 经营性互联网文化单位违反本规定第十九条的，由县级以上人民政府文化行政部门或者文化市场综合执法机构予以警告，责令限期改正，并处 10000 元以下罚款。

第三十一条 违反本规定第二十条的，由省、自治区、直辖市电信管理机构责令改正；情节严重的，由省、自治区、直辖市电信管理机构责令停业整顿或者责令暂时关闭网站。

第三十二条 本规定所称文化市场综合执法机构是指依照国家有关法律、法规和规章的规定，相对集中地行使文化领域行政处罚权以及相关监督检查权、行政强制权的行政执法机构。

第三十三条 文化行政部门或者文化市场综合执法机构查处违法经营活动，依照实施违法经营行为的企业注册地或者企业实际经营地进行管辖；企业注册地和实际经营地无法确定的，由从事违法经营活动网站的信息服务许可地或者备案地进行管辖；没有许可或者备案的，由该网站服务器所在地管辖；网站服务器设置在境外的，由违法行为发生地进行管辖。

第三十四条 本规定自 2011 年 4 月 1 日起施行。2003 年 5 月 10 日发布、2004 年 7 月 1 日修订的《互联网文化管理暂行规定》同时废止。

[导读与提示]

仅从题目上看，“互联网出版”变成了“网络出版服务”，这个变化意义重大，印证了传统出版物生产商正在向内容服务提供商转化。

关于互联网出版的定义，新、旧二稿发生了很大的变化，值得注意。但移动终端显然并未得到充分关照。

关于网络出版服务类型，新稿注意到了，但不想在本次修订时解决，而是要另行发文，专做规定。

修订草案提出了一个“音视频读物”的概念，这个概念未必能站住脚。

修订草案中提到了《网络出版服务许可证》。

互联网出版管理暂行规定

（中华人民共和国新闻出版总署、中华人民共和国信息产业部第 17 号令，2001 年 12 月 24 日新闻出版总署第二十次署务会和 2002 年 6 月 27 日信息产业部第十次部务会审议通过，现予公布，自 2002 年 8 月 1 日起施行）

第一章　总　则

第一条　为了加强对互联网出版活动的管理，保障互联网出版机构的合法权益，促进我国互联网出版事业健康、有序地发展，根据《出版管理条例》和《互联网信息服务管理办法》，制定本规定。

第二条　从事互联网出版活动应当遵守宪法和有关法律、法规，坚持为人民服务、为社会主义服务的方向，传播和积累一切有益于提高民族素质、推动经济发展、促进社会进步的思想道德、科学技术和文化知识，丰富人民的精神生活。

第三条 在中华人民共和国境内从事互联网出版活动，适用本规定。

第四条 新闻出版总署负责监督管理全国互联网出版工作，其主要职责是：

（一）制定全国互联网出版规划，并组织实施；

（二）制定互联网出版管理的方针、政策和规章；

（三）制定全国互联网出版机构总量、结构和布局的规划，并组织实施；

（四）对互联网出版机构实行前置审批；

（五）依据有关法律、法规和规章，对互联网出版内容实施监管，对违反国家出版法规的行为实施处罚。

省、自治区、直辖市新闻出版行政部门负责本行政区域内互联网出版的日常管理工作，对本行政区域内申请从事互联网出版业务者进行审核，对本行政区域内违反国家出版法规的行为实施处罚。

第五条 本规定所称互联网出版，是指互联网信息服务提供者将自己创作或他人创作的作品经过选择和编辑加工，登载在互联网上或者通过互联网发送到用户端，供公众浏览、阅读、使用或者下载的在线传播行为。其作品主要包括：

（一）已正式出版的图书、报纸、期刊、音像制品、电子出版物等出版物内容或者在其他媒体上公开发表的作品；

（二）经过编辑加工的文学、艺术和自然科学、社会科学、工程技术等方面的作品。

本规定所称互联网出版机构，是指经新闻出版行政部门和电信管理机构批准，从事互联网出版业务的互联网信息服务提供者。

第二章　行政审批与监督管理

第六条 从事互联网出版活动，必须经过批准。未经批准，任何单位或个人不得开展互联网出版活动。

互联网出版机构依法从事互联网出版活动，任何组织和个人不得干扰、阻止和破坏。

第七条 从事互联网出版业务，除符合《互联网信息服务管理办法》规定的条件以外，还应当具备以下条件：

（一）有确定的出版范围；

（二）有符合法律、法规规定的章程；

（三）有必要的编辑出版机构和专业人员；

（四）有适应出版业务需要的资金、设备和场所。

第八条 申请从事互联网出版业务，应当由主办者向所在地省、自治区、直辖市新闻出版行政部门提出申请，经省、自治区、直辖市新闻出版行政部门审核同意后，报新闻出版总署审批。

第九条 申请从事互联网出版业务，应提交以下材料：

（一）新闻出版总署统一制发的《互联网出版业务申请表》；

（二）机构章程；

（三）资金来源、数额及其信用证明；

（四）主要负责人或者法定代表人及主要编辑、技术人员的专业职称证明和身份证明；

（五）工作场所使用证明。

第十条 新闻出版行政部门应当自受理申请之日起60日内，做出批准或者不批准的决定，并由所在地省、自治区、直辖市新闻出版行政部门书面通知主办者；不批准的，应当说明理由。

第十一条 互联网出版业务经批准后，主办者应当持新闻出版行政部门的批准文件到省、自治区、直辖市电信管理机构办理相关手续。

第三章　互联网出版机构的权利和义务

第十二条 互联网出版机构，应当在其网站主页上标明新闻出版行政部门批准文号。

第十三条 互联网出版机构改变名称、主办者，合并或者分立，应当依据本规定第八条、第九条的规定办理变更手续，并应持新闻出版行政部门的批准文件到省、自治区、直辖市电信管理机构办理相应的手续。

第十四条 互联网出版机构终止互联网出版业务，主办者应当自终止互联网出版业务之日起30日内到所在地省、自治区、直辖市新闻出版行政部门办理注销手续，并报新闻出版总署备案。同时，到相关省、自治区、直辖市电信管理机构办理互联网信息服务业务经营许可证的变更或注销手续。

第十五条 互联网出版机构自登记之日起满180日未开展互联网出版活动的，由原登记的新闻出版行政部门注销登记，并向新闻出版总署备案。同时，向相关省、自治区、直辖市电信管理机构通报。

第十六条 互联网出版机构出版涉及国家安全、社会安定等方面的重大选题，应当依照重大选题备案的规定，报新闻出版总署备案。未经备案的重大选题，不得出版。

第十七条 互联网出版不得载有以下内容：

（一）反对宪法确定的基本原则的；

（二）危害国家统一、主权和领土完整的；

（三）泄露国家秘密、危害国家安全或者损害国家荣誉和利益的；

（四）煽动民族仇恨、民族歧视，破坏民族团结，或者侵害民族风俗、习惯的；

（五）宣扬邪教、迷信的；

（六）散布谣言，扰乱社会秩序，破坏社会稳定的；

（七）宣扬淫秽、赌博、暴力或者教唆犯罪的；

（八）侮辱或者诽谤他人，侵害他人合法权益的；

（九）危害社会公德或者民族优秀文化传统的；

（十）有法律、行政法规和国家规定禁止的其他内容的。

第十八条 以未成年人为对象的互联网出版内容不得含有诱发未成年人模仿违反社会公德的行为和违法犯罪的行为的内容，以及恐怖、残酷等妨害未成年人身心健康的内容。

第十九条 互联网出版的内容不真实或不公正，致使公民、法人或者其他组织合法利益受到侵害的，互联网出版机构应当公开更正，消除影响，并依法承担民事责任。

第二十条 互联网出版机构发现所登载或者发送的作品含有本规定第十七条、第十八条所列内容之一的，应当立即停止登载或者发送，保存有关记录，并向所在地省、自治区、直辖市新闻出版行政部门报告并同时抄报新闻出版总署。

第二十一条 互联网出版机构应当实行编辑责任制度，必须有专门的编辑人员对出版内容进行审查，保障互联网出版内容的合法性。互联网出版机构的编辑人员应当接受上岗前的培训。

第二十二条 互联网出版机构应当记录备份所登载或者发送的作品内容及其时间、互联网地址或者域名，记录备份应当保存60日，并在国家有关部门依法查询时，予以提供。

第二十三条 从事互联网出版活动，应当遵守国家有关著作权的法律、法规，应当标明与所登载或者发送作品相关的著作权记录。

第四章　罚　则

第二十四条 未经批准，擅自从事互联网出版活动的，由省、自治区、直辖市新闻出版行政部门或者新闻出版总署予以取缔，没收从事非法出版活动的主要设备、专用工具及违法所得，违法经营额1万元以上的，并处违法经营额5倍以上10倍以下罚款；违法经营额不足1万元的，并处1万元以上5万元以下罚款。

第二十五条 违反本规定第十二条的，由省、自治区、直辖市新闻出版行政部门或者新闻出版总署予以警告，并处5000元以上5万元以下罚款。

第二十六条 违反本规定第十六条的，责令停止登载或者发送未经备案的重大选题作品，由省、自治区、直辖市新闻出版行政部门或者新闻出版总署予以警告，并处1万元以上5万元以下罚款；情节严重的，责令限期停业整顿或者撤销批准。

第二十七条 互联网出版机构登载或者发送本规定第十七条、第十八条禁止内容的，由省、自治区、直辖市新闻出版行政部门或者新闻出版总署没收违法所得，违法经营额1万元以上的，并处违法经营额5倍以上10倍以下罚款；违法经营额不足1万元的，并处1万元以上5万元以下罚款；情节严重的，责令限期停业整顿或者撤销批准。

第二十八条 违反本规定第二十二条的，由省、自治区、直辖市电信管理机构责令改正；情节严重的，责令停业整顿或者暂时关闭网站。

第五章　附　则

第二十九条　本规定施行前按照国家有关规定已经从事互联网出版活动的，应当自本规定施行之日起60日内依据本规定第八条、第九条的规定办理审批手续。

第三十条　本规定自2002年8月1日起施行。

网络出版服务管理规定(修订征求意见稿)

（修订征求意见截止期为2013年1月30日）

第一章　总　则

第一条　为了规范网络出版服务秩序，促进网络出版服务业健康有序发展，根据国务院《出版管理条例》、《互联网信息服务管理办法》及相关法律法规，制定本规定。

第二条　在中华人民共和国境内从事网络出版服务，适用本规定。

本规定所称网络出版服务，是指通过信息网络向公众提供网络出版物，以及为他人提供传播网络出版物服务的行为。

本规定所称网络出版物，是指通过信息网络向公众提供的经过制作、编辑、加工的数字作品，范围主要包括：

（一）文学、艺术、科学等领域内具有知识性、思想性的文字、图片、地图、游戏、动漫、音视频读物等原创数字作品；

（二）与已出版的图书、报纸、期刊、音像制品、电子出版物内容相一致的数字作品；

（三）将上述作品通过选择、编排、汇集等方式形成的数字作品；

（四）新闻出版总署认定的其他类型的数字作品。

网络出版服务的具体业务分类另行制定。

第三条 从事网络出版服务，应当遵守宪法和有关法律、法规，坚持为人民服务、为社会主义服务的方向，坚持社会主义先进文化的前进方向，传播和积累一切有益于提高民族素质、推动经济发展、促进社会进步的思想道德、科学技术和文化知识，满足人民群众日益增长的精神文化需要。

第四条 新闻出版总署作为网络出版服务的行业主管部门，负责全国网络出版服务的前置审批和监督管理工作。工业和信息化部作为互联网行业主管部门，依据职责对全国网络出版服务实施相应的监督管理。

地方人民政府各级出版行政主管部门和通信管理部门依据各自职责对本行政区域内网络出版服务及接入服务实施相应的监督管理工作并做好配合工作。

第五条 出版行政主管部门根据已经取得的违法嫌疑证据或者举报，对涉嫌违法从事网络出版服务的行为进行查处时，可以检查与涉嫌违法行为有关的物品和经营场所；对有证据证明是与违法行为有关的物品，可以查封或者扣押。

第六条 国家鼓励组建网络出版服务行业社会团体，按照章程，在出版行政主管部门的指导下制定行业自律规范，倡导网络文明，传播健康有益内容，抵制不良有害内容。

第二章 网络出版服务许可

第七条 从事网络出版服务，必须依法经过出版行政主管部门批准，取得《网络出版服务许可证》。

第八条 图书、音像、电子、报纸、期刊出版单位从事网络出版服务，应当具备以下条件：

（一）有确定的网站域名；

（二）有确定的网络出版服务范围；

（三）有从事网络出版服务所需的必要的技术设备，相关服务器和存储设备必须存放在中华人民共和国境内。

第九条 其他单位从事互联网出版服务，除第八条所列条件外，还应当具备以下条件：

（一）有确定的、不与其他出版服务单位相重复的，从事网络出版服务主体的名称及章程；

（二）有符合国家规定的法定代表人和主要负责人，法定代表人必须是中国公民，法定代表人和主要负责人至少1人应当具有中级以上出版专业技术人员职业资格；

（三）除法定代表人和主要负责人外，有适应网络出版服务范围需要的8名以上具有新闻出版总署认可的出版及相关专业技术职业资格的专职编辑出版人员，其中具有中级以上职业资格的人员不得少于3名；

（四）有从事网络出版服务所需的内容审校制度；

（五）有100万元以上的注册资本；

（六）有固定的工作场所；

（七）法律、行政法规和新闻出版总署规定的其他条件。

第十条　中外合资经营、中外合作经营和外资经营的单位不得从事网络出版服务。

网络出版服务单位与境内外中外合资经营、中外合作经营和外资经营的企业进行涉及网络出版服务业务的合作，应当报新闻出版总署进行安全评估。

第十一条　申请从事网络出版服务，应当向所在地省、自治区、直辖市出版行政主管部门提出申请，经审核同意后，报新闻出版总署审批。新闻出版总署应当自受理申请之日起60日内，做出批准或者不予批准的决定。不批准的，应当说明理由。

第十二条　从事网络出版服务的申报材料，应该包括下列内容：

（一）如实填写的《网络出版服务许可证申请表》；

（二）单位章程；

（三）网络出版服务可行性分析报告，包括资金使用、产品规划、技术条件、设备配备、机构设置、人员配备、市场分析、风险评估、版权保护措施等；

（四）由依法设立的验资机构出具的注册资本验资证明；

（五）法定代表人和主要负责人的简历、住址、身份证明文件；

（六）编辑出版等相关专业技术人员的国家认可的职业资格证明；

（七）工作场所使用证明；

（八）网站域名注册证明、相关服务器存放在中华人民共和国境内的证明。

本规定第八条所列单位从事网络出版服务的，仅提交前款（一）、（七）、（八）项规定的材料。

第十三条 设立网络出版服务单位的申请者应自收到批准决定之日起30日内办理注册登记手续：

（一）持批准文件到所在地省、自治区、直辖市出版行政主管部门领取并填写《网络出版服务许可登记表》；

（二）《网络出版服务许可登记表》一式三份，由申请者和省、自治区、直辖市出版行政主管部门各存一份，另一份由省、自治区、直辖市出版行政主管部门在15日内报送新闻出版总署备案；

（三）省、自治区、直辖市出版行政主管部门对《网络出版服务许可登记表》审核无误后，在10日内向申请者发放《网络出版服务许可证》。

第十四条 《网络出版服务许可证》有效期为5年。有效期届满，需继续从事网络出版服务活动的，应于有效期届满90日前按本规定第十一条的程序提出申请。出版行政主管部门应当作出是否批准的决定。批准的，换发《网络出版服务许可证》。

第十五条 网络出版服务经批准后，申请者应持批准文件、《网络出版服务许可证》到所在地省、自治区、直辖市通信管理部门办理相关手续。

第十六条 网络出版服务单位变更《网络出版服务许可证》登记事项、资本结构，合并或者分立，设立分支机构的，应依据本规定第十一条、第十二条的规定办理审批手续，并应持批准文件到所在地省、自治区、直辖市通信管理部门办理相关手续。

第十七条 网络出版服务单位中止网络出版服务的，应当向所在地省、自治区、直辖市出版行政主管部门备案，并说明理由和期限；网络出版服务单位中止网络出版服务不得超过180日。

网络出版服务单位终止网络出版服务的，应当自终止网络出版服务之日起

30日内，到所在地省、自治区、直辖市出版行政主管部门办理注销手续，并报新闻出版总署备案后，到相关省、自治区、直辖市通信管理部门办理相关手续。

第十八条 网络出版服务单位自登记之日起满180日未开展网络出版服务的，由原登记的出版行政主管部门注销登记，并报新闻出版总署备案。同时，通报相关省、自治区、直辖市通信管理部门。

因不可抗力或者其他正当理由发生上述所列情形的，网络出版服务单位可以向原登记的出版行政主管部门申请延期。

第十九条 网络出版服务单位应当在其网站首页上标明出版行政主管部门核发的网络出版服务许可证号。

互联网相关服务提供者在为网络出版服务提供者提供接入、人工干预搜索排名、专项链接、广告、推广等服务时，应当查验服务对象的《网络出版服务许可证》及业务范围。

第二十条 网络出版服务单位应当按照批准的服务范围从事网络出版服务，不得超出批准的服务范围从事网络出版服务。

第二十一条 网络出版服务单位不得以任何形式转借、转让、出租和出卖《网络出版服务许可证》。

[导读与提示]

“视听节目”是广播的概念，不同于“数字音像制品”这个出版的概念。二者之间当然有交叉，就是在由受众选择时间、地点和内容这一带，应该属于《北京条约》里所谓的“向公众传播”。

本规定在回避“视频点播”这样的概念，因为视频点播在属性上更像是“向公众传播”，而非“广播”。

该规定中提到的“广播电台、电视台形态服务”以及类似概念都在努力将数字音像产业向广播电视产业拉。能不能拉过去，或能不能全拉过去，还要通过分析数字音像产业的具体类型来界定该产业的属性。像网络电台、PPTV 之类提供视听节目的，可以算做广播；但显然土豆、优酷、Youtube 之类的，是难以定性为广播的。

该规定中提到了《信息网络传播视听节目许可证》。

互联网视听节目服务管理规定

（经国家广播电影电视总局、中华人民共和国信息产业部审议通过第 56 号令，现予发布，自 2008 年 1 月 31 日起施行）

第一条 为维护国家利益和公共利益，保护公众和互联网视听节目服务单位的合法权益，规范互联网视听节目服务秩序，促进健康有序发展，根据国家有关规定，制定本规定。

第二条 在中华人民共和国境内向公众提供互联网（含移动互联网，以下简称互联网）视听节目服务活动，适用本规定。

本规定所称互联网视听节目服务，是指制作、编辑、集成并通过互联网向公众提供视音频节目，以及为他人提供上载传播视听节目服务的活动。

第三条 国务院广播电影电视主管部门作为互联网视听节目服务的行业主

管部门，负责对互联网视听节目服务实施监督管理，统筹互联网视听节目服务的产业发展、行业管理、内容建设和安全监管。国务院信息产业主管部门作为互联网行业主管部门，依据电信行业管理职责对互联网视听节目服务实施相应的监督管理。

地方人民政府广播电影电视主管部门和地方电信管理机构依据各自职责对本行政区域内的互联网视听节目服务单位及接入服务实施相应的监督管理。

第四条 互联网视听节目服务单位及其相关网络运营单位，是重要的网络文化建设力量，承担建设中国特色网络文化和维护网络文化信息安全的责任，应自觉遵守宪法、法律和行政法规，接受互联网视听节目服务行业主管部门和互联网行业主管部门的管理。

第五条 互联网视听节目服务单位组成的全国性社会团体，负责制定行业自律规范，倡导文明上网、文明办网，营造文明健康的网络环境，传播健康有益视听节目，抵制腐朽落后思想文化传播，并在国务院广播电影电视主管部门指导下开展活动。

第六条 发展互联网视听节目服务要有益于传播社会主义先进文化，推动社会全面进步和人的全面发展、促进社会和谐。从事互联网视听节目服务，应当坚持为人民服务、为社会主义服务，坚持正确导向，把社会效益放在首位，建设社会主义核心价值体系，遵守社会主义道德规范，大力弘扬体现时代发展和社会进步的思想文化，大力弘扬民族优秀文化传统，提供更多更好的互联网视听节目服务，满足人民群众日益增长的需求，不断丰富人民群众的精神文化生活，充分发挥文化滋润心灵、陶冶情操、愉悦身心的作用，为青少年成长创造良好的网上空间，形成共建共享的精神家园。

第七条 从事互联网视听节目服务，应当依照本规定取得广播电影电视主管部门颁发的《信息网络传播视听节目许可证》（以下简称《许可证》）或履行备案手续。

未按照本规定取得广播电影电视主管部门颁发的《许可证》或履行备案手续，任何单位和个人不得从事互联网视听节目服务。

互联网视听节目服务业务指导目录由国务院广播电影电视主管部门商国务院信息产业主管部门制定。

第八条 申请从事互联网视听节目服务的，应当同时具备以下条件：

（一）具备法人资格，为国有独资或国有控股单位，且在申请之日前三年内无违法违规记录；

（二）有健全的节目安全传播管理制度和安全保护技术措施；

（三）有与其业务相适应并符合国家规定的视听节目资源；

（四）有与其业务相适应的技术能力、网络资源和资金，且资金来源合法；

（五）有与其业务相适应的专业人员，且主要出资者和经营者在申请之日前三年内无违法违规记录；

（六）技术方案符合国家标准、行业标准和技术规范；

（七）符合国务院广播电影电视主管部门确定的互联网视听节目服务总体规划、布局和业务指导目录；

（八）符合法律、行政法规和国家有关规定的条件。

第九条 从事广播电台、电视台形态服务和时政类视听新闻服务的，除符合本规定第八条规定外，还应当持有广播电视播出机构许可证或互联网新闻信息服务许可证。其中，以自办频道方式播放视听节目的，由地（市）级以上广播电台、电视台、中央新闻单位提出申请。

从事主持、访谈、报道类视听服务的，除符合本规定第八条规定外，还应当持有广播电视节目制作经营许可证和互联网新闻信息服务许可证；从事自办网络剧（片）类服务的，还应当持有广播电视节目制作经营许可证。

未经批准，任何组织和个人不得在互联网上使用广播电视专有名称开展业务。

第十条 申请《许可证》，应当通过省、自治区、直辖市人民政府广播电影电视主管部门向国务院广播电影电视主管部门提出申请，中央直属单位可以直接向国务院广播电影电视主管部门提出申请。

省、自治区、直辖市人民政府广播电影电视主管部门应当提供便捷的服务，自收到申请之日起20日内提出初审意见，报国务院广播电影电视主管部门审批；国务院广播电影电视主管部门应当自收到申请或者初审意见之日起40日内作出许可或者不予许可的决定，其中专家评审时间为20日。予以许可的，向申请人颁发《许可证》，并向社会公告；不予许可的，应当书面通知申请人并说明理由。《许可证》应当载明互联网视听节目服务的播出标识、名称、服务类别等事项。

《许可证》有效期为3年。有效期届满，需继续从事互联网视听节目服务的，应于有效期届满前30日内，持符合本办法第八条规定条件的相关材料，向原发证机关申请办理续办手续。

地（市）级以上广播电台、电视台从事互联网视听节目转播类服务的，到省级以上广播电影电视主管部门履行备案手续。中央新闻单位从事互联网视听节目转播类服务的，到国务院广播电影电视主管部门履行备案手续。备案单位应在节目开播30日前，提交网址、网站名、拟转播的广播电视频道、栏目名称等有关备案材料，广播电影电视主管部门应将备案情况向社会公告。

第十一条 取得《许可证》的单位，应当依据《互联网信息服务管理办法》，向省（自治区、直辖市）电信管理机构或国务院信息产业主管部门（以下简称电信主管部门）申请办理电信业务经营许可或者履行相关备案手续，并依法到工商行政管理部门办理注册登记或变更登记手续。电信主管部门应根据广播电影电视主管部门许可，严格互联网视听节目服务单位的域名和IP地址管理。

第十二条 互联网视听节目服务单位变更注册资本、股东、股权结构，有重大资产变动或有上市等重大融资行为的，以及业务项目超出《许可证》载明范围的，应按本规定办理审批手续。互联网视听节目服务单位的办公场所、法定代表人以及互联网信息服务单位的网址、网站名依法变更的，应当在变更后15日内向省级以上广播电影电视主管部门和电信主管部门备案，变更事项涉及工商登记的，应当依法到工商行政管理部门办理变更登记手续。

第十三条 互联网视听节目服务单位应当在取得《许可证》90日内提供互联网视听节目服务。未按期提供服务的，其《许可证》由原发证机关予以注销。如因特殊原因，应经发证机关同意。申请终止服务的，应提前60日向原发证机关申报，其《许可证》由原发证机关予以注销。连续停止业务超过60日的，由原发证机关按终止业务处理，其《许可证》由原发证机关予以注销。

第十四条 互联网视听节目服务单位应当按照《许可证》载明或备案的事项开展互联网视听节目服务，并在播出界面显著位置标注国务院广播电影电视主管部门批准的播出标识、名称、《许可证》或备案编号。

任何单位不得向未持有《许可证》或备案的单位提供与互联网视听节目服务有关的代收费及信号传输、服务器托管等金融和技术服务。

第十五条 鼓励国有战略投资者投资互联网视听节目服务企业；鼓励互联网视听节目服务单位积极开发适应新一代互联网和移动通信特点的新业务，为移动多媒体、多媒体网站生产积极健康的视听节目，努力提高互联网视听节目的供给能力；鼓励影视生产基地、电视节目制作单位多生产适合在网上传播的影视剧（片）、娱乐节目，积极发展民族网络影视产业；鼓励互联网视听节目服务单位传播公益性视听节目。

互联网视听节目服务单位应当遵守著作权法律、行政法规的规定，采取版权保护措施，保护著作权人的合法权益。

第十六条 互联网视听节目服务单位提供的、网络运营单位接入的视听节目应当符合法律、行政法规、部门规章的规定。已播出的视听节目应至少完整保留60日。视听节目不得含有以下内容：

（一）反对宪法确定的基本原则的；

（二）危害国家统一、主权和领土完整的；

（三）泄露国家秘密、危害国家安全或者损害国家荣誉和利益的；

（四）煽动民族仇恨、民族歧视，破坏民族团结，或者侵害民族风俗、习惯的；

（五）宣扬邪教、迷信的；

（六）扰乱社会秩序，破坏社会稳定的；

（七）诱导未成年人违法犯罪和渲染暴力、色情、赌博、恐怖活动的；

（八）侮辱或者诽谤他人，侵害公民个人隐私等他人合法权益的；

（九）危害社会公德，损害民族优秀文化传统的；

（十）有关法律、行政法规和国家规定禁止的其他内容。

第十七条 用于互联网视听节目服务的电影电视剧类节目和其它节目，应当符合国家有关广播电影电视节目的管理规定。互联网视听节目服务单位播出时政类视听新闻节目，应当是地（市）级以上广播电台、电视台制作、播出的节目和中央新闻单位网站登载的时政类视听新闻节目。

未持有《许可证》的单位不得为个人提供上载传播视听节目服务。互联网视听节目服务单位不得允许个人上载时政类视听新闻节目，在提供播客、视频分享等上载传播视听节目服务时，应当提示上载者不得上载违反本规定的视听节目。任何单位和个人不得转播、链接、聚合、集成非法的广播电视频道、视听节目网站的节目。

第十八条 广播电影电视主管部门发现互联网视听节目服务单位传播违反本规定的视听节目，应当采取必要措施予以制止。互联网视听节目服务单位对含有违反本规定内容的视听节目，应当立即删除，并保存有关记录，履行报告义务，落实有关主管部门的管理要求。

互联网视听节目服务单位主要出资者和经营者应对播出和上载的视听节目内容负责。

第十九条 互联网视听节目服务单位应当选择依法取得互联网接入服务电信业务经营许可证或广播电视节目传送业务经营许可证的网络运营单位提供服务；应当依法维护用户权利，履行对用户的承诺，对用户信息保密，不得进行虚假宣传或误导用户、做出对用户不公平不合理的规定、损害用户的合法权益；提供有偿服务时，应当以显著方式公布所提供服务的视听节目种类、范围、资费标准和时限，并告知用户中止或者取消互联网视听节目服务的条件和方式。

第二十条 网络运营单位提供互联网视听节目信号传输服务时，应当保障视听节目服务单位的合法权益，保证传输安全，不得擅自插播、截留视听节目信号；在提供服务前应当查验视听节目服务单位的《许可证》或备案证明材料，按照《许可证》载明事项或备案范围提供接入服务。

第二十一条 广播电影电视和电信主管部门应建立公众监督举报制度。公众有权举报视听节目服务单位的违法违规行为，有关主管部门应当及时处理，不得推诿。广播电影电视、电信等监督管理部门发现违反本规定的行为，不属于本部门职责的，应当移交有权处理的部门处理。

电信主管部门应当依照国家有关规定向广播电影电视主管部门提供必要的技术系统接口和网站数据查询资料。

第二十二条 广播电影电视主管部门依法对互联网视听节目服务单位进行实地检查，有关单位和个人应当予以配合。广播电影电视主管部门工作人员依法进行实地检查时应当主动出示有关证件。

第二十三条 违反本规定有下列行为之一的，由县级以上广播电影电视主管部门予以警告、责令改正，可并处3万元以下罚款；同时，可对其主要出资者和经营者予以警告，可并处2万元以下罚款：

（一）擅自在互联网上使用广播电视专有名称开展业务的；

（二）变更注册资本、股东、股权结构，或上市融资，或重大资产变动时，未办理审批手续的；

（三）未建立健全节目运营规范，未采取版权保护措施，或对传播有害内容未履行提示、删除、报告义务的；

（四）未在播出界面显著位置标注播出标识、名称、《许可证》和备案编号的；

（五）未履行保留节目记录、向主管部门如实提供查询义务的；

（六）向未持有《许可证》或备案的单位提供代收费及信号传输、服务器托管等与互联网视听节目服务有关的服务的；

（七）未履行查验义务，或向互联网视听节目服务单位提供其《许可证》或备案载明事项范围以外的接入服务的；

（八）进行虚假宣传或者误导用户的；

（九）未经用户同意，擅自泄露用户信息秘密的；

（十）互联网视听服务单位在同一年度内三次出现违规行为的；

（十一）拒绝、阻挠、拖延广播电影电视主管部门依法进行监督检查或者在监督检查过程中弄虚作假的；

（十二）以虚假证明、文件等手段骗取《许可证》的。

有本条第十二项行为的，发证机关应撤销其许可证。

第二十四条 擅自从事互联网视听节目服务的，由县级以上广播电影电视主管部门予以警告、责令改正，可并处3万元以下罚款；情节严重的，根据《广播电视管理条例》第四十七条的规定予以处罚。

传播的视听节目内容违反本规定的，由县级以上广播电影电视主管部门予以警告、责令改正，可并处3万元以下罚款；情节严重的，根据《广播电视管理条例》第四十九条的规定予以处罚。

未按照许可证载明或备案的事项从事互联网视听节目服务的或违规播出时政类视听新闻节目的，由县级以上广播电影电视主管部门予以警告、责令改正，可并处3万元以下罚款；情节严重的，根据《广播电视管理条例》第五十条之规定予以处罚。

转播、链接、聚合、集成非法的广播电视频道和视听节目网站内容的，擅自插播、截留视听节目信号的，由县级以上广播电影电视主管部门予以警告、责令改正，可并处3万元以下罚款；情节严重的，根据《广播电视管理条例》第五十一条之规定予以处罚。

第二十五条 对违反本规定的互联网视听节目服务单位，电信主管部门应根据广播电影电视主管部门的书面意见，按照电信管理和互联网管理的法律、行政法规的规定，关闭其网站，吊销其相应许可证或撤销备案，责令为其提供信号接入服务的网络运营单位停止接入；拒不执行停止接入服务决定，违反《电信条例》第五十七条规定的，由电信主管部门依据《电信条例》第七十八条的规定吊销其许可证。

违反治安管理规定的，由公安机关依法予以处罚；构成犯罪的，由司法机关依法追究刑事责任。

第二十六条 广播电影电视、电信等主管部门不履行规定的职责，或滥用职权的，要依法给予有关责任人处分，构成犯罪的，由司法机关依法追究刑事责任。

第二十七条 互联网视听节目服务单位出现重大违法违规行为的，除按有关规定予以处罚外，其主要出资者和经营者自互联网视听节目服务单位受到处罚之日起5年内不得投资和从事互联网视听节目服务。

第二十八条 通过互联网提供视音频即时通讯服务，由国务院信息产业主管部门按照国家有关规定进行监督管理。

利用局域网络及利用互联网架设虚拟专网向公众提供网络视听节目服务，须向行业主管部门提出申请，由国务院信息产业主管部门前置审批，国务院广播电影电视主管部门审核批准，按照国家有关规定进行监督管理。

第二十九条 本规定自2008年1月31日起施行。此前发布的规定与本规定不一致之处，依本规定执行。

[导读与提示]

为互联网新闻信息服务单独发文，是对新闻工作的重视。允许非新闻单位从事互联网新闻服务，是行业管理过程中的重大进步。

数字时代和网络环境下，新闻行业的新理念是“人人都是记者”和“自媒介”。该规定要求从事互联网新闻信息服务的，必须是单位，不可以是个人。对该类单位的从业资格也提出了明确而严格的要求，彰显了我国对新闻工作的重视。

该规定将“时政类通讯信息”也归入互联网新闻信息服务中，显示了对移动终端的重视。的确，当人手一台智能手机，随时可以录音录像，并极其方便地上传到网上，这凸显了移动终端在新闻领域不容忽视的力量。

该规定第九条“任何组织不得设立中外合资经营、中外合作经营和外资经营的互联网新闻信息服务单位”，是我们拒绝 Twitter、Youtube 和 Facebook 入境的法律依据吗？

互联网新闻信息服务单位“不得登载自行采编的新闻信息”的规定，出自该规定。

该规定提到了《互联网新闻信息服务许可证》。

互联网新闻信息服务管理规定

（根据国务院新闻办、信息产业部第 37 号令，于 2005 年 9 月 25 日起执行）

第一章　总　则

第一条　为了规范互联网新闻信息服务，满足公众对互联网新闻信息的需求，维护国家安全和公共利益，保护互联网新闻信息服务单位的合法权益，促进互联网新闻信息服务健康、有序发展，制定本规定。

第二条　在中华人民共和国境内从事互联网新闻信息服务，应当遵守本规定。

本规定所称新闻信息，是指时政类新闻信息，包括有关政治、经济、军事、外交等社会公共事务的报道、评论，以及有关社会突发事件的报道、评论。

本规定所称互联网新闻信息服务，包括通过互联网登载新闻信息、提供时政类电子公告服务和向公众发送时政类通讯信息。

第三条 互联网新闻信息服务单位从事互联网新闻信息服务，应当遵守宪法、法律和法规，坚持为人民服务、为社会主义服务的方向，坚持正确的舆论导向，维护国家利益和公共利益。

国家鼓励互联网新闻信息服务单位传播有益于提高民族素质、推动经济发展、促进社会进步的健康、文明的新闻信息。

第四条 国务院新闻办公室主管全国的互联网新闻信息服务监督管理工作。省、自治区、直辖市人民政府新闻办公室负责本行政区域内的互联网新闻信息服务监督管理工作。

第二章　互联网新闻信息服务单位的设立

第五条 互联网新闻信息服务单位分为以下三类：

（一）新闻单位设立的登载超出本单位已刊登播发的新闻信息、提供时政类电子公告服务、向公众发送时政类通讯信息的互联网新闻信息服务单位；

（二）非新闻单位设立的转载新闻信息、提供时政类电子公告服务、向公众发送时政类通讯信息的互联网新闻信息服务单位；

（三）新闻单位设立的登载本单位已刊登播发的新闻信息的互联网新闻信息服务单位。

根据《国务院对确需保留的行政审批项目设定行政许可的决定》和有关行政法规，设立前款第（一）项、第（二）项规定的互联网新闻信息服务单位，应当经国务院新闻办公室审批。

设立本条第一款第（三）项规定的互联网新闻信息服务单位，应当向国务院新闻办公室或者省、自治区、直辖市人民政府新闻办公室备案。

第六条 新闻单位与非新闻单位合作设立互联网新闻信息服务单位，新闻单位拥有的股权不低于51%的，视为新闻单位设立互联网新闻信息服务单位；

新闻单位拥有的股权低于51%的，视为非新闻单位设立互联网新闻信息服务单位。

第七条 设立本规定第五条第一款第（一）项规定的互联网新闻信息服务单位，应当具备下列条件：

（一）有健全的互联网新闻信息服务管理规章制度；

（二）有5名以上在新闻单位从事新闻工作3年以上的专职新闻编辑人员；

（三）有必要的场所、设备和资金，资金来源应当合法。

可以申请设立前款规定的互联网新闻信息服务单位的机构，应当是中央新闻单位，省、自治区、直辖市直属新闻单位，以及省、自治区人民政府所在地的市直属新闻单位。

审批设立本条第一款规定的互联网新闻信息服务单位，除应当依照本条规定条件外，还应当符合国务院新闻办公室关于互联网新闻信息服务行业发展的总量、结构、布局的要求。

第八条 设立本规定第五条第一款第（二）项规定的互联网新闻信息服务单位，除应当具备本规定第七条第一款第（一）项、第（三）项规定条件外，还应当有10名以上专职新闻编辑人员；其中，在新闻单位从事新闻工作3年以上的新闻编辑人员不少于5名。

可以申请设立前款规定的互联网新闻信息服务单位的组织，应当是依法设立2年以上的从事互联网信息服务的法人，并在最近2年内没有因违反有关互联网信息服务管理的法律、法规、规章的规定受到行政处罚；申请组织为企业法人的，注册资本应当不低于1000万元人民币。

审批设立本条第一款规定的互联网新闻信息服务单位，除应当依照本条规定条件外，还应当符合国务院新闻办公室关于互联网新闻信息服务行业发展的总量、结构、布局的要求。

第九条 任何组织不得设立中外合资经营、中外合作经营和外资经营的互联网新闻信息服务单位。

互联网新闻信息服务单位与境内外中外合资经营、中外合作经营和外资经营的企业进行涉及互联网新闻信息服务业务的合作，应当报经国务院新闻办公室进行安全评估。

第十条 申请设立本规定第五条第一款第（一）项、第（二）项规定的互联网新闻信息服务单位，应当填写申请登记表，并提交下列材料：

（一）互联网新闻信息服务管理规章制度；

（二）场所的产权证明或者使用权证明和资金的来源、数额证明；

（三）新闻编辑人员的从业资格证明。

申请设立本规定第五条第一款第（一）项规定的互联网新闻信息服务单位的机构，还应当提交新闻单位资质证明；申请设立本规定第五条第一款第（二）项规定的互联网新闻信息服务单位的组织，还应当提交法人资格证明。

第十一条 申请设立本规定第五条第一款第（一）项、第（二）项规定的互联网新闻信息服务单位，中央新闻单位应当向国务院新闻办公室提出申请；省、自治区、直辖市直属新闻单位和省、自治区人民政府所在地的市直属新闻单位以及非新闻单位应当通过所在地省、自治区、直辖市人民政府新闻办公室向国务院新闻办公室提出申请。

通过省、自治区、直辖市人民政府新闻办公室提出申请的，省、自治区、直辖市人民政府新闻办公室应当自收到申请之日起20日内进行实地检查，提出初审意见报国务院新闻办公室；国务院新闻办公室应当自收到初审意见之日起40日内作出决定。向国务院新闻办公室提出申请的，国务院新闻办公室应当自收到申请之日起40日内进行实地检查，作出决定。批准的，发给互联网新闻信息服务许可证；不批准的，应当书面通知申请人并说明理由。

第十二条 本规定第五条第一款第（三）项规定的互联网新闻信息服务单位，属于中央新闻单位设立的，应当自从事互联网新闻信息服务之日起1个月内向国务院新闻办公室备案；属于其他新闻单位设立的，应当自从事互联网新闻信息服务之日起1个月内向所在地省、自治区、直辖市人民政府新闻办公室备案。

办理备案时，应当填写备案登记表，并提交互联网新闻信息服务管理规章制度和新闻单位资质证明。

第十三条 互联网新闻信息服务单位依照本规定设立后，应当依照有关互联网信息服务管理的行政法规向电信主管部门办理有关手续。

第十四条 本规定第五条第一款第（一）项、第（二）项规定的互联网新闻信息服务单位变更名称、住所、法定代表人或者主要负责人、股权构成、服务项目、网站网址等事项的，应当向国务院新闻办公室申请换发互联网新闻信息服务许可证。根据电信管理的有关规定，需报电信主管部门批准或者需要电信主管部门办理许可证或者备案变更手续的，依照有关规定办理。

本规定第五条第一款第（三）项规定的互联网新闻信息服务单位变更名称、住所、法定代表人或者主要负责人、股权构成、网站网址等事项的，应当向原备案机关重新备案；但是，股权构成变更后，新闻单位拥有的股权低于51%的，应当依照本规定办理许可手续。根据电信管理的有关规定，需报电信主管部门批准或者需要电信主管部门办理许可证或者备案变更手续的，依照有关规定办理。

第三章　互联网新闻信息服务规范

第十五条　互联网新闻信息服务单位应当按照核定的服务项目提供互联网新闻信息服务。

第十六条　本规定第五条第一款第（一）项、第（二）项规定的互联网新闻信息服务单位，转载新闻信息或者向公众发送时政类通讯信息，应当转载、发送中央新闻单位或者省、自治区、直辖市直属新闻单位发布的新闻信息，并应当注明新闻信息来源，不得歪曲原新闻信息的内容。

本规定第五条第一款第（二）项规定的互联网新闻信息服务单位，不得登载自行采编的新闻信息。

第十七条　本规定第五条第一款第（一）项、第（二）项规定的互联网新闻信息服务单位转载新闻信息，应当与中央新闻单位或者省、自治区、直辖市直属新闻单位签订书面协议。中央新闻单位设立的互联网新闻信息服务单位，应当将协议副本报国务院新闻办公室备案；其他互联网新闻信息服务单位，应当将协议副本报所在地省、自治区、直辖市人民政府新闻办公室备案。

中央新闻单位或者省、自治区、直辖市直属新闻单位签订前款规定的协议，应当核验对方的互联网新闻信息服务许可证，不得向没有互联网新闻信息服务许可证的单位提供新闻信息。

第十八条　中央新闻单位与本规定第五条第一款第（二）项规定的互联

网新闻信息服务单位开展除供稿之外的互联网新闻业务合作，应当在开展合作业务10日前向国务院新闻办公室报告；其他新闻单位与本规定第五条第一款第（二）项规定的互联网新闻信息服务单位开展除供稿之外的互联网新闻业务合作，应当在开展合作业务10日前向所在地省、自治区、直辖市人民政府新闻办公室报告。

第十九条 互联网新闻信息服务单位登载、发送的新闻信息或者提供的时政类电子公告服务，不得含有下列内容：

（一）违反宪法确定的基本原则的；

（二）危害国家安全，泄露国家秘密，颠覆国家政权，破坏国家统一的；

（三）损害国家荣誉和利益的；

（四）煽动民族仇恨、民族歧视，破坏民族团结的；

（五）破坏国家宗教政策，宣扬邪教和封建迷信的；

（六）散布谣言，扰乱社会秩序，破坏社会稳定的；

（七）散布淫秽、色情、赌博、暴力、恐怖或者教唆犯罪的；

（八）侮辱或者诽谤他人，侵害他人合法权益的；

（九）煽动非法集会、结社、游行、示威、聚众扰乱社会秩序的；

（十）以非法民间组织名义活动的；

（十一）含有法律、行政法规禁止的其他内容的。

第二十条 互联网新闻信息服务单位应当建立新闻信息内容管理责任制度。不得登载、发送含有违反本规定第三条第一款、第十九条规定内容的新闻信息；发现提供的时政类电子公告服务中含有违反本规定第三条第一款、第十九条规定内容的，应当立即删除，保存有关记录，并在有关部门依法查询时予以提供。

第二十一条 互联网新闻信息服务单位应当记录所登载、发送的新闻信息内容及其时间、互联网地址，记录备份应当至少保存60日，并在有关部门依法查询时予以提供。

第四章　监督管理

第二十二条 国务院新闻办公室和省、自治区、直辖市人民政府新闻办公室，依法对互联网新闻信息服务单位进行监督检查，有关单位、个人应当予以配合。

国务院新闻办公室和省、自治区、直辖市人民政府新闻办公室的工作人员依法进行实地检查时，应当出示执法证件。

第二十三条 国务院新闻办公室和省、自治区、直辖市人民政府新闻办公室，应当对互联网新闻信息服务进行监督；发现互联网新闻信息服务单位登载、发送的新闻信息或者提供的时政类电子公告服务中含有违反本规定第三条第一款、第十九条规定内容的，应当通知其删除。互联网新闻信息服务单位应当立即删除，保存有关记录，并在有关部门依法查询时予以提供。

第二十四条 本规定第五条第一款第（一）项、第（二）项规定的互联网新闻信息服务单位，属于中央新闻单位设立的，应当每年在规定期限内向国务院新闻办公室提交年度业务报告；属于其他新闻单位或者非新闻单位设立的，应当每年在规定期限内通过所在地省、自治区、直辖市人民政府新闻办公室向国务院新闻办公室提交年度业务报告。

国务院新闻办公室根据报告情况，可以对互联网新闻信息服务单位的管理制度、人员资质、服务内容等进行检查。

第二十五条 互联网新闻信息服务单位应当接受公众监督。

国务院新闻办公室应当公布举报网站网址、电话，接受公众举报并依法处理；属于其他部门职责范围的举报，应当移交有关部门处理。

第五章　法律责任

第二十六条 违反本规定第五条第二款规定，擅自从事互联网新闻信息服务，或者违反本规定第十五条规定，超出核定的服务项目从事互联网新闻信息服务的，由国务院新闻办公室或者省、自治区、直辖市人民政府新闻办公室依据各自职权责令停止违法活动，并处 1 万元以上 3 万元以下的罚款；情节严重的，由电信主管部门根据国务院新闻办公室或者省、自治区、直辖市人民政府新闻办公室的书面认定意见，按照有关互联网信息服务管理的行政法规的规定停止其互联网信息服务或者责令互联网接入服务者停止接入服务。

第二十七条 互联网新闻信息服务单位登载、发送的新闻信息含有本规定

第十九条禁止内容，或者拒不履行删除义务的，由国务院新闻办公室或者省、自治区、直辖市人民政府新闻办公室给予警告，可以并处1万元以上3万元以下的罚款；情节严重的，由电信主管部门根据有关主管部门的书面认定意见，按照有关互联网信息服务管理的行政法规的规定停止其互联网信息服务或者责令互联网接入服务者停止接入服务。

互联网新闻信息服务单位登载、发送的新闻信息含有违反本规定第三条第一款规定内容的，由国务院新闻办公室或者省、自治区、直辖市人民政府新闻办公室依据各自职权依照前款规定的处罚种类、幅度予以处罚。

第二十八条 违反本规定第十六条规定，转载来源不合法的新闻信息、登载自行采编的新闻信息或者歪曲原新闻信息内容的，由国务院新闻办公室或者省、自治区、直辖市人民政府新闻办公室依据各自职权责令改正，给予警告，并处5000元以上3万元以下的罚款。

违反本规定第十六条规定，未注明新闻信息来源的，由国务院新闻办公室或者省、自治区、直辖市人民政府新闻办公室依据各自职权责令改正，给予警告，可以并处5000元以上2万元以下的罚款。

第二十九条 违反本规定有下列行为之一的，由国务院新闻办公室或者省、自治区、直辖市人民政府新闻办公室依据各自职权责令改正，给予警告，可以并处3万元以下的罚款：

（一）未履行备案义务的；

（二）未履行报告义务的；

（三）未履行记录、记录备份保存或者提供义务的。

第三十条 违反本规定第十七条第二款规定，向没有互联网新闻信息服务许可证的单位提供新闻信息的，对负有责任的主管人员和其他直接责任人员依法给予行政处分。

第三十一条 国务院新闻办公室和省、自治区、直辖市人民政府新闻办公室以及电信主管部门的工作人员，玩忽职守、滥用职权、徇私舞弊，造成严重后果，构成犯罪的，依法追究刑事责任；尚不构成犯罪的，对负有责任的主管人员和其他直接责任人员依法给予行政处分。

第六章 附 则

第三十二条 本规定所称新闻单位是指依法设立的报社、广播电台、电视台和通讯社；其中，中央新闻单位包括中央国家机关各部门设立的新闻单位。

第三十三条 本规定自公布之日起施行。

[导读与提示]

该办法所称的“复制”，与印刷无关，只限于“经营性的光盘复制生产和存储有内容的磁带磁盘复制等活动”，因此和数字音像产业关联密切。

该办法所称的“复制”，是有形物品的复制。下载与点播因属于无形行为，恐不能算作复制。

该办法提到《复制经营许可证》、复制委托书和SID码。

进入到“云时代”之后，该办法会变得越来越没用。

复制管理办法

（新闻出版总署第42号令，自2009年8月1日期执行）

第一章　总　则

第一条　为了加强管理，促进我国复制业健康发展，根据《出版管理条例》和《音像制品管理条例》的有关规定，制定本办法。

第二条　本办法适用于光盘、磁带磁盘以及新闻出版总署认定的其他存储介质形态（以下简称其他介质）的复制经营活动。

本办法所称光盘包括只读类光盘和可录类光盘。其中，只读类光盘是指存储有内容的光盘；可录类光盘是指空白光盘。

本办法所称复制经营活动，包括经营性的光盘复制生产和存储有内容的磁带磁盘复制等活动。

本办法所称复制单位是指从事光盘、磁带磁盘和其他介质复制经营活动的单位。

第三条 任何单位和个人禁止复制含有以下内容的复制品：

（一）反对宪法确定的基本原则的；

（二）危害国家统一、主权和领土完整的；

（三）泄露国家秘密、危害国家安全或者损害国家荣誉和利益的；

（四）煽动民族仇恨、民族歧视，破坏民族团结，或者侵害民族风俗、习惯的；

（五）宣扬邪教、迷信的；

（六）扰乱社会秩序，破坏社会稳定的；

（七）宣扬淫秽、赌博、暴力或者教唆犯罪的；

（八）侮辱或者诽谤他人，侵害他人合法权益的；

（九）危害社会公德或者民族优秀文化传统的；

（十）有法律、行政法规和国家规定禁止的其他内容的。

第四条 新闻出版总署主管全国光盘、磁带磁盘以及其他介质复制经营活动的监督管理工作，负责只读类光盘复制单位设立的审批。

县级以上地方新闻出版行政部门负责本行政区域内光盘、磁带磁盘以及其他介质复制经营活动的监督管理工作。其中，省级新闻出版行政部门负责可录类光盘生产单位和磁带磁盘复制单位设立的审批。

第五条 新闻出版行政部门根据已经取得的违法嫌疑证据或者举报，对涉嫌违法从事复制经营活动的行为进行查处时，可以检查与违法活动有关的物品；对有证据证明是与违法活动有关的物品，可以查封或者扣押。

第六条 复制单位应当建立质量保障体系，健全各项管理制度。

第七条 复制行业的社会团体按照其章程，在新闻出版行政部门的指导下，实行自律管理。

第二章 复制单位的设立

第八条 国家对复制经营活动实行许可制度；未经许可，任何单位和个人不得从事复制经营活动。

设立复制单位须由新闻出版行政部门审批，核发复制经营许可证，并经工商行政部门登记注册后方可进行生产。设立外商投资复制单位，除由新闻出版行政部门批准外，还须报商务部审批并颁发外商投资企业批准证书。

第九条 设立复制单位应当具备下列条件：

（一）有复制单位的名称、章程；

（二）有确定的业务范围；

（三）有适应业务范围需要的生产经营场所和必要的资金、设备等生产经营条件。其中，只读类光盘复制单位注册资本不得低于1500万元；可录类光盘生产单位注册资本不得低于3000万元；磁带磁盘复制单位注册资本不得低于50万元；

（四）有适应业务范围需要的组织机构和人员；

（五）有关法律、行政法规规定的其他条件。

审批设立复制单位，除依照前款规定外，还应当符合国家有关复制单位总量、结构和布局的规划。

第十条 设立复制单位，应当向所在地省级新闻出版行政部门提出申请，并提交下列申请文件：

（一）按要求填写的申请表；

（二）企业章程；

（三）可行性研究报告；

（四）法定代表人或者主要负责人的身份证明和履历证明；

（五）法定验资机构出具的资金信用证明；

（六）经营场所和必备的生产条件证明；

（七）新设立企业的，须提交工商部门核发的企业名称预先核准通知书。

第十一条 申请设立只读类光盘复制单位的，由所在地省级新闻出版行政部门审核同意后，报新闻出版总署审批，并提交省级新闻出版行政部门的初审文件和本办法第十条规定的申请文件。新闻出版总署应自受理之日起60日内作出批准或不批准的决定，并由省级新出版行政部门通知申请人；不批准的，应当说明理由。

申请设立可录类光盘生产单位和磁带磁盘复制单位的，省级新闻出版行政部门应自受理之日起20日内作出批准或不批准的决定，并通知申请人；不批准的，应当说明理由。

第十二条 国家允许设立外商投资可录类光盘生产单位，允许设立中外合资经营、中外合作经营只读类光盘和磁带磁盘复制单位，但中方必须控股或占主导地位。国家禁止设立外商独资只读类光盘和磁带磁盘复制单位。

第十三条 经新闻出版行政部门批准设立的复制单位，其复制生产设备安装调试完毕，经所在地省级新闻出版行政部门验收合格并发给复制经营许可证后，方可投产。

复制单位应当在60日内持新闻出版行政部门有关批准文件或复制经营许可证到所在地工商行政部门办理登记手续。

第十四条 复制单位申请兼营或者变更业务范围，或者兼并其他复制单位，或者因合并、分立而设立新的复制单位，应当依照本办法第九条至第十一条的规定办理审批登记手续。

复制单位变更名称、地址、法定代表人或者主要负责人或者终止复制经营活动的，应当到原登记的工商行政部门办理变更登记或者注销登记。由省级新闻出版行政部门批准设立的复制单位，应在工商机关登记后30日内直接向省级新闻出版行政部门备案；由新闻出版总署批准设立的复制单位，应在工商机关登记后20日内向省级新闻出版行政部门提交备案申请，省级新闻出版行政部门在接到申请之日起20日内向新闻出版总署备案；备案机关进行备案后变更或者注销复制经营许可证。

第三章 复制生产设备管理

第十五条 国家对光盘复制生产设备实行审批管理。

本办法所称的光盘复制生产设备是指从事光盘母盘刻录生产和子盘复制生产的设备。包括下列主要部分：用于光盘生产的金属母盘生产设备、精密注塑机、真空金属溅镀机、粘合机、保护胶涂覆机、染料层旋涂机、专用模具、盘面印刷机和光盘质量在线检测仪、离线检测仪等。

增加、进口、购买、变更光盘复制生产设备，须由新闻出版行政部门审批。其中增加、进口、购买、变更只读类光盘复制生产设备，由新闻出版总署审批；增加、进口、购买、变更可录类光盘生产设备，由所在地省级新闻出版行政部门审批，报新闻出版总署备案。

第十六条 光盘复制生产设备进口管理流程依据新闻出版总署、商务部、海关总署有关规定执行。

禁止进口旧（二手）光盘复制生产设备，禁止旧（二手）光盘复制生产设备进入出口加工区、保税区等海关监管特殊区域。

第十七条 被查处关闭光盘复制单位和被查缴的光盘复制生产设备的处理，由所在地省级新闻出版行政部门在本辖区内定向审批。需要跨省处理的，所在地省级新闻出版行政部门可报新闻出版总署在省际之间调剂，由同意接收或收购的光盘复制单位所在地省级新闻出版行政部门审批。接收或收购上述光盘复制生产设备的单位，必须是现有的合法光盘复制单位在许可经营的范围内接收或收购对应的生产设备，超出原许可经营范围的，应按本办法第十四条的规定办理审批手续。

被查处关闭光盘复制单位的光盘复制生产设备的价格，由买卖双方协商解决；被查缴的光盘复制生产设备的价格，由有关部门评估定价。省级新闻出版行政部门应在审批后20日内向新闻出版总署备案。

申请单位向所在地省级新闻出版行政部门提出申请，经批准后，凭新闻出版行政部门的批准文件按上述程序办理有关设备的交接手续。

第十八条 进口用于国产设备制造或者其他科研用途的光盘复制生产设备的，依照本办法第十五条、第十六条的规定办理相关手续。

第十九条 国家对国产光盘复制生产设备的生产和销售实行备案管理。国产光盘复制生产设备生产和销售后，应分别在30日内向所在地省级新闻出版行政部门备案。备案内容包括生产和销售国产光盘复制生产设备的时间、设备名称、设备编号、设备数量和销售对象等。

第二十条 从事只读类光盘复制，必须使用蚀刻有新闻出版总署核发的光盘来源识别码（SID码）的注塑模具。

光盘复制单位蚀刻SID码，应当向所在地省级新闻出版行政部门提出申请，由所在地省级新闻出版部门报新闻出版总署核发SID码；复制单位应于收到核发文件之日起20日内到指定刻码单位进行蚀刻，并在刻码后按有关规定向光盘生产源鉴定机构报送样盘。

刻码单位应将蚀刻SID码的情况通报新闻出版总署，光盘生产源鉴定机构应将样盘报送情况通报新闻出版总署。

第二十一条 复制生产设备的技术、质量指标应当符合国家或者行业标准。

第四章 复制经营活动管理

第二十二条 复制单位必须严格按所批准的经营范围进行复制经营，不得超范围复制经营。

第二十三条 国家对复制经营活动实行复制委托书制度。

复制单位接受委托复制音像制品或者电子出版物的，应当验证委托的出版单位盖章的复制委托书及其他法定文书。

接受委托复制属于非卖品或计算机软件的，应当验证经省级新闻出版行政部门核发并由委托单位盖章的复制委托书。

第二十四条 复制单位接受委托复制境外产品的，应当事先将该样品及有关证明文件报经所在地省级新闻出版行政部门审核同意；复制的产品除样品外应当全部出境。

加工贸易项下只读类光盘的进出口管理，依照国家有关规定执行。

第二十五条 复制单位不得接受非音像出版单位、电子出版物出版单位或者个人的委托复制经营性的音像制品、电子出版物；不得擅自复制音像制品、电子出版物、计算机软件、音像非卖品、电子出版物非卖品等。

第二十六条 复制单位应该建立和保存完整清晰的复制业务档案，包括委托方按本办法有关规定所提交的复制委托书和其他法定文书以及复制样品、生产单据、发货记录等。保存期为2年，以备查验。

第二十七条 复制单位对委托加工的产品除样品外必须全部交付委托单位，不得擅自加制，不得将委托单位提供的母盘、母带、样品等以任何方式转让或出售、复制给任何单位和个人。

第二十八条 复制单位所复制的产品质量应符合国家或者行业标准。

第二十九条 复制单位必须依照国家有关统计法规和规定按时填报有关统计报表，并由省级新闻出版行政部门审核汇总后上报新闻出版总署。

第三十条 复制单位在复制生产过程中，如发现所复制的产品涉及本办法

第三条内容或与委托证明文件所规定的内容不符，或复制的产品被新闻出版行政部门明令查禁、停止复制的，应立即停止复制，及时报告新闻出版行政部门，并按要求上缴或封存，不得拖延或隐匿。

第三十一条 复制单位的法定代表人或者主要负责人应当接受所在地省级新闻出版行政部门组织的岗位培训。

第三十二条 复制单位实行年度核验制度，年度核验每两年逢单数年进行一次。新闻出版总署负责指导年度核验，省级新闻出版行政部门负责对本行政区域内的复制单位实施年度核验。核验内容包括复制单位的登记项目、设立条件、经营状况、资产变化、技术设备、产品质量、人员培训、遵纪守法情况等。

第三十三条 复制单位进行年度核验，应提交以下材料：

（一）复制单位年度核验登记表；

（二）复制单位按照年度核验要求提交的自检报告；

（三）复制经营许可证、营业执照等有关企业证明文件的复印件。

第三十四条 复制单位年度核验程序：

（一）复制单位应于核验年度1月15日前向所在地省级新闻出版行政部门提交年度核验材料；

（二）各省级新闻出版行政部门对本行政区域内复制单位情况进行全面审核，并于该年度2月底前完成年度核验工作。对符合要求的单位予以通过年度核验；对不符合要求的单位暂缓年度核验；

（三）各省级新闻出版行政部门应于该年度3月底前将年度核验情况报送新闻出版总署备案。

第三十五条 复制单位有下列情形之一的，暂缓年度核验：

（一）不具备本办法第九条规定条件的；

（二）因违反规定正在限期停业整顿的；

（三）发现有违法行为应予处罚的；

（四）经营恶化不能正常开展复制经营活动的；

（五）存在其他违法嫌疑活动需要进一步核查的。

暂缓年度核验的期限由省级新闻出版行政部门确定，最长不得超过3个月。期间，省级新闻出版行政部门应当督促、指导暂缓年度核验的复制单位进行整改。暂缓年度核验期满，达到要求的复制单位予以通过年度核验；仍未达到要求的复制单位，所在地省级新闻出版行政部门提出注销登记意见，由原发证机关撤销复制经营许可证。

第三十六条 不按规定参加年度核验的复制单位，经书面催告仍未参加年度核验的，所在地省级新闻出版行政部门提出注销登记意见，由原发证机关撤销复制经营许可证。

第三十七条 对非法干扰、阻止和破坏复制经营活动的，县级以上新闻出版行政部门及其他有关部门，应当及时采取措施，予以制止。

第五章 法律责任

第三十八条 未经批准，擅自设立复制单位或擅自从事复制业务的，由新闻出版行政部门、工商行政部门依照法定职权予以取缔；触犯刑律的，依照刑法有关规定，依法追究刑事责任；尚不够刑事处罚的，没收违法经营的复制产品和违法所得以及进行违法活动的专用工具、设备；违法经营额 1 万元以上的，并处违法经营额 5 倍以上 10 倍以下的罚款；违法经营额不足 1 万元的，并处 5 万元以下的罚款。

第三十九条 复制明知或者应知含有本办法第三条所列内容产品或其他非法出版物的，依照刑法有关规定，依法追究刑事责任；尚不够刑事处罚的，由新闻出版行政部门责令限期停业整顿，没收违法所得，违法经营额 1 万元以上的，并处违法经营额 5 倍以上 10 倍以下的罚款；违法经营额不足 1 万元的，可以并处 5 万元以下罚款；情节严重的，由批准设立的新闻出版行政部门吊销其复制经营许可证。如果当事人对所复制产品的来源作出说明、指认，经查证属实的，没收出版物、违法所得，可以减轻或者免除其他行政处罚。

第四十条 有下列行为之一的，由新闻出版行政部门责令停止违法行为，给予警告，没收违法经营的产品和违法所得；违法经营额 1 万元以上的，并处违法经营额 5 倍以上 10 倍以下的罚款；违法经营额不足 1 万元的，并处 1 万元以上 5 万元以下罚款；情节严重的，并责令停业整顿或者由新闻出版总署吊销其复制经营许可证：

（一）复制单位未依照本办法的规定验证复制委托书及其他法定文书的；

（二）复制单位擅自复制他人的只读类光盘和磁带磁盘的；

（三）复制单位接受非音像出版单位、电子出版物单位或者个人委托复制经营性的音像制品、电子出版物或者自行复制音像制品、电子出版物的；

（四）复制单位未履行法定手续复制境外产品的，或者复制的境外产品没有全部运输出境的。

第四十一条 有下列行为之一的，由新闻出版行政部门责令改正，给予警告；情节严重的，并责令停业整顿或者由新闻出版总署吊销其复制经营许可证：

（一）复制单位变更名称、地址、法定代表人或者主要负责人、业务范围等，未依照本办法规定办理审批、备案手续的；

（二）复制单位未依照本办法的规定留存备查的材料的；

（三）光盘复制单位使用未蚀刻或者未按本办法规定蚀刻 SID 码的注塑模具复制只读类光盘的。

第四十二条 有下列行为之一的，由新闻出版行政部门责令停止违法行为，给予警告，并处 3 万元以下的罚款：

（一）光盘复制单位违反本办法第十五条的规定，未经审批，擅自增加、进口、购买、变更光盘复制生产设备的；

（二）国产光盘复制生产设备的生产商未按本办法第十九条的要求报送备案的；

（三）光盘复制单位未按本办法第二十条规定报送样盘的；

（四）复制生产设备或复制产品不符合国家或行业标准的；

（五）复制单位的有关人员未按本办法第三十一条参加岗位培训的；

（六）违反本办法的其他行为。

第四十三条 复制单位违反本办法被处以吊销许可证行政处罚的，其法定代表人或者主要负责人自许可证被吊销之日起 10 年内不得担任复制单位法定代表人或者主要负责人。

第六章 附 则

第四十四条 本办法自2009年8月1日起施行。1996年2月1日新闻出版署发布的《音像制品复制管理办法》同时废止。其他有关复制管理规定，凡与本办法相抵触的，以本办法为准。

[导读与提示]

该办法针对的是上传、存储、链接和搜索等网络信息服务活动。

该办法第二条明确规定“互联网信息服务活动中直接提供互联网内容的行为，适用著作权法”。第十七条也明确规定“表演者、录音录像制作者等与著作权有关的权利人通过互联网向公众传播其表演或者录音录像制品的权利的行政保护适用本办法。”

该办法对“互联网内容提供者”做出了一个很宽泛的界定，指的是“在互联网上发布相关内容的上网用户”，并非只是单位，应该包括个人。

该办法区分了“互联网信息服务提供者”和“互联网接入服务提供者”。

互联网著作权行政保护办法

（国家版权局、信息产业部2005年第5号令，自2005年5月30日起施行）

第一条 为了加强互联网信息服务活动中信息网络传播权的行政保护，规范行政执法行为，根据《中华人民共和国著作权法》及有关法律、行政法规，制定本办法。

第二条 本办法适用于互联网信息服务活动中根据互联网内容提供者的指令，通过互联网自动提供作品、录音录像制品等内容的上载、存储、链接或搜索等功能，且对存储或传输的内容不进行任何编辑、修改或选择的行为。

互联网信息服务活动中直接提供互联网内容的行为，适用著作权法。

本办法所称“互联网内容提供者”是指在互联网上发布相关内容的上网用户。

第三条 各级著作权行政管理部门依照法律、行政法规和本办法对互联网信息服务活动中的信息网络传播权实施行政保护。国务院信息产业主管部门和各省、自治区、直辖市电信管理机构依法配合相关工作。

第四条 著作权行政管理部门对侵犯互联网信息服务活动中的信息网络传播权的行为实施行政处罚，适用《著作权行政处罚实施办法》。

侵犯互联网信息服务活动中的信息网络传播权的行为由侵权行为实施地的著作权行政管理部门管辖。侵权行为实施地包括提供本办法第二条所列的互联网信息服务活动的服务器等设备所在地。

第五条 著作权人发现互联网传播的内容侵犯其著作权，向互联网信息服务提供者或者其委托的其他机构（以下统称“互联网信息服务提供者”）发出通知后，互联网信息服务提供者应当立即采取措施移除相关内容，并保留著作权人的通知6个月。

第六条 互联网信息服务提供者收到著作权人的通知后，应当记录提供的信息内容及其发布的时间、互联网地址或者域名。互联网接入服务提供者应当记录互联网内容提供者的接入时间、用户帐号、互联网地址或者域名、主叫电话号码等信息。

前款所称记录应当保存60日，并在著作权行政管理部门查询时予以提供。

第七条 互联网信息服务提供者根据著作权人的通知移除相关内容的，互联网内容提供者可以向互联网信息服务提供者和著作权人一并发出说明被移除内容不侵犯著作权的反通知。反通知发出后，互联网信息服务提供者即可恢复被移除的内容，且对该恢复行为不承担行政法律责任。

第八条 著作权人的通知应当包含以下内容：

（一）涉嫌侵权内容所侵犯的著作权权属证明；

（二）明确的身份证明、住址、联系方式；

（三）涉嫌侵权内容在信息网络上的位置；

（四）侵犯著作权的相关证据；

（五）通知内容的真实性声明。

第九条 互联网内容提供者的反通知应当包含以下内容：

（一）明确的身份证明、住址、联系方式；

（二）被移除内容的合法性证明；

（三）被移除内容在互联网上的位置；

（四）反通知内容的真实性声明。

第十条 著作权人的通知和互联网内容提供者的反通知应当采取书面形式。

著作权人的通知和互联网内容提供者的反通知不具备本办法第八条、第九条所规定内容的，视为未发出。

第十一条 互联网信息服务提供者明知互联网内容提供者通过互联网实施侵犯他人著作权的行为，或者虽不明知，但接到著作权人通知后未采取措施移除相关内容，同时损害社会公共利益的，著作权行政管理部门可以根据《中华人民共和国著作权法》第四十七条的规定责令停止侵权行为，并给予下列行政处罚：

（一）没收违法所得；

（二）处以非法经营额3倍以下的罚款；非法经营额难以计算的，可以处10万元以下的罚款。

第十二条 没有证据表明互联网信息服务提供者明知侵权事实存在的，或者互联网信息服务提供者接到著作权人通知后，采取措施移除相关内容的，不承担行政法律责任。

第十三条 著作权行政管理部门在查处侵犯互联网信息服务活动中的信息网络传播权案件时，可以按照《著作权行政处罚实施办法》第十二条规定要求著作权人提交必备材料，以及向互联网信息服务提供者发出的通知和该互联网信息服务提供者未采取措施移除相关内容的证明。

第十四条 互联网信息服务提供者有本办法第十一条规定的情形，且经著作权行政管理部门依法认定专门从事盗版活动，或有其他严重情节的，国务院信息产业主管部门或者省、自治区、直辖市电信管理机构依据相关法律、行政法规的规定处理；互联网接入服务提供者应当依据国务院信息产业主管部门或者省、自治区、直辖市电信管理机构的通知，配合实施相应的处理措施。

第十五条 互联网信息服务提供者未履行本办法第六条规定的义务，由国务院信息产业主管部门或者省、自治区、直辖市电信管理机构予以警告，可以并处三万元以下罚款。

第十六条 著作权行政管理部门在查处侵犯互联网信息服务活动中的信息

网络传播权案件过程中，发现互联网信息服务提供者的行为涉嫌构成犯罪的，应当依照国务院《行政执法机关移送涉嫌犯罪案件的规定》将案件移送司法部门，依法追究刑事责任。

第十七条 表演者、录音录像制作者等与著作权有关的权利人通过互联网向公众传播其表演或者录音录像制品的权利的行政保护适用本办法。

第十八条 本办法由国家版权局和信息产业部负责解释。

第十九条 本办法自2005年5月30日起施行。

[导读与提示]

该办法只针对“通过广播电视技术系统以即时点播、准视频点播（轮播）、下载播放等点播形式供用户自主选择收看广播电视节目的业务活动”。互联网与移动互联网上的点播行为不在其约束范围之内。

该办法提到《广播电视视频点播业务许可证》，分为甲、乙两种。

此前的相关暂行办法同时废止。

广播电视视频点播业务管理办法

（广播电视总局第35号令，自2004年8月1日起施行）

第一章　总　则

第一条　为促进广播电视视频点播业务健康发展，加强监督管理，促进社会主义精神文明建设，制定本办法。

第二条　本办法所称的广播电视视频点播（以下简称视频点播），是指通过广播电视技术系统以即时点播、准视频点播（轮播）、下载播放等点播形式供用户自主选择收看广播电视节目的业务活动。

第三条　国家广播电影电视总局（以下简称广电总局）负责全国视频点播业务的管理，制定全国视频点播业务总体规划，确定视频点播开办机构的总量、布局。

县级以上地方广播电视行政部门负责本辖区内视频点播业务的管理。

第四条　国家对视频点播业务实行许可制度。未经许可，任何机构和个人均不得开办视频点播业务。

禁止外商独资、中外合资、中外合作机构申请开办视频点播业务，但符合本办法第八条第一款的除外

第二章　业务许可

第五条　开办视频点播业务须取得《广播电视视频点播业务许可证》。

第六条　《广播电视视频点播业务许可证》分为甲、乙 2 种。

持有《广播电视视频点播业务许可证（甲种）》的机构，可在许可证载明的行政区域内从事视频点播业务。

持有《广播电视视频点播业务许可证（乙种）》的机构，可在许可证载明的宾馆饭店内从事视频点播业务。

第七条　下列机构可以申请《广播电视视频点播业务许可证（甲种）》:

（一）经批准设立的地（市）级以上广播电台、电视台；

（二）经批准设立的广播影视集团（总台）。

第八条　下列机构可以申请《广播电视视频点播业务许可证（乙种）》:

（一）三星级以上或相当于三星级以上的宾馆饭店；

（二）具有同时为 10 家以上三星级或相当于三星级以上的宾馆饭店提供视频点播业务能力的机构。

第九条　申请《广播电视视频点播业务许可证》必须具备以下条件:

（一）符合国家视频点播业务总体规划；

（二）有符合本办法规定的节目资源；

（三）具备与视频点播业务开办规模相适应的资金、场所、技术、人员等条件；

（四）所使用的系统和设备符合国家和行业技术标准；

（五）有健全的节目内容审查制度、播出管理制度；

（六）有确定的传播范围；

（七）具备与开办视频点播业务相适应的信誉和服务能力；

（八）有与广播电视行政部门监控系统实现联网的方案；

（九）其他法律、行政法规规定的条件。

第十条　申请《广播电视视频点播业务许可证》的，须提交以下材料:

（一）申请报告，内容应包括：申请许可证类别（甲种、乙种）、传播方式（即时点播、准视频点播、下载播放）、播放范围等；

（二）《广播电视视频点播业务许可证》申请表；

（三）从事广播电视视频点播业务的节目开办方案、技术方案、运营方案、管理制度；

（四）向政府监管部门提供监控信号的监控方案；

（五）主管人员简要情况介绍和设备、场所的证明资料。

申请《广播电视视频点播业务许可证（乙种）》的，还应提交营业执照和宾馆饭店星级评定的相关证明；其中，由宾馆饭店以外的机构申请《广播电视视频点播业务许可证（乙种）》的，还需要提交公司章程、验资证明以及宾馆饭店同意在其宾馆饭店从事视频点播业务的书面文件。

第十一条 申请《广播电视视频点播业务许可证（甲种）》的，应向当地广播电视行政部门提出申请，并提交符合第十条规定的申报材料。经逐级审核后，报广电总局审批。

广电总局对申报材料进行审核，审核合格的，组织有关专家进行论证，论证期限为30 日。广电总局根据论证结论做出决定，符合条件的，颁发《广播电视视频点播业务许可证（甲种）》；不符合条件的，书面通知申办机构并说明理由。

第十二条 申请《广播电视视频点播业务许可证（乙种）》，应向当地县级以上广播电视行政部门提出申请，并提交符合第十条规定的申报材料。经逐级审核后，报省级广播电视行政部门审批。

省级广播电视行政部门对申报材料进行审核，审核合格的，申办机构可以安装视频点播设备。设备安装完毕，省级广播电视行政部门组织验收，根据验收结论做出决定，符合条件的，颁发《广播电视视频点播业务许可证（乙种）》，并在90 日内报广电总局备案；不符合条件的，书面通知申办机构并说明理由。

第十三条 负责受理的广播电视行政部门应按照行政许可法规定的期限和权限，履行受理、审核职责。

第十四条 《广播电视视频点播业务许可证》有效期为3 年，自颁发之日起计算。有效期届满，需继续经营视频点播业务的，应于期满前6个月按本办法规定的审批程序办理续办手续。

第十五条 开办机构应在领取《广播电视视频点播业务许可证》之后90日内开播。如因特殊理由不能如期开播，应经发证机关同意，否则按终止业务处理。

第十六条 持有《广播电视视频点播业务许可证》的机构需终止业务的，应提前60日向原发证机关申报，其《广播电视视频点播业务许可证》由原发证机关予以公告注销。

第十七条 《广播电视视频点播业务许可证》包含开办主体、开办范围、节目类别、传送方式等项目。

开办机构必须按照许可证载明的事项从事视频点播业务。

第十八条 开办机构变更许可证登记项目、注册资本、股东及持股比例的，应提前60日报原发证机关批准。

第十九条 开办机构的营业场所、法定代表人、节目总编等重要事项发生变更，应在30日内书面告知原发证机关。

第二十条 宾馆饭店不得允许未获得《广播电视视频点播业务许可证》的机构在其宾馆饭店内从事视频点播业务。

宾馆饭店同意其他机构作为开办主体在本宾馆饭店内从事视频点播业务的，应对其经营活动进行必要的监督。如发现有违反本办法规定行为的，应予以制止并立即报告当地广播电视行政部门。

第三章　节目管理

第二十一条 视频点播节目禁止载有下列内容：

（一）反对宪法确定的基本原则的；

（二）危害国家统一、主权和领土完整的；

（三）泄露国家秘密、危害国家安全或者损害国家荣誉和利益的；

（四）煽动民族仇恨、民族歧视，破坏民族团结，或者侵害民族风俗、习惯的；

（五）宣扬邪教、迷信的；

（六）扰乱社会秩序，破坏社会稳定的；

（七）宣扬淫秽、赌博、暴力或者教唆犯罪的；

（八）侮辱或者诽谤他人，侵害他人合法权益的；

（九）危害社会公德或者民族优秀文化传统的；

（十）有法律、行政法规和国家规定禁止的其他内容的。

第二十二条 用于视频点播业务的节目，应符合《著作权法》的规定。

第二十三条 用于视频点播业务的节目，应以国产节目为主。

第二十四条 引进用于视频点播的境外影视剧，应按有关规定报广电总局审查。

第二十五条 用于视频点播的节目限于以下5类：

（一）取得《电视剧发行许可证》、《电影片公映许可证》的影视剧；

（二）依法设立的广播电视播出机构制作、播出的节目；

（三）依法设立的广播电视节目制作经营机构制作的节目；

（四）经省级以上广播电视行政部门审查批准的境外广播电视节目；

（五）从合法途径取得的天气预报、股票行情等信息类节目。

第二十六条 用于视频点播的新闻类或信息类节目应真实、公正。

第二十七条 开办机构应配备节目审查员，健全节目审查制度，实行节目总编负责制，对其播放的节目内容进行审查。节目总编应具备必要的业务素质和相关的从业经验。

第二十八条 持有《广播电视视频点播业务许可证（甲种）》开办机构的播出前端应与广电总局视频点播业务监控系统实现联网；持有《广播电视视频点播业务许可证（乙种）》开办机构的播出前端应与所在地广播电视行政部门视频点播业务监控系统实现联网。

第四章　罚　则

第二十九条 违反本办法规定，未经批准，擅自开办视频点播业务的，由县级以上广播电视行政部门予以取缔，可以并处1万元以上3万元以下的罚款；构成犯罪的，依法追究刑事责任。

第三十条 违反本办法规定，有下列行为之一的，由县级以上广播电视行政部门责令停止违法活动、给予警告、限期整改，可以并处3万元以下的罚款：

（一）未按《广播电视视频点播业务许可证》载明的事项从事视频点播业务的；

（二）未经批准，擅自变更许可证事项、注册资本、股东及持股比例或者需终止开办视频点播业务的；

（三）播放不符合本办法规定的广播电视节目的；

（四）未按本办法第二十一条、第二十四条、第二十五条规定播放视频点播节目的；

（五）违反本办法第十八条，第十九条规定，有重要事项发生变更未在规定期限内通知原发证机关的；

（六）违反本办法第二十八条规定，播出前端未按规定与广播电视行政部门监控系统进行联网的。

第三十一条　违反本办法规定，节目总编或节目审查员未履行应尽职责，出现3次以上违规内容的，广电总局可以对相关责任人予以警告；相关责任人3年内不得担任视频点播开办机构的节目总编或节目审查员。

第三十二条　违反本办法第二十条规定，宾馆饭店允许未获得《广播电视视频点播业务许可证》的机构在其宾馆饭店内经营视频点播业务的，由县级以上广播电视行政部门予以警告，可以并处3万元以下罚款。

第五章　附　则

第三十三条　本办法施行前经广播电视行政部门批准开办视频点播业务的机构，应自本办法实施之日起6个月内，按照本办法规定申换许可证。

第三十四条　本办法自2004年8月10日起施行。广电总局《有线电视视频点播管理暂行办法》（广电总局令第4号）和《宾馆饭店视频点播管理暂行办法》（广电总局令第6号）同时废止。

[导读与提示]

该办法对音像制品做了清晰界定，但仍然局限在以一定物质形式为介质这一点上，是否适用于数字音像制品，有待商榷。

请注意第三条："本办法适用于在我国出版、复制、进口的音像制品。"苹果商店中的音像制品是否适用，语焉未详。

内容审查这件事适用于广播电影电视，但是否适用于出版物和音像制品，也需斟酌。

该办法对违禁内容作出了明确、细致的规定，可以细读。

音像制品内容审查办法

（广播电影电视部、文化部第18号令，自1996年2月1日开始实施）

第一章　总　则

第一条　为了加强音像制品的管理，繁荣和发展音像事业，传播有益于经济发展和社会进步的思想、道德、科学技术和文化知识，根据《音像制品管理条例》，制定本办法。

第二条　本办法所称音像制品包括：录有内容的录音带、录像带、唱片、激光唱盘和激光视盘等。

第三条　本办法适用于在我国出版、复制、进口的音像制品。

第四条　广播电影电视部和文化部共同组成音像制品内容审核机构主管全国音像制品的内容审核工作。

第二章　审核机构的职责

第五条　音像制品内容审核机构履行下列职责：

（一）根据《音像制品管理条例》第三条的规定和本办法的有关规定，对进口音像制品和国产文艺类音像制品的内容实施审查，提出准予或不准予出版、复制、进口的意见；

（二）对需删剪修改后才准出版、复制、进口的音像制品，提出删剪修改意见；

（三）委托有关部门代行审查除进口的音像制品以外的音像制品；

（四）将审查的音像制品情况，分别报送广播电影电视部、文化部和新闻出版署。

第六条 审核机构下设音像制品专家审查委员会（下称审查委员会）。

审查委员会由审核机构聘请专家若干人组成，负责音像制品的内容审查，并写出书面意见。

第七条 审查委员会设办公室。审查委员会办公室负责：

（一）接收、受理送审音像制品的申请报告、全套报审材料及节目样带；

（二）组织、安排审查委员会审查音像制品；

（三）将审查委员会书面审查意见在 2 日内报送审核机构；

（四）组织、安排审查委员会对需删剪修改的音像制品复审，并将复审意见按本条第（三）项的要求报送审核机构。

第三章 审查程序

第八条 进口音像制品审查：

（一）具有进口权的音像出版单位将拟进口的音像制品样带，按规定报所在地的省级音像制品行政管理部门初审；

（二）初审通过后，出版单位将样带和全套报审材料报审核机构审查。全套报审材料包括：引进海外文艺音像制品报审表、版权证明书及授权书、版权贸易协议、著作权认证部门的认证材料及初审意见。

第九条 国产音像制品审查：

（一）地方音像出版单位和中央单位所属音像出版单位出版的文艺类音像制品，由审核机构分别委托其所在地省级音像制品行政管理部门或者上级主管部门审查。审查通过后 10 日内，由审查部门将样带和审查意见、版权证明材料报审核机构备案；

（二）地方音像出版单位和中央单位所属音像出版单位出版的非文艺类音像制品，由出版单位主编（或者编委会）审查。审查通过后10日内，由出版单位将样带和审查意见、版权证明材料分别报所在地省级音像制品行政管理部门、上级主管部门和审核机构备案。

第十条 对外合作制作的音像制品，由出版单位按照本办法第八条规定的程序报审。

第十一条 审核机构在接到申请报告和全部报审材料及信号清晰的节目样带10日内提出书面审查意见，特殊情况不超过60日。

第十二条 审核机构仅受理经国家批准的音像制品出版和音像制成品进口单位报审的音像制品。

第十三条 审核机构应当将音像制品的审查情况分别报送广播电影电视部、文化部和新闻出版署。新闻出版署根据审核意见，对进口的音像制品的出版实行宏观调控，发布出版目录，由广播电影电视部、文化部按照各自的职责发放《音像制品发行许可证》。

第四章 音像制品内容审查标准

第十四条 整体上属下列情况之一的节目，可以出版、复制、进口：

（一）主题积极，能陶冶听众、观众高尚情操，有益于青少年健康成长的；

（二）传播科学、人文知识，开阔观众眼界，启迪人们智慧的；

（三）真实再现历史，揭示人类社会发展必然规律的；

（四）突出娱乐功能，具有一定审美情趣，符合社会公共道德规范，有教育意义的；

（五）主题思想可以接受，并有一定艺术价值，能为听众、观众提供艺术享受和文化借鉴的。

第十五条 基本符合第十四条的规定，但在个别情节和画面上有下列内容的，删剪这些内容后可出版、复制、进口：

（一）夹杂淫秽、色情、低级庸俗内容的：

1. 描写性行为、性心理，直接显露男女生殖器官和女性躯体裸露至乳房以下的画面，会使未成年人产生不健康意识的；

2. 宣扬性开放、性自由，违反公共道德规范的；

3. 具体描写腐化堕落行为，足以导致未成年人仿效的；

4. 与剧情无密切联系，时间较长的接吻、爱抚等具有挑逗性，没有艺术价值的画面；

5. 赞赏性表现或具体描写淫乱、强奸、通奸、卖淫、嫖娼等情节和画面的；

6. 刻意表现或过多描写与性行为有关的疾病，如梅毒、艾滋病等；

7. 内容粗俗、趣味低下的对白；

8. 含有色情意味的背景音乐及动态效果。

（二）夹杂凶杀暴力内容的：

1. 美化罪犯形象，足以引起未成年人对罪犯同情或赞赏的；

2. 具体描述犯罪方法或细节，会诱发或鼓动人们模仿犯罪行为的；

3. 表现血腥、残酷、恐怖、吸毒、赌博等刺激性较强的画面；

4. 描述离奇荒诞，有悖人性的残酷或暴力行为，会对未成年人造成心理伤害的。

（三）夹杂宣扬封建迷信内容的：

1. 与剧情无关的看相、算命、看风水、占卜及长时间的烧香、拜佛等场面；

2. 宣扬封建迷信、因果报应及鼓吹宗教至上的情节；

3. 宣扬求神问卜、驱鬼治病、算命相面以及其他传播迷信语言的；

（四）可能引起国际、民族、宗教纠纷的情节；

（五）宣扬破坏自然生态平衡、肆虐捕杀珍稀野生动物的画面和情节；

（六）完整节目中插有商品广告的画面；

（七）其他可能引起社会不良效应的内容。

第十六条 属下列情况之一者，禁止出版、复制、进口、发行：

（一）违背我国宪法和法律、法规的；

（二）危害国家统一、主权和领土完整的；

（三）煽动民族分裂，破坏民族团结的；

（四）泄漏国家秘密的；

（五）宣扬种族、性别、地域歧视，诽谤、侮辱他人的；

（六）整体上宣扬淫秽内容，具有强烈感官刺激，伤害未成年人心理健康，诱发未成年人堕落的：

1. 淫亵地具体描写性行为、性交及其心理感受；

2. 公然宣扬色情淫荡形象；

3. 淫亵地描述或传授性技巧；

4. 具体描写乱伦、强奸或者其他性犯罪的手段、过程或者细节，足以诱发犯罪的；

5. 具体描写少年儿童的性行为；

6. 淫亵地具体描写同性恋的性行为或者性变态行为或者具体描写与性变态有关的暴力、虐待、侮辱行为；

7. 其他令人不能容忍的对性行为淫亵性描写。

（七）整体上宣扬凶杀暴力等犯罪活动，描述罪犯践踏法律，唆使人们藐视法律尊严，足以诱发犯罪，破坏社会治安秩序的。

（八）整体上宣扬封建迷信，足以蛊惑人心，扰乱公共秩序的。

（九）主题思想平庸，艺术创作粗糙的。

（十）有违反国家重大政策内容的。

（十一）国家规定禁止出版的其他内容。

第五章　附　则

第十七条　本办法由广播电影电视部、文化部负责解释。

第十八条　本办法自发布之日起实施。凡与本办法不符的有关规定，一律废止。

[导读与提示]

对照前面的《音像制品内容审查办法》，从发布者来看，能够看到文化部、广电总局和新闻出版总署三者之间的复杂关系。

作为2011年发布的法规文件，该办法中提到了“利用信息网络出版”，但“出版”显然又是指“出版物”，而且该办法和以往其它相关规定中并未明确“网络出版”或“利用信息网络出版”的概念。

该办法第二十八条明确规定“随机器设备同时进口以及进口后随机器设备复出口的记录操作系统、设备说明、专用软件等内容的音像制品，不适用本办法”，这就将苹果商店模式置于本办法监管范围之外了。

该办法还将“用于广播电视播放”的音像制品置于该办法监管范围之外。

该办法还特别提到“个人携带和邮寄音像制品进出境，应以自用、合理数量为限，并按照海关有关规定办理”，说明利用社交网络传播音像制品如以自用、合理数量（或次数）为限，应该也是可以的。

该办法提到《音像制品进口经营许可证》。

音像制品进口管理办法

（根据新闻出版总署、海关总署第53号令，自2011年4月6日起施行）

第一章　总　则

第一条　为了加强对音像制品进口的管理，促进国际文化交流与合作，丰富人民群众的文化生活，根据《音像制品管理条例》及国家有关规定，制定本办法。

第二条　本办法所称音像制品，是指录有内容的录音带、录像带、唱片、激光唱盘、激光视盘等。

第三条 凡从外国进口音像制品成品和进口用于出版及其他用途的音像制品，适用本办法。

前款所称出版，包括利用信息网络出版。

音像制品用于广播电视播放的，适用广播电视法律、行政法规。

第四条 新闻出版总署负责全国音像制品进口的监督管理和内容审查等工作。

县级以上地方人民政府新闻出版行政部门依照本办法负责本行政区域内的进口音像制品的监督管理工作。

各级海关在其职责范围内负责音像制品进口的监督管理工作。

第五条 音像制品进口经营活动应当遵守宪法和有关法律、法规，坚持为人民服务和为社会主义服务的方向，传播有益于经济发展和社会进步的思想、道德、科学技术和文化知识。

第六条 国家禁止进口有下列内容的音像制品：

（一）反对宪法确定的基本原则的；

（二）危害国家统一、主权和领土完整的；

（三）泄漏国家秘密、危害国家安全或者损害国家荣誉和利益的；

（四）煽动民族仇恨、民族歧视，破坏民族团结，或者侵害民族风俗、习惯的；

（五）宣扬邪教、迷信的；

（六）扰乱社会秩序，破坏社会稳定的；

（七）宣扬淫秽、赌博、暴力或者教唆犯罪的；

（八）侮辱或者诽谤他人，侵害他人合法权益的；

（九）危害社会公德或者民族优秀文化传统的；

（十）有法律、行政法规和国家规定禁止的其他内容的。

第七条 国家对设立音像制品成品进口单位实行许可制度。

第二章　进口单位

第八条 音像制品成品进口业务由新闻出版总署批准的音像制品成品进口

单位经营；未经批准，任何单位或者个人不得从事音像制品成品进口业务。

第九条 设立音像制品成品进口经营单位，应当具备以下条件：

（一）有音像制品进口经营单位的名称、章程；

（二）有符合新闻出版总署认定条件的主办单位及其主管机关；

（三）有确定的业务范围；

（四）具有进口音像制品内容初审能力；

（五）有与音像制品进口业务相适应的资金；

（六）有固定的经营场所；

（七）法律、行政法规和国家规定的其他条件。

第十条 设立音像制品成品进口经营单位，应当向新闻出版总署提出申请，经审查批准，取得新闻出版总署核发的音像制品进口经营许可证件后，持证到工商行政管理部门依法领取营业执照。

设立音像制品进口经营单位，还应当依照对外贸易法律、行政法规的规定办理相应手续。

第十一条 图书馆、音像资料馆、科研机构、学校等单位进口供研究、教学参考的音像制品成品，应当委托新闻出版总署批准的音像制品成品进口经营单位办理进口审批手续。

第十二条 音像出版单位可以在批准的出版业务范围内从事进口音像制品的出版业务。

第三章 进口审查

第十三条 国家对进口音像制品实行许可管理制度，应在进口前报新闻出版总署进行内容审查，审查批准取得许可文件后方可进口。

第十四条 新闻出版总署设立音像制品内容审查委员会，负责审查进口音像制品的内容。委员会下设办公室，负责进口音像制品内容审查的日常工作。

第十五条 进口音像制品成品，由音像制品成品进口经营单位向新闻出版总署提出申请并报送以下文件和材料：

（一）进口录音或录像制品报审表；

（二）进口协议草案或订单；

（三）节目样片、中外文歌词；

（四）内容审查所需的其他材料。

第十六条 进口用于出版的音像制品，应当向新闻出版总署提出申请并报送以下文件和材料：

（一）进口录音或录像制品报审表；

（二）版权贸易协议中外文文本草案，原始版权证明书，版权授权书和国家版权局的登记文件；

（三）节目样片；

（四）中外文曲目、歌词或对白；

（五）内容审查所需的其他材料。

第十七条 进口用于展览、展示的音像制品，由展览、展示活动主办单位提出申请，并将音像制品目录和样片报新闻出版总署进行内容审查。海关按暂时进口货物管理。

第十八条 进口单位不得擅自更改报送新闻出版总署进行内容审查样片原有的名称和内容。

第十九条 新闻出版总署自受理进口音像制品申请之日起30日内作出批准或者不批准的决定。批准的，发给进口音像制品批准单；不批准的，应当说明理由。

进口音像制品批准单内容不得更改，如需修改，应重新办理。进口音像制品批准单一次报关使用有效，不得累计使用。其中，属于音像制品成品的，批准单当年有效；属于用于出版的音像制品的，批准单有效期限为1年。

第四章　进口管理

第二十条 未经审查批准进口的音像制品，任何单位和个人不得出版、复制、批发、零售、出租和营业性放映。

第二十一条 任何单位和个人不得将供研究、教学参考或者用于展览、展示的进口音像制品进行经营性复制、批发、零售、出租和营业性放映。

用于展览、展示的进口音像制品确需在境内销售、赠送的，在销售、赠送前，必须依照本办法按成品进口重新办理批准手续。

第二十二条 进口单位与外方签订的音像制品进口协议或者合同应当符合中国法律、法规的规定。

第二十三条 出版进口音像制品，应当符合新闻出版总署批准文件要求，不得擅自变更节目名称和增删节目内容，要使用经批准的中文节目名称；外语节目应当在音像制品及封面包装上标明中外文名称；出版进口音像制品必须在音像制品及其包装的明显位置标明国家版权局的登记文号和新闻出版总署进口批准文号；利用信息网络出版进口音像制品必须在相关节目页面标明以上信息。

第二十四条 在经批准进口出版的音像制品版权授权期限内，音像制品进口经营单位不得进口该音像制品成品。

第二十五条 出版进口音像制品使用的语言文字应当符合国家公布的语言文字规范。

第二十六条 进口单位持新闻出版总署进口音像制品批准单向海关办理音像制品的进口报关手续。

第二十七条 个人携带和邮寄音像制品进出境，应以自用、合理数量为限，并按照海关有关规定办理。

第二十八条 随机器设备同时进口以及进口后随机器设备复出口的记录操作系统、设备说明、专用软件等内容的音像制品，不适用本办法，海关验核进口单位提供的合同、发票等有效单证验放。

第五章 罚 则

第二十九条 未经批准，擅自从事音像制品成品进口经营活动的，依照《音像制品管理条例》第三十九条的有关规定给予处罚。

第三十条 有下列行为之一的，由县级以上新闻出版行政部门责令停止违法行为，给予警告，没收违法音像制品和违法所得；违法经营额 1 万元以上的，并处违法经营额 5 倍以上 10 倍以下的罚款；违法经营额不足 1 万元的，并处 5 万元以下罚款；情节严重的，并责令停业整顿或者由原发证机关吊销许可证：

（一）出版未经新闻出版总署批准擅自进口的音像制品；

（二）批发、零售、出租或者放映未经新闻出版总署批准进口的音像制品的；

（三）批发、零售、出租、放映供研究、教学参考或者用于展览、展示的进口音像制品的。

第三十一条 违反本办法，出版进口音像制品未标明本办法规定内容的，由省级以上新闻出版行政部门责令改正，给予警告，情节严重的，并责令停业整顿或者由原发证机关吊销许可证。

第三十二条 违反本办法，有下列行为之一的，由省级以上新闻出版行政部门责令改正，给予警告，可并处3万元以下的罚款：

（一）出版进口音像制品使用语言文字不符合国家公布的语言文字规范的；

（二）出版进口音像制品，违反本办法擅自变更节目名称、增删节目内容的。

擅自增删经审查批准进口的音像制品内容导致其含有本办法第六条规定的禁止内容的，按照《音像制品管理条例》有关条款进行处罚。

第三十三条 违反海关法及有关管理规定的，由海关依法处理。

第六章　附　则

第三十四条 从中国香港特别行政区、澳门特别行政区和台湾地区进口音像制品，参照本办法执行。

第三十五条 电子出版物的进口参照本办法执行。

第三十六条 本办法由新闻出版总署负责解释。涉及海关业务的，由海关总署负责解释。

第三十七条本办法自公布之日起施行，2002年6月1日文化部、海关总署发布的《音像制品进口管理办法》同时废止。

[导读与提示]

收录该办法，是为数字音像制品的互联网传播做收费参考；

由于广播电台电视台属于在时间中展开的媒体，所以该办法制订的收费标准是按时间，而不是按件数算的。数字音像制品应该以点播或下载次数作为收费标准；

该办法确定的收费方法与收费数额可作参照。

向谁付费、仲裁方式等问题也可参照该办法。

广播电台电视台播放录音制品支付报酬暂行办法

（中华人民共和国国务院第566号令，2009年5月6日国务院第六十二次常务会议通过，现予公布，自2010年1月1日起施行）

第一条 为了保障著作权人依法行使广播权，方便广播电台、电视台播放录音制品，根据《中华人民共和国著作权法》（以下称著作权法）第四十四条的规定，制定本办法。

第二条 广播电台、电视台可以就播放已经发表的音乐作品向著作权人支付报酬的方式、数额等有关事项与管理相关权利的著作权集体管理组织进行约定。

广播电台、电视台播放已经出版的录音制品，已经与著作权人订立许可使用合同的，按照合同约定的方式和标准支付报酬。

广播电台、电视台依照著作权法第四十四条的规定，未经著作权人的许可播放已经出版的录音制品（以下称播放录音制品）的，依照本办法向著作权人支付报酬。

第三条 本办法所称播放，是指广播电台、电视台以无线或者有线的方式进行的首播、重播和转播。

第四条 广播电台、电视台播放录音制品，可以与管理相关权利的著作权集体管理组织约定每年向著作权人支付固定数额的报酬；没有就固定数额进行约定或者约定不成的，广播电台、电视台与管理相关权利的著作权集体管理组织可以以下列方式之一为基础，协商向著作权人支付报酬：

（一）以本台或者本台各频道（频率）本年度广告收入扣除15%成本费用后的余额，乘以本办法第五条或者第六条规定的付酬标准，计算支付报酬的数额；

（二）以本台本年度播放录音制品的时间总量，乘以本办法第七条规定的单位时间付酬标准，计算支付报酬的数额。

第五条 以本办法第四条第（一）项规定方式确定向著作权人支付报酬的数额的，自本办法施行之日起5年内，按照下列付酬标准协商支付报酬的数额：

（一）播放录音制品的时间占本台或者本频道（频率）播放节目总时间的比例（以下称播放时间比例）不足1%的，付酬标准为0.01%；

（二）播放时间比例为1%以上不足3%的，付酬标准为0.02%；

（三）播放时间比例为3%以上不足6%的，相应的付酬标准为0.09%到0.15%，播放时间比例每增加1%，付酬标准相应增加0.03%；

（四）播放时间比例为6%以上10%以下的，相应的付酬标准为0.24%到0.4%，播放时间比例每增加1%，付酬标准相应增加0.04%；

（五）播放时间比例超过10%不足30%的，付酬标准为0.5%；

（六）播放时间比例为30%以上不足50%的，付酬标准为0.6%；

（七）播放时间比例为50%以上不足80%的，付酬标准为0.7%；

（八）播放时间比例为80%以上的，付酬标准为0.8%。

第六条 以本办法第四条第（一）项规定方式确定向著作权人支付报酬的数额的，自本办法施行届满5年之日起，按照下列付酬标准协商支付报酬的数额：

（一）播放时间比例不足 1% 的，付酬标准为 0.02%；

（二）播放时间比例为 1% 以上不足 3% 的，付酬标准为 0.03%；

（三）播放时间比例为 3% 以上不足 6% 的，相应的付酬标准为 0.12% 到 0.2%，播放时间比例每增加 1%，付酬标准相应增加 0.04%；

（四）播放时间比例为 6% 以上 10% 以下的，相应的付酬标准为 0.3% 到 0.5%，播放时间比例每增加 1%，付酬标准相应增加 0.05%；

（五）播放时间比例超过 10% 不足 30% 的，付酬标准为 0.6%；

（六）播放时间比例为 30% 以上不足 50% 的，付酬标准为 0.7%；

（七）播放时间比例为 50% 以上不足 80% 的，付酬标准为 0.8%；

（八）播放时间比例为 80% 以上的，付酬标准为 0.9%。

第七条 以本办法第四条第（二）项规定的方式确定向著作权人支付报酬的数额的，按照下列付酬标准协商支付报酬的数额：

（一）广播电台的单位时间付酬标准为每分钟 0.30 元；

（二）电视台的单位时间付酬标准自本办法施行之日起 5 年内为每分钟 1.50 元，自本办法施行届满 5 年之日起为每分钟 2 元。

第八条 广播电台、电视台播放录音制品，未能依照本办法第四条的规定与管理相关权利的著作权集体管理组织约定支付报酬的固定数额，也未能协商确定应支付报酬的，应当依照本办法第四条第（一）项规定的方式和第五条、第六条规定的标准，确定向管理相关权利的著作权集体管理组织支付报酬的数额。

第九条 广播电台、电视台转播其他广播电台、电视台播放的录音制品的，其播放录音制品的时间按照实际播放时间的 10% 计算。

第十条 中部地区的广播电台、电视台依照本办法规定方式向著作权人支付报酬的数额，自本办法施行之日起 5 年内，按照依据本办法规定计算出的数额的 50% 计算。

西部地区的广播电台、电视台以及全国专门对少年儿童、少数民族和农村地区等播出的专业频道（频率），依照本办法规定方式向著作权人支付报酬的数额，自本办法施行之日起 5 年内，按照依据本办法规定计算出的数额的 10% 计算；自本办法施行届满 5 年之日起，按照依据本办法规定计算出的数额的50%计算。

第十一条 县级以上人民政府财政部门将本级人民政府设立的广播电台、电视台播放录音制品向著作权人支付报酬的支出作为核定其收支的因素，根据本地区财政情况综合考虑，统筹安排。

第十二条 广播电台、电视台向著作权人支付报酬，以年度为结算期。

广播电台、电视台应当于每年度第一季度将其上年度应当支付的报酬交由著作权集体管理组织转付给著作权人。

广播电台、电视台通过著作权集体管理组织向著作权人支付报酬时，应当提供其播放作品的名称、著作权人姓名或者名称、播放时间等情况，双方已有约定的除外。

第十三条 广播电台、电视台播放录音制品，未向管理相关权利的著作权集体管理组织会员以外的著作权人支付报酬的，应当按照本办法第十二条的规定将应支付的报酬送交管理相关权利的著作权集体管理组织；管理相关权利的著作权集体管理组织应当向著作权人转付。

第十四条 著作权集体管理组织向著作权人转付报酬，除本办法已有规定外，适用《著作权集体管理条例》的有关规定。

第十五条 广播电台、电视台依照本办法规定将应当向著作权人支付的报酬交给著作权集体管理组织后，对著作权集体管理组织与著作权人之间的纠纷不承担责任。

第十六条 广播电台、电视台与著作权人或者著作权集体管理组织因依照本办法规定支付报酬产生纠纷的，可以依法向人民法院提起民事诉讼，或者根据双方达成的书面仲裁协议向仲裁机构申请仲裁。

第十七条 本办法自2010年1月1日起施行。

[导读与提示]

该办法第二条规定：中国标准录音制品编码（简称ISRC）“适用于录音制品和音乐录像制品”，“此处所称制品，是指录制完成的录音或音乐录像节目，与该节目的载体无关。”这和以往关于出版物的定义有了本质区别，适用于网络出版及传播。

对于“录音制品”和“音乐录像制品”，该办法也给出了明确定义。

中国标准录音制品编码中心（简称中国ISRC中心）作为ISRC编码的注册管理和标准实施的技术服务机构，需要数字音像从业人员给予关注。

对ISRC编码的携载方式，该办法给出了明确指示，而且适用于数字音像制品。

《中国标准录音制品编码》（GB/T 13396—2009）国家标准实施办法

第一章 总 则

第一条 为推进《中国标准录音制品编码》（GB/T 133962009）国家标准（以下称新版ISRC标准）的实施，规范录音制品及音乐录像制品的出版或传播，保护著作权及相关权利人的合法权益，加快我国音像产业相关标准与国际接轨，特制定本办法。

第二条 新版ISRC标准适用制品的范围包括录音制品和音乐录像制品。

本办法所称的制品，是指录制完成的录音或音乐录像节目，与该节目的载体无关。

本办法所称的录音制品，是指已录制加工完成的声音成品，或每一可独立使用的曲目篇节。

本办法所称的音乐录像制品，是指由音频信号和视频信号录制的制品，其中构成该表演性音乐制品的全部或主要部分为音频信号，主要包括 MTV、MV、卡拉 OK、演唱会等。

第三条 每一可独立使用的录音制品或音乐录像制品均须分配一个单独的中国标准录音制品编码（以下称 ISRC 编码）。该编码只标识被编码对象，不能作为出版物标识。

第四条 新闻出版总署是 ISRC 标准实施的主管部门，负责领导和监督 ISRC 标准的实施工作。

新闻出版总署批准设立中国标准录音制品编码中心（以下称中国 ISRC 中心）作为 ISRC 编码的注册管理和标准实施的技术服务机构，由中国版权保护中心负责建设与管理。

第二章 登记者

第五条 ISRC 编码的登记者应当是向中国 ISRC 中心申请并获得登记者码的机构或组织。

登记者就录制完成的录音制品和音乐录像制品向中国 ISRC 中心申领 ISRC 编码。

第六条 申请成为 ISRC 编码登记者，应当向中国 ISRC 中心提交以下申请材料：

（一）按要求填写的登记者码申请表；

（二）经出版行政主管部门批准的《音像制品出版许可证》、《音像制品制作许可证》等资质证明文件复印件；

（三）其他相关证明材料。

第七条 中国 ISRC 中心应当自收到符合本办法第六条规定的申请材料之日起 20 日内完成审查，符合规定的，发放登记者码并予以公告，同时分配中国 ISRC 编码申领信息系统的账户、密码及登录工具。

登记者应制定 ISRC 编码申领管理制度，妥善保管 ISRC 编码申领账户、密码及登录工具，设专人负责 ISRC 业务，因保管不善等造成的损失由登记者自行承担。

第八条 依据《中国标准音像制品编码》（GB/T133961996）国家标准已

获得出版者码的机构或组织，沿用原有的出版者码作为登记者码，无须再另行申请，如中国唱片总公司仍沿用 A01 登记者码（出版者码）。

第九条 登记者下列事项发生变更的，应当向中国 ISRC 中心进行备案：

（一）单位名称；

（二）单位地址；

（三）经办人；

（四）联系方式；

（五）其他应当变更备案的情况。

第三章 ISRC 编码申领

第十条 登记者在录音制品或音乐录像制品录制完成后，通过依据本办法第七条分配的系统账户在线填报制品元数据信息表，并提交符合规定的制品，申请获得制品的 ISRC 编码。

第十一条 登记者应保证其填报的申领信息和所提交的制品真实、准确、完整，制品必须与填报的元数据信息保持一致。

第十二条 制品的内容和版权授权应符合相关法律法规的规定，因制品内容违法或版权侵权而产生的后果由登记者自行承担。

第十三条 未取得登记者资格的出版机构或组织，因业务需要申领 ISRC 编码的，可直接向中国 ISRC 中心提交下列书面材料申领 ISRC 编码：

（一）按要求填写的真实、完整、准确的制品元数据信息表；

（二）符合规定的制品；

（三）申领者的相关资质材料及法定代表人身份证明材料；

（四）申领者拥有录制者权或经录制权拥有者授权的证明材料；

（五）根据《音像制品管理条例》、《音像制品出版管理规定》等法规、规章或其他规范性文件取得的批准文件；

（六）其他需要提交的证明材料。

第十四条 需要提交书面材料的，应当在中国 ISRC 中心网站下载使用统一制定的模板，按照要求填写并加盖公章或签名。

提交的各种书面材料应当用中文填写。证件和证明文件是外文的，应当附中文译本。申领 ISRC 编码的文件应当使用国际标准 A4 型 297mm × 210mm（长 × 宽）纸张。

第十五条 从外国和中国香港特别行政区、澳门特别行政区和台湾地区进口的录音制品或音乐录像制品，已携带有符合 ISO3901：2001《信息与文献——国际标准录音制品编码（ISRC）》规范的 ISRC 编码的，无须再向中国 ISRC 中心申领。未携带 ISRC 编码或携带的 ISRC 编码不符合规范的，应按照本办法规定申领 ISRC 编码。

第四章 ISRC 编码分配

第十六条 自登记者提交符合本办法规定的 ISRC 编码申请之日起 7 个工作日内，由中国 ISRC 中心予以分配制品 ISRC 编码。

第十七条 有下列情形之一的，中国 ISRC 中心有权要求登记者补正申请材料，登记者应当在 7 个工作日内补正，逾期未补正的，退回申请：

（一）制品元数据填写不完整、不规范的；

（二）制品元数据信息与制品内容不一致的；

（三）需要补充提交证明材料的；

（四）其他需要补正的情况。

自申请材料补正之日起开始计算受理时限。

第十八条 有下列情形之一的，不予分配 ISRC 编码：

（一）已经分配新版 ISRC 编码的；

（二）申请分配 ISRC 编码的制品存在权属争议的；

（三）登记者撤回申请的；

（四）其他不予分配 ISRC 编码的情形。

第五章 公告与查询

第十九条 制品分配 ISRC 编码后将在中国 ISRC 中心网站进行基本信息的公告，可通过中心网站查询。公告的制品内容如下：

（一）节目名称；

（二）语种；

（三）时长；

（四）登记者；

（五）制作者；

（六）表演者；

（七）ISRC 编码；

（八）基本描述。

第六章　ISRC 编码携载

第二十条　用于出版的录音制品和音乐录像制品，均应按照新版 ISRC 标准的规范要求携载 ISRC 编码。

前款所称出版，包括利用信息网络出版。

第二十一条　以数字形式制作的录音和音乐录像制品，ISRC 编码应当对应于录音制品或音乐录像制品永久性地加载到所有复制品中，通过计算机设备可以识别和读取。

第二十二条　ISRC 编码应当在录音制品或音乐录像制品的所有复制品中明确标识。

以实物为载体的，ISRC 编码应当标识在所有复制品载体或附带资料上。

音乐录像制品，还应当在复制品内容中的片头位置对应加载可播放显示的 ISRC 编码。

配合书、刊等本版出版物出版的，应在本版出版物或其附带资料中明确标识相关 ISRC 编码信息。

本条所称附带资料，是指制品出版所随附的资料，包括节目介绍、歌词插页、电子文档、制品文件属性等信息。

第二十三条　录音制品或音乐录像制品通过信息网络出版的，ISRC 编码应以制品文件的属性信息方式予以显示。

第二十四条　按照本办法第二十一条、第二十二条、第二十三条规定加载及标识的 ISRC 编码应当清晰、完整。示例如：ISRCCNF121100721。

第七章　附　则

第二十五条　本办法施行前，按照《中国标准音像制品编码》（GB/T

133961996）国家标准已进入出版生产环节的，可继续进行该制品的生产和销售。自2013年1月1日起，上述制品尚未生产或售出的，不得继续生产、销售。所有再版、重新复制和新版的音像制品中涉及录音制品或音乐录像制品的，均须申领、携载新版ISRC编码。

第二十六条 电子出版物（含以硬盘、优盘、存储卡等形态出版的移动存储类电子出版物）涉及音乐作品的，参照本办法执行。

第二十七条 本办法自2012年1月1日起施行，1992年《新闻出版署关于实施〈中国标准音像制品编码〉的通知》中所附《中国标准音像制品编码管理暂行办法》同时废止。

[导读与提示]

和《〈中国标准录音制品编码〉国家标准实施办法》相比，该办法显然不适合网络传播，但如果数字音像制品谋求出版，则需要关注该办法。

音像电子出版物专用书号管理办法

（新出政发［2011］19号）

第一条 为了进一步规范《中国标准录音制品编码》（GB/T133962009）国家标准实施后对音像制品和电子出版物的管理，特制定本办法。

第二条 全国所有正式出版、发行的音像制品或电子出版物，均应使用中国标准书号（以下简称ISBN）作为出版物标识。用于音像制品的，为音像制品专用书号；用于电子出版物的，为电子出版物专用书号。在音像制品、电子出版物载体或包装的显著位置须标识ISBN。

第三条 中国标准音像制品编码或中国录音制品编码（以下简称ISRC）不再承担音像制品版号的功能。音像制品专用书号和电子出版物专用书号，其使用范围和分配原则，参照《中国标准书号》国家标准（GB/T57952006）和《中国标准书号使用手册》规定执行。

第四条 ISBN的申领和核发原则，以各音像、电子出版单位年度选题计划为核发依据，参考以往年度核发数量，确定分配和核发年度ISBN额度。前一年的12月至当年度1月为全年度ISBN核发办理时间。超出年度选题计划的，可根据实际需求申请追加。

第五条 ISBN的申领和核发程序如下：

（一）中央和国家机关在京出版单位的ISBN额度，由出版单位持相关材料直接向新闻出版总署出版管理司申领，新闻出版总署出版管理司在 3 个工作日内予以核发，并发放《通知书》。

（二）地方和军队系统出版单位的 ISBN 额度，由各省级新闻出版局、解放军总政治部宣传部新闻出版局汇总、审核后，统一向新闻出版总署出版管理司申领，新闻出版总署出版管理司 5 个工作日内予以核发，并发放《通知书》。

（三）各音像电子出版单位在完成选题三审后提交《条码申请单》（附出版物信息表）申领 ISBN 条码。各省级新闻出版局、解放军总政治部宣传部新闻出版局负责所辖出版单位的申领工作，在已核批额度内向所辖出版单位下发本批次专用书号通知书，并向新闻出版总署条码中心办理领取专用书号手续。新闻出版总署条码中心负责中央在京音像电子出版单位的申领工作。

第六条 对涉及录音节目和音乐录像节目的音像制品或电子出版物，须先向中国 ISRC 中心申请分配新版 ISRC 编码后，再申请配发 ISBN。申领 ISRC 是申领 ISBN 的前置条件。

第七条 经省级出版行政主管部门批准出版的配合本版出版物出版音像制品或电子出版物，涉及录音制品和音乐录像制品需要前置申领 ISRC 的，持批准文件直接向中国 ISRC 中心申领 ISRC 编码。

第八条 申领 ISBN 须提交以下材料：

（一）向新闻出版总署申请办理年度 ISBN 额度申领或追加 ISBN 事项的，须填写《音像电子出版物专用书号申请表》，并附《音像电子出版物出版计划表》、《ISBN 使用情况登记表》及《样本缴送清单》回执（有关表格样式见附件）。上述 4 种表格须报送纸质材料（加盖出版单位公章），同时须将《音像电子出版物选题计划表》、《ISBN 使用情况登记表》电子版上传至新闻出版总署出版管理司工作邮箱 yxdzchu@126. com 备案。

（二）非音像或电子出版单位配合本版出版物出版音像制品或电子出版物的，同样需要申领 ISBN。持所在地省级新闻出版局或解放军总政治部宣传部新闻出版局批准文件向新闻出版总署条码中心办理领取 ISBN 手续。

（三）向新闻出版总署条码中心申请办理年度（或追加）ISBN 及条码手续时，应提供以下材料：

1. 中央在京出版单位须向新闻出版总署条码中心提交新闻出版总署出版

管理司下发的本年度专用书号额度分（调）配通知书；加盖公章的条码申请单（有关表格样式见附件）。

2. 省级新闻出版局、解放军总政治部宣传部新闻出版局所辖出版单位须向新闻出版总署条码中心提交新闻出版总署出版管理司下发的专用书号额度分（调）配通知书；省级新闻出版局、解放军总政治部宣传部新闻出版局下发的出版单位本批次书号通知书；加盖公章的条码批量申请单（有关表格样式见附件）。

第九条 新闻出版总署条码中心经审核合格后，在5个工作日内以电子邮件的形式向各申领单位发放音像制品或电子出版物专用ISBN（条形码）。

第十条 出版单位出版不同版本的音像制品或电子出版物，须使用不同的ISBN。具体如下：

（一）载体形式不同或采用不同格式出版的音像制品或电子出版物，应使用不同的ISBN。

（二）套装中每一节目单独销售，则每一节目均需要分配一个ISBN。

（三）同一版本出版物有不同产品形式并单独销售，每一出版物均应分配一个ISBN，不同产品形式或格式应在末尾括号中注明。如ISBN 978-7117072014（精装），ISBN 9787117071901（平装）。

第十一条 对于涉及录音制品或音乐录像制品再版或重印的音像制品或电子出版物，内容、载体形式和包装均未作改变的，可使用原ISBN，不需要重新申请。

第十二条 由新闻出版总署条码中心发放ISBN（条形码）后出版单位撤销选题的，已配发的ISBN作废。出版单位不得将其使用在其他出版物上。

第十三条 各省级出版行政部门要加强对音像制品和电子出版物专用书号的管理，规范申领和核发程序，并结合实际制定ISBN核发办法，建立ISBN管理数据库，做到出版物与专用书号的一一对应，确保管理到位。

第十四条 新闻出版总署要求填报的出版统计月（年）报表、音像制品复制委托书中的原“ISRC”项目将由“音像ISBN”项目替代。

第十五条 音像制品和电子出版单位的出版者前缀的申领或换发程序不变。

第十六条 本办法自2012年1月起实施。

第十七条 本办法由新闻出版总署出版管理司负责解释。

[导读与提示]

新闻出版行业如果将数字音像产业吸纳进来，需要拓宽其统计口径，确定相关分类标准，协调相关产业管理部门，确定产业边界及管理权限，从而实现有效监管。这就是我们之所以关注该办法的原因。

新闻出版统计管理办法

（新闻出版总署、国家统计局第30号令，自2005年4月20日起施行）

第一章　总　则

第一条　为规范新闻出版统计工作，加强新闻出版统计管理，保障新闻出版统计资料的准确性、及时性和完整性，根据《中华人民共和国统计法》及其实施细则的有关规定，制定本办法。

第二条　本办法适用于从事新闻出版管理的行政部门和从事新闻出版活动的单位和个体工商户。

第三条　从事新闻出版管理的行政部门、从事新闻出版活动的单位和个体工商户必须依照有关统计法律、法规和本办法的规定报送统计资料，不得拒报、迟报、虚报、瞒报、伪造和篡改统计资料。

第四条　新闻出版统计的基本任务是对新闻出版业的生产、经营、管理等情况进行统计调查、统计分析，提供统计信息和咨询，实行统计监督。

第五条　新闻出版统计工作实行统一管理、分级负责。

新闻出版总署是新闻出版统计工作的主管部门，在国家统计局的业务指导下，对新闻出版统计工作实行统一管理和组织协调。

地方各级新闻出版行政部门，在同级人民政府统计机构的业务指导下，负责本行政区域内的新闻出版统计工作。

第六条 各级新闻出版行政部门应加强对新闻出版统计工作的领导，保障统计工作所需的经费、技术装备和其他各项条件。

第七条 从事新闻出版管理的行政部门、从事新闻出版活动的单位的负责人负有督促统计机构和统计人员执行《统计法》以及各种规章制度的职责。

从事新闻出版管理的行政部门、从事新闻出版活动的单位的负责人不得修改统计机构和统计人员提供的新闻出版统计资料。

统计机构、统计人员有权拒绝、抵制领导人强令或者授意篡改统计资料或者编造虚假数据的行为，并对所报送的统计资料的真实性负责。

第二章　统计机构和统计人员

第八条 新闻出版行政部门，应根据统计工作的需要，设立承担综合统计职能的机构和专职统计人员，并指定统计负责人。

第九条 新闻出版总署承担综合统计职能的机构履行以下职责：

（一）制定全国新闻出版统计工作规划、统计制度并指导、组织和实施；

（二）组织、指导、协调本部门内非统计职能机构的统计工作，审核本部门内非统计职能机构拟定的统计调查方案；指导同级有关部门和地方各级新闻出版行政部门的新闻出版统计工作；

（三）依法制定有关新闻出版统计调查的指标涵义、计算方法、分类目录、调查表式、统计编码以及其他方面的国家新闻出版统计标准；

（四）组织指导新闻出版统计调查方法和统计管理制度改革的研究、试点和推广；

（五）对全国新闻出版行业情况进行统计分析，实行统计监督，提供咨询服务；

（六）向本部门领导和有关业务机构提供行业管理所需的新闻出版统计资料，管理、公布全国性新闻出版统计资料；

（七）组织指导全国新闻出版业统计人员的业务培训；

（八）统一规划全国新闻出版统计网络信息系统的建设；

（九）监督统计法律、法规、规章和统计制度的执行。

第十条 地方新闻出版行政部门承担综合统计职能的机构履行以下职责：

（一）组织、实施新闻出版总署部署的统计调查任务；

（二）组织、指导本行政区域内新闻出版统计工作，指导同级有关部门和下级新闻出版行政部门的统计工作；

（三）贯彻执行统计法律、法规、规章，实施国家统计标准和补充性的新闻出版统计标准；

（四）组织、协调本部门内非统计职能机构的专业统计工作，审核本部门内非统计职能机构拟定的专业统计调查方案；

（五）对本行政区域的新闻出版行业情况进行统计分析，实行统计监督，提供咨询服务；

（六）为本部门领导和有关业务机构提供行业管理所需的新闻出版统计资料，并负责提供对外公布的新闻出版统计资料；

（七）按照新闻出版总署的统一规划，组织新闻出版统计网络信息系统的建设。

第十一条 新闻出版总署信息中心在新闻出版总署的领导下，根据有关统计制度和调查计划、方案，负责下列工作：

（一）统计数据的收集、审核、汇总、报送；

（二）新闻出版统计网络信息系统建设和应用；

（三）全国新闻出版统计人员培训；

（四）面向社会的统计信息咨询服务；

（五）国外新闻出版信息的收集；

（六）有关统计档案的管理。

第十二条 新闻出版统计机构和统计人员依法独立行使以下职权：

（一）统计调查权：调查、搜集有关资料，召开有关调查会议，要求有关部门、从事新闻出版活动的单位和个体工商户提供统计资料，检查与统计资料有关的各种原始记录和统计台账，要求更正不实的统计数据。

（二）统计报告权：将统计调查所得资料和情况进行整理、分析，及时如实地向上级机关和统计部门提出统计报告。任何部门和个人不得阻挠、扣压统计报告，不得伪造和篡改统计数据。

（三）统计监督权：根据统计调查和统计分析，对新闻出版工作进行统计监督，指出存在的问题，提出改进的建议。有关部门对统计机构、统计人员指出的问题和提出的建议，应当及时予以研究处理。

第十三条 各级统计人员应保持相对稳定。统计人员因工作需要调离统计岗位时，应选派有能力承担规定职责的人员接替，并须办清交接手续，先补后调；对不称职、不合格的统计人员应及时进行调整。

第三章 统计调查管理

第十四条 国家新闻出版统计调查项目，由新闻出版总署制定，并依法定程序报国家统计局审批或备案。

新闻出版统计调查项目不得与国家统计调查项目重复。

第十五条 地方新闻出版行政部门可以制定补充性新闻出版统计调查项目，并报同级人民政府统计机构审批或备案，同时报上级新闻出版行政部门备案。

地方新闻出版统计调查项目，不得与国家新闻出版统计调查项目重复、矛盾。

地方新闻出版统计调查项目不得影响国家新闻出版统计调查项目的实施。

第十六条 新闻出版行政部门制发的统计调查表，由本部门统计机构统一编号，并标明法定标识。

第十七条 从事新闻出版管理的行政部门和从事新闻出版活动的单位及个体工商户，应当根据新闻出版总署颁发的各项统计制度，建立健全原始记录、统计台账和各项管理制度。

第十八条 从事新闻出版管理的行政部门和从事新闻出版活动的单位，应根据统计工作的需要和新闻出版总署关于全国新闻出版统计网络信息系统建设的统一规划，配备必要的计算机和网络通讯设备。

凡新闻出版总署已推广使用计算机、网络通讯方式进行统计调查的，不得报送手工报表。

第十九条 新闻出版行政部门在收集基层统计报表的同时，必须做好审核、汇总工作，保证统计资料的完整性和准确性。向新闻出版总署报送的统计数据，除须经本部门主管领导审核、签署外，还应同时附上填报说明，对基层数据的上报情况及本期数据中的异常变动情况等予以说明。

第二十条 各省、自治区、直辖市新闻出版行政部门每年报送年度统计资料时，应向新闻出版总署报送统计分析报告。

第二十一条 统计数据报出后，如发现数字有误，报送单位应按照国家有关规定及时进行更正并书面说明理由。

第四章 统计资料管理

第二十二条 新闻出版统计资料实行分级管理。全国新闻出版统计资料由新闻出版总署综合统计机构统一管理；地方新闻出版统计资料，由各地新闻出版行政部门综合统计机构统一管理。

第二十三条 新闻出版行政部门应按照《中华人民共和国档案法》的规定，建立健全新闻出版统计档案管理制度，妥善保管、调用和移交统计档案。

第二十四条 新闻出版行政部门应依法定期公布新闻出版统计资料，并向社会公众提供新闻出版统计信息咨询。

新闻出版统计资料与有关部门的统计调查资料重复、交叉的，应当按照部门职责协商后公布。

新闻出版总署负责审定、公布和出版全国新闻出版统计资料。

各省、自治区、直辖市新闻出版行政部门负责审定、公布和出版本行政区域的新闻出版统计资料。

第二十五条 新闻出版行政部门应依法向同级人民政府统计机构提供统计资料。

各级人民政府统计机构应及时向新闻出版行政部门提供有关综合统计资料。

第二十六条 属于国家秘密的统计资料，必须保密。

第二十七条 新闻出版行政部门、从事新闻出版管理的行政部门和新闻出版统计人员，对统计调查对象的商业秘密，负有保密义务。

第二十八条 公开使用或对外提供尚未公布的新闻出版统计资料，属全国性的，须经新闻出版总署综合统计机构核准；属地区性的，须经当地新闻出版行政部门核准。

第五章　奖励与罚则

第二十九条　新闻出版行政部门对有下列情形之一的统计机构或统计人员，应给予表彰或奖励：

（一）忠于职守，执行统计法律、法规和规章表现突出的；

（二）在改进和完善新闻出版统计制度、统计调查方法等方面有重要贡献的；

（三）在完成规定的新闻出版统计调查任务，保障新闻出版统计资料准确性、及时性方面做出显著成绩的；

（四）在进行新闻出版统计分析、监督方面取得突出成绩的；

（五）在新闻出版统计工作中运用和推广现代信息技术有显著效果的；

（六）在新闻出版统计科学研究方面有所创新、做出重要贡献的。

第三十条　有下列行为之一的，依照《中华人民共和国统计法》第二十六条给予行政处分；构成犯罪的，依法追究刑事责任：

（一）部门、单位的领导人自行修改统计资料、编造虚假数据或者强令、授意统计机构、统计人员篡改统计资料或者编造虚假数据的；

（二）部门、单位的领导人对拒绝、抵制篡改统计资料或者对拒绝、抵制编造虚假数据行为的统计人员进行打击报复的；

（三）新闻出版统计人员参与篡改统计资料、编造虚假数据的。

第三十一条　新闻出版统计调查对象有下列违法行为之一的，依照《中华人民共和国统计法》第二十七条、《中华人民共和国统计法实施细则》第三十二条、第三十三条予以处理：

（一）虚报、瞒报统计资料的；

（二）伪造、篡改统计资料的；

（三）拒报或者屡次迟报统计资料的。

第三十二条　违反本办法，篡改新闻出版统计资料、编造虚假数据，骗取荣誉称号、物质奖励或者晋升职务的，依照《中华人民共和国统计法》第二十八条处理。

第三十三条 利用新闻出版统计调查窃取国家秘密或者违反本办法有关保密规定的，依照有关法律规定处理。

利用新闻出版统计调查损害社会公共利益或者进行欺诈活动的，依照《中华人民共和国统计法》第二十九条、《中华人民共和国统计法实施细则》第三十四条予以处理。

第三十四条 违反本办法，泄露统计调查对象的商业秘密，造成损害的，依照《中华人民共和国统计法》第三十条处理。

第三十五条 各级新闻出版行政部门未报经审查或者备案，擅自制发统计调查表的，依法责令改正，予以通报批评。

第六章 附 则

第三十六条 本办法由新闻出版总署、国家统计局负责解释。

第三十七条 本办法自 2005 年 4 月 20 日起施行。新闻出版署 1997 年 1 月 1 日颁布实施的《新闻出版统计管理办法》同时废止。

[导读与提示]

和 iTunes 不同，苹果商店出售的不再只是音乐，更多的是应用软件。一本杂志或一个出版社、一个游戏或一部电影，都可以以应用软件的面目出现在我们手中的移动终端的操作系统里，这是我们为什么要收录该办法的原因。

政府鼓励软件著作权登记这一行为。软件著作权专有许可合同和转让合同登记也适用该办法。

该办法第五条规定："申请人或者申请人之一为外国人、无国籍人的，适用本办法。"

对于软件著作权登记的方法、要求、程序、收费标准等，该办法都作了明确规定，请从业人员格外注意。

计算机软件著作权登记办法

（中华人民共和国国家版权局第 1 号令，自 2002 年 2 月 20 日起施行）

第一章　总　则

第一条　为贯彻《计算机软件保护条例》（以下简称《条例》）制定本办法。

第二条　为促进我国软件产业发展，增强我国信息产业的创新能力和竞争能力，国家著作权行政管理部门鼓励软件登记，并对登记的软件予以重点保护。

第三条　本办法适用于软件著作权登记、软件著作权专有许可合同和转让合同登记。

第四条　软件著作权登记申请人应当是该软件的著作权人以及通过继承、

受让或者承受软件著作权的自然人、法人或者其他组织。

软件著作权合同登记的申请人，应当是软件著作权专有许可合同或者转让合同的当事人。

第五条 申请人或者申请人之一为外国人、无国籍人的，适用本办法。

第六条 国家版权局主管全国软件著作权登记管理工作。

国家版权局认定中国版权保护中心为软件登记机构。

经国家版权局批准，中国版权保护中心可以在地方设立软件登记办事机构。

第二章 登记申请

第七条 申请登记的软件应是独立开发的，或者经原著作权人许可对原有软件修改后形成的在功能或者性能方面有重要改进的软件。

第八条 合作开发的软件进行著作权登记的，可以由全体著作权人协商确定一名著作权人作为代表办理。著作权人协商不一致的，任何著作权人均可在不损害其他著作权人利益的前提下申请登记，但应当注明其他著作权人。

第九条 申请软件著作权登记的，应当向中国版权保护中心提交以下材料：

（一）按要求填写的软件著作权登记申请表；

（二）软件的鉴别材料；

（三）相关的证明文件。

第十条 软件的鉴别材料包括程序和文档的鉴别材料。

程序和文档的鉴别材料应当由源程序和任何一种文档前、后各连续 30 页组成。整个程序和文档不到 60 页的，应当提交整个源程序和文档。除特定情况外，程序每页不少于 50 行，文档每页不少于 30 行。

第十一条 申请软件著作权登记的，应当提交以下主要证明文件：

（一）自然人、法人或者其他组织的身份证明；

（二）有著作权归属书面合同或者项目任务书的，应当提交合同或者项目任务书；

（三）经原软件著作权人许可，在原有软件上开发的软件，应当提交原著作权人的许可证明；

（四）权利继承人、受让人或者承受人，提交权利继承、受让或者承受的证明。

第十二条 申请软件著作权登记的，可以选择以下方式之一对鉴别材料作例外交存：

（一）源程序的前、后各连续的30页，其中的机密部分用黑色宽斜线覆盖，但覆盖部分不得超过交存源程序的50%；

（二）源程序连续的前10页，加上源程序的任何部分的连续的50页；

（三）目标程序的前、后各连续的30页，加上源程序的任何部分的连续的20页。

文档作例外交存的，参照前款规定处理。

第十三条 软件著作权登记时，申请人可以申请将源程序、文档或者样品进行封存。除申请人或者司法机关外，任何人不得启封。

第十四条 软件著作权转让合同或者专有许可合同当事人可以向中国版权保护中心申请合同登记。申请合同登记时，应当提交以下材料：

（一）按要求填写的合同登记表；

（二）合同复印件；

（三）申请人身份证明。

第十五条 申请人在登记申请批准之前，可以随时请求撤回申请。

第十六条 软件著作权登记人或者合同登记人可以对已经登记的事项作变更或者补充。申请登记变更或者补充时，申请人应当提交以下材料：

（一）按照要求填写的变更或者补充申请表；

（二）登记证书或者证明的复印件；

（三）有关变更或者补充的材料。

第十七条 登记申请应当使用中国版权保护中心制定的统一表格，并由申请人盖章（签名）。

申请表格应当使用中文填写。提交的各种证件和证明文件是外文的，应当附中文译本。

申请登记的文件应当使用国际标准A4型297mm×210mm（长×宽）

纸张。

第十八条 申请文件可以直接递交或者挂号邮寄。申请人提交有关申请文件时，应当注明申请人、软件的名称，有受理号或登记号的，应当注明受理号或登记号。

第三章 审查和批准

第十九条 对于本办法第九条和第十四条所指的申请，以收到符合本办法第二章规定的材料之日为受理日，并书面通知申请人。

第二十条 中国版权保护中心应当自受理日起60日内审查完成所受理的申请，申请符合《条例》和本办法规定的，予以登记，发给相应的登记证书，并予以公告。

第二十一条 有下列情况之一的，不予登记并书面通知申请人：

（一）表格内容填写不完整、不规范，且未在指定期限内补正的；

（二）提交的鉴别材料不是《条例》规定的软件程序和文档的；

（三）申请文件中出现的软件名称、权利人署名不一致，且未提交证明文件的；

（四）申请登记的软件存在权属争议的。

第二十二条 中国版权保护中心要求申请人补正其他登记材料的，申请人应当在30日内补正，逾期未补正的，视为撤回申请。

第二十三条 国家版权局根据下列情况之一，可以撤销登记：

（一）最终的司法判决；

（二）著作权行政管理部门作出的行政处罚决定。

第二十四条 中国版权保护中心可以根据申请人的申请，撤销登记。

第二十五条 登记证书遗失或损坏的，可申请补发或换发。

第四章 软件登记公告

第二十六条 除本办法另有规定外，任何人均可查阅软件登记公告以及可公开的有关登记文件。

第二十七条 软件登记公告的内容如下：

（一）软件著作权的登记；

（二）软件著作权合同登记事项；

（三）软件登记的撤销；

（四）其他事项。

第五章　费　用

第二十八条　申请软件登记或者办理其他事项，应当交纳下列费用：

（一）软件著作权登记费；

（二）软件著作权合同登记费；

（三）变更或补充登记费；

（四）登记证书费；

（五）封存保管费；

（六）例外交存费；

（七）查询费；

（八）撤销登记申请费；

（九）其他需交纳的费用。

具体收费标准由国家版权局会同国务院价格主管部门规定并公布。

第二十九条　申请人自动撤回申请或者登记机关不予登记的，所交费用不予退回。

第三十条　本办法第二十八条规定的各种费用，可以通过邮局或银行汇付，也可以直接向中国版权保护中心交纳。

第六章　附　则

第三十一条　本办法规定的、中国版权保护中心指定的各种期限，第一日不计算在内。期限以年或者月计算的，以最后一个月的相应日为届满日；该月无相应日的，以该月的最后一日为届满日。届满日是法定节假日的，以节假日后的第一个工作日为届满日。

第三十二条　申请人向中国版权保护中心邮寄的各种文件，以寄出的邮戳日为递交日。信封上寄出的邮戳日不清晰的，除申请人提出证明外，以收到日为递交日。中国版权保护中心邮寄的各种文件，送达地是省会、自治区首府及直辖市的，自文件发出之日满十五日，其他地区满二十一日，推定为收件人收到文件之日。

第三十三条 申请人因不可抗力或其他正当理由，延误了本办法规定或者中国版权保护中心指定的期限，在障碍消除后三十日内，可以请求顺延期限。

第三十四条 本办法由国家版权局负责解释和补充修订。

第三十五条 本办法自发布之日起实施。

[导读与提示]

该办法规定“单位或者个人自己开发并自用的软件以及委托他人开发的自用专用软件不适用本办法”不在其管理范围之内。其管理对象主要是面向市场投放的、以盈利为目的的商业软件。

该办法将“进口软件”，即“指在我国境外开发，以各种形式在我国生产、经营的软件产品”纳入了管理范围。

国家对软件开发有政策鼓励。

对软件内容负有审查职责的，是软件产品生产单位。

软件产品管理办法

（中华人民共和国工业和信息化部第 9 号令，2009 年 2 月 4 日中华人民共和国工业和信息化部第六次部务会议审议通过，现予公布，自 2009 年 4 月 10 日起施行）

第一章　总　则

第一条　为了加强软件产品管理，促进我国软件产业发展，根据国家有关法律、行政法规和国务院《鼓励软件产业和集成电路产业发展的若干政策》（以下简称《产业政策》），制定本办法。

第二条　中华人民共和国境内的软件产品（含国产软件和进口软件）经营与管理活动，适用本办法。

单位或者个人自己开发并自用的软件以及委托他人开发的自用专用软件不适用本办法。

第三条 本办法所称的软件产品，是指向用户提供的计算机软件、信息系统或者设备中嵌入的软件或者在提供计算机信息系统集成、应用服务等技术服务时提供的计算机软件。

本办法所称的国产软件，是指在我国境内开发生产的软件产品。

本办法所称的进口软件，是指在我国境外开发，以各种形式在我国生产、经营的软件产品。

第四条 软件产品的开发、生产、销售、进出口等活动应当遵守我国有关法律、法规和标准规范。任何单位和个人不得开发、生产、销售、进出口含有下列内容的软件产品：

（一）侵犯他人知识产权的。

（二）含有计算机病毒的。

（三）可能危害计算机系统安全的。

（四）不符合我国软件标准规范的。

（五）含有法律、行政法规等禁止的内容的。

第五条 中华人民共和国工业和信息化部（以下称工业和信息化部）负责全国软件产品的管理。其主要职责是：

（一）制定并发布软件产品测试标准和规范。

（二）对省、自治区、直辖市及计划单列市软件产业主管部门登记的软件产品进行备案。

（三）指导、监督、检查全国的软件产品管理工作。

（四）指导并监督软件产品检测机构，按照我国软件产品的标准规范和软件产品的测试标准及规范，进行符合性检测。

（五）制定全国统一的软件产品登记号码体系、制作软件产品登记证书。

（六）发布软件产品登记公示。

第六条 省、自治区、直辖市及计划单列市软件产业主管部门依法负责本行政区域内软件产品的登记、报备和管理工作。

第二章 软件产品的登记和备案

第七条 软件产品实行登记和备案制度。

符合本办法规定并经登记和备案的国产软件产品，可以享受《产业政策》规定的有关鼓励政策。

第八条 国产软件产品应当由该软件产品的开发、生产单位申请登记和备案，并提交下列材料：

（一）软件产品登记申请表。

（二）企业法人营业执照副本和复印件。

（三）软件产品样品。

（四）软件产品在我国境内开发及申请单位拥有知识产权的有效证明。

（五）软件检测机构出具的检测证明材料。

（六）其他需要出具的材料。

第九条 进口软件中在我国境内进行本地化开发、生产的产品，其在我国境内开发的部分，由著作权人和原开发单位提供在我国境内开发的证明材料，并按照本办法第八条的规定提交相关登记备案材料，经登记备案后可以享受《产业政策》规定的有关鼓励政策。

第十条 进口软件产品的登记备案，由负责进口的单位提交下列材料：

（一）软件产品登记申请表。

（二）申请单位营业执照副本复印件。

（三）软件产品样品。

（四）软件产品著作权人授权在中国经营的证明材料。

（五）软件检测机构出具的检测证明材料。

（六）软件产品符合国家软件进口程序的材料。

第十一条 省、自治区、直辖市及计划单列市软件产业主管部门委托所在地的软件产品登记机构，负责软件产品登记申请的受理和审查。

省、自治区、直辖市及计划单列市软件产品登记机构对本办法第八条、第十条所列的申请材料进行审查。经审查，申请材料齐全的，送省、自治区、直辖市及计划单列市软件产业主管部门核报工业和信息化部备案。工业和信息化部应当在指定媒体上对报备的软件产品进行公示；公示 7 个工作日无异议的，由省、自治区、直辖市及计划单列市软件产业主管部门核发软件产品登记号和软件产品登记证书。

软件产品登记的有效期为5年，有效期届满前可以申请延续。

第三章　软件产品的生产

第十二条　在我国境内生产软件产品应当遵守我国的法律规定，符合我国技术标准、规范和本办法的规定。

第十三条　软件产品生产单位所生产的软件产品应当是本单位享有著作权或者经过著作权人或者其他权利人许可其生产的软件。

第十四条　软件产品生产单位应当对其生产的软件进行内容检查。

第十五条　软件产品的开发生产应当遵守法律、法规的规定，符合国家的有关技术和安全标准。

第十六条　提供给用户的软件产品的外包装上，应当标明该软件的名称、版本号、软件著作权人、软件产品登记号、软件生产单位（进口单位）和单位地址、生产日期。

第十七条　提供给用户的软件产品（包括进口的和在国内生产的国外软件产品），应当配有完备的中文说明书、使用手册等说明文件，并在产品上或者说明文件等书面文件中注明提供技术服务的单位、内容和方式。

第四章　软件产品的销售

第十八条　软件产品的开发、生产单位可以直接经营销售其软件产品。

第十九条　以代理方式进行软件产品销售的，代理方（软件产品销售单位）与被代理方（软件产品开发或者生产单位）之间、总代理与分代理之间应当签订书面代理合同。代理合同中应当明确规定代理权限、区域、期限、技术服务以及工业和信息化部规定的其他内容。

代理方应当在其经营场所的显著位置悬挂代理资格证书。代理资格证书应当包括代理权限、代理期限、区域、代理级别等内容。代理方在对外宣传、广告中应当如实表达上述内容。

第二十条　以许可证贸易形式经营软件产品的，软件产品经营单位应当与生产单位签订书面许可合同。软件产品经营单位在销售软件产品时，应当告知用户阅读许可证协议，并要求用户在阅读后做出是否同意的表示。

第二十一条 软件产品经营单位销售的软件产品应当符合本办法第四条的规定，并以书面或者文档的形式告知用户提供技术服务的单位、服务内容、服务方式和费用。没有注明提供服务的单位的，视为软件产品销售单位提供有关技术服务。没有注明额外收取服务费的，视为软件产品价格包含服务费。

第二十二条 软件产品的测试版应当明确标出并免费提供，不得进行营利性销售。

第五章 监督管理

第二十三条 工业和信息化部会同国家有关部门对全国软件产品的开发、生产、销售、进出口等活动进行监督检查。

各级软件产业主管部门会同当地有关主管部门对本行政区域内软件产品的开发、生产、销售、进出口等活动进行监督检查。

第二十四条 已登记的软件产品含有本办法第四条所列内容或者以内容虚假的登记备案材料骗取软件产品登记的，省、自治区、直辖市及计划单列市软件产业主管部门应当撤销该软件的登记号、登记证书。已经享受的税收优惠等应当予以追回，由省、自治区、直辖市及计划单列市软件产业主管部门报工业和信息化部。工业和信息化部给予警告，并予以公布。

软件产品不符合我国技术标准、规范和本办法规定，或者有证据证明其不能满足使用要求以及与生产单位标称或者承诺的功能不相符的，由省、自治区、直辖市及计划单列市软件产业主管部门报工业和信息化部。工业和信息化部会同有关部门依法对该软件产品的生产单位进行处罚。

第六章 附 则

第二十五条 本办法自2009年4月10日起施行。2000年10月27日发布的《软件产品管理办法》（中华人民共和国信息产业部令第5号）同时废止。

[导读与提示]

按《互联网信息服务管理办法》中的有关规定，所谓“非经营性互联网信息服务”，是指通过互联网向上网用户无偿提供具有公开性、共享性信息的服务活动。目前主要包括各级政府部门的网站；新闻机构的电子版报刊；企业、事业单位、教育、科研机构等的各类公益性网站和对本单位产品或业务进行自我宣传的网站等。这些网站不向上网用户收取费用，也不利用互联网站直接进行以营利为目的的商业活动，但需要向政府行政主管部门备案，并接受监管。

非经营性互联网信息服务备案管理办法

（信息产业部第33号令，自2005年3月20日起施行）

第一条 为规范非经营性互联网信息服务备案及备案管理，促进互联网信息服务业的健康发展，根据《互联网信息服务管理办法》、《中华人民共和国电信条例》及其他相关法律、行政法规的规定，制定本办法。

第二条 在中华人民共和国境内提供非经营性互联网信息服务，履行备案手续，实施备案管理，适用本办法。

第三条 中华人民共和国信息产业部（以下简称“信息产业部”）对全国非经营性互联网信息服务备案管理工作进行监督指导，省、自治区、直辖市通信管理局（以下简称“省通信管理局”）具体实施非经营性互联网信息服务的备案管理工作。拟从事非经营性互联网信息服务的，应当向其住所所在地省通信管理局履行备案手续。

第四条 省通信管理局在备案管理中应当遵循公开、公平、公正的原则，提供便民、优质、高效的服务。非经营性互联网信息服务提供者从事非经营性互联网信息服务时，应当遵守国家的有关规定，接受有关部门依法实施的监督管理。

第五条 在中华人民共和国境内提供非经营性互联网信息服务，应当依法履行备案手续。未经备案，不得在中华人民共和国境内从事非经营性互联网信息服务。

本办法所称在中华人民共和国境内提供非经营性互联网信息服务，是指在中华人民共和国境内的组织或个人利用通过互联网域名访问的网站或者利用仅能通过互联网 IP 地址访问的网站，提供非经营性互联网信息服务。

第六条 省通信管理局通过信息产业部备案管理系统，采用网上备案方式进行备案管理。

第七条 拟从事非经营性互联网信息服务的，应当通过信息产业部备案管理系统如实填报《非经营性互联网信息服务备案登记表》（以下简称“《备案登记表》”，格式见本办法附录），履行备案手续。信息产业部根据实际情况，对《备案登记表》进行调整和公布。

第八条 拟通过接入经营性互联网络从事非经营性互联网信息服务的，可以委托因特网接入服务业务经营者、因特网数据中心业务经营者和以其他方式为其网站提供接入服务的电信业务经营者代为履行备案、备案变更、备案注销等手续。

第九条 拟通过接入中国教育和科研计算机网、中国科学技术网、中国国际经济贸易互联网、中国长城互联网等公益性互联网络从事非经营性互联网信息服务的，可以由为其网站提供互联网接入服务的公益性互联网络单位代为履行备案、备案变更、备案注销等手续。

第十条 因特网接入服务业务经营者、因特网数据中心业务经营者以及以其他方式为网站提供接入服务的电信业务经营者和公益性互联网络单位（以下统称“互联网接入服务提供者”）不得在已知或应知拟从事非经营性互联网信息服务的组织或者个人的备案信息不真实的情况下，为其代为履行备案、备案变更、备案注销等手续。

第十一条 拟从事新闻、出版、教育、医疗保健、药品和医疗器械、文化、广播电影电视节目等互联网信息服务，根据法律、行政法规以及国家有关规定应经有关主管部门审核同意的，在履行备案手续时，还应向其住所所在地省通信管理局提交相关主管部门审核同意的文件。拟从事电子公告服务的，在履行备案手续时，还应当向其住所所在地省通信管理局提交电子公告服务专项备案材料。

第十二条 省通信管理局在收到备案人提交的备案材料后，材料齐全的，应在二十个工作日内予以备案，向其发放备案电子验证标识和备案编号，并通过信息产业部备案管理系统向社会公布有关备案信息；材料不齐全的，不予备案，在二十个工作日内通知备案人并说明理由。

第十三条 非经营性互联网信息服务提供者应当在其网站开通时在主页底部的中央位置标明其备案编号，并在备案编号下方按要求链接信息产业部备案管理系统网址，供公众查询核对。非经营性互联网信息服务提供者应当在其网站开通时，按照信息产业部备案管理系统的要求，将备案电子验证标识放置在其网站的指定目录下。

第十四条 非经营性互联网信息服务提供者在备案有效期内需要变更其《备案登记表》中填报的信息的，应当提前三十日登陆信息产业部备案系统向原备案机关履行备案变更手续。

第十五条 非经营性互联网信息服务提供者在备案有效期内需要终止提供服务的，应当在服务终止之日登陆信息产业部备案系统向原备案机关履行备案注销手续。

第十六条 非经营性互联网信息服务提供者应当保证所提供的信息内容合法。

本办法所称非经营性互联网信息服务提供者提供的信息内容，是指互联网信息服务提供者的网站的互联网域名或IP地址下所包括的信息内容。

第十七条 省通信管理局应当建立信誉管理、社会监督、情况调查等管理机制，对非经营性互联网信息服务活动实施监督管理。

第十八条 互联网接入服务提供者不得为未经备案的组织或者个人从事非经营性互联网信息服务提供互联网接入服务。

对被省通信管理局处以暂时关闭网站或关闭网站处罚的非经营性互联网信息服务提供者或者非法从事非经营性互联网信息服务的组织或者个人，互联网接入服务提供者应立即暂停或终止向其提供互联网接入服务。

第十九条 互联网接入服务提供者应当记录其接入的非经营性互联网信息

服务提供者的备案信息。互联网接入服务提供者应当依照国家有关规定做好用户信息动态管理、记录留存、有害信息报告等网络信息安全管理工作，根据信息产业部和省通信管理局的要求对所接入用户进行监督。

第二十条　省通信管理局依法对非经营性互联网信息服务备案实行年度审核。省通信管理局通过信息产业部备案管理系统，采用网上方式进行年度审核。

第二十一条　非经营性互联网信息服务提供者应当在每年规定时间登陆信息产业部备案管理系统，履行年度审核手续。

第二十二条　违反本办法第五条的规定，未履行备案手续提供非经营性互联网信息服务的，由住所所在地省通信管理局责令限期改正，并处一万元罚款；拒不改正的，关闭网站。超出备案的项目提供服务的，由住所所在地省通信管理局责令限期改正，并处五千元以上一万元以下罚款；拒不改正的，关闭网站并注销备案。

第二十三条　违反本办法第七条第一款的规定，填报虚假备案信息的，由住所所在地省通信管理局关闭网站并注销备案。

第二十四条　违反本办法第十条、第十八条、第十九条的规定的，由违法行为发生地省通信管理局责令改正，并处一万元罚款。

第二十五条　违反本办法第十三条的规定，未在其备案编号下方链接信息产业部备案管理系统网址的，或未将备案电子验证标识放置在其网站指定目录下的，由住所所在地省通信管理局责令改正，并处五千元以上一万元以下罚款。

第二十六条　违反本办法第十四条、第十五条的规定，未在规定时间履行备案变更手续，或未依法履行备案注销手续的，由住所所在地省通信管理局责令限期改正，并处一万元罚款。

第二十七条　非经营性信息服务提供者违反国家有关法律规定，依法应暂停或终止服务的，省通信管理局可根据法律、行政法规授权的同级机关的书面认定意见，暂时关闭网站，或关闭网站并注销备案。

第二十八条　在年度审核时，非经营性互联网信息服务提供者有下列情况之一的，由其住所所在地的省通信管理局通过信息产业部备案系统等媒体通告责令其限期改正；拒不改正的，关闭网站并注销备案：

（一）未在规定时间登陆备案网站提交年度审核信息的；

（二）新闻、教育、公安、安全、文化、广播电影电视、出版、保密等国家部门依法对各自主管的专项内容提出年度审核否决意见的。

第二十九条 本办法自2005年3月20日起施行。

附 录：

非经营性互联网信息服务备案登记表

主办单位名称					
主办单位性质					
主办单位有效证件号码					
投资者或上级主管单位					
网站名称					
网站负责人基本情况	姓 名	有效证件号码	办公电话	手机号码	电子邮箱
主办单位通信地址					
网站接入方式					
服务器放置地					
网站首页网址					
网站域名列表					
IP 地址列表					
网站接入服务提供单位名称					
涉及需前置审批或专项审批的内容					

注：

1. “主办单位名称”栏：若网站为组织开办，则应填写组织名称，若为个人开办，则应填写个人姓名。

2. “主办单位有效证件号码”栏：若网站为组织开办，则该栏应填写有关部门核发的单位代码，并注明有关单位名称，例如，需工商注册的，应填写工商部门核发的企业或事业法人营业执照上的注册号，或是有效期内的企业名称预先核准通知书上的编号。若网站为个人开办，则该栏应填写个人有效证件号码（例如身份证号码），并注明证件核发单位名称。

3. “网站接入方式”栏应当填写专线接入、主机托管和虚拟主机等接入方式。

4. “网站名称”、“网站首页网址”、“网站域名列表”、“IP 地址列表”等栏应按照实际情况如实填写。其中，“网站首页网址”栏应填写网站首页的域名或 IP 地址。仅能通过互联网 IP 地址访问的网站，“网站域名列表”栏可不填报。

5. “服务器放置地”栏填写网站服务器或租用的服务器空间所在的省（自治区、直辖市）或其他地点。

6. “网站接入服务提供单位名称”应填写与其签订网站接入服务合同的互联网接入服务提供者的名称。

7. “涉及需前置审批或专项审批的内容”栏：若网站涉及新闻、出版、教育、医疗保健、药品和医疗器械、文化、广播电影电视节目等需前置审批和电子公告服务等需专项审批的互联网信息服务内容，应在本栏注明。

[导读与提示]

该文件中有这样几点值得注意：

1. 互联网电视集成平台不能与设立在公共互联网上的网站进行相互链接，不能将公共互联网上的内容直接提供给用户。

2. 目前阶段，互联网电视集成平台在功能上以支持视频点播和图文信息服务为主，暂不得开放广播电视节目直播类服务的技术接口。

3. 互联网电视内容服务中，新闻节目点播服务仅由广播电视播出机构开办，影视剧点播服务和图文信息服务可以由广播电视播出机构与拥有版权资源的机构合作开展。

广电总局办公厅关于印发《持有互联网电视牌照机构运营管理要求》的通知

（广办发网字［2011］181 号）

各持有互联网电视集成业务牌照机构、持有互联网电视内容服务牌照机构：

为进一步规范互联网电视服务秩序，保障国家文化安全，促进三网融合工作的顺利进行，总局制定了《持有互联网电视牌照机构运营管理要求》，现印发给我们，请认真遵照执行。

特此通知

二零一一年十月二十八日

一、互联网电视集成业务管理要求

1. 互联网电视集成平台由节目集成和播出系统、EPG 管理系统、客户端管理系统、计费系统、DRM 数字版权保护系统等主要功能系统完整组成，互联网电视集成机构对所建集成平台应当独家拥有资产控制权和运营权、管理权。

2. 互联网电视集成平台只能选择连接广电总局批准的互联网电视内容服务机构设立的合法内容服务平台，在提供接入服务前，互联网电视集成机构应对互联网电视内容服务平台的合法性进行审核检查。

3. 持证的互联网电视内容服务机构，要求互联网电视集成平台为其内容平台向互联网电视终端播放节目提供路径和其他必要的技术支持时，互联网电视集成机构不得予以拒绝，并应当提供多种技术和商务合作模式供选择。

4. 互联网电视集成平台不能与设立在公共互联网上的网站进行相互链接，不能将公共互联网上的内容直接提供给用户。

5. 互联网电视集成平台为内容服务平台提供接入服务时，可以依据自身成本情况：制定公开、透明、公平合理的收费标准。

6. 目前阶段，互联网电视集成平台在功能上以支持视频点播和图文信息服务为主，暂不得开放广播电视节目直播类服务的技术接口。

二、互联网电视内容服务管理要求

1. 互联网电视内容服务平台只能接入到总局批准设立的互联网电视集成平台上，不能接入非法集成平台。同时，内容服务平台不能与设立在公共互联网上的网站进行相互链接。

2. 互联网电视内容服务中，新闻节目点播服务仅由广播电视播出机构开办，影视剧点播服务和图文信息服务可以由广播电视播出机构与拥有版权资源的机构合作开展。

3. 互联网电视内容服务机构应当遵守与广播电视一致的宣传管理要求，保持正确的舆论导向。应当建立、健全节目内容采集、组织、审核、播出等制度和相应的应急处理机制。

4. 互联网电视内容服务平台播放的节目内容在审查标准、尺度和管理要求上，应当与电视台播放的节目一致，应当具有电视播出版权。

5. 目前阶段、互联网电视内容服务以向用户提供视频点播和图文信息服务为主，暂不开展广播电视节目直播类服务。

三、互联网电视业务运营要求

1. 同时开办互联网电视集成和内容服务的机构，应将集成平台和内容服务平台分开设立，分设部门运营，使用不同的播出呼号，保障集成平台的中立性。

2. 同一互联网电视集成平台应当至少为3家以上的互联网电视内容服务平台提供集成运营服务。在许可证有效期内达不到这一要求的，其集成平台许可证期满将不予换发。

3. 同时开办互联网电视集成和内容服务的机构，其内容服务平台除接入到自身集成平台外，还应当接入到1家以上其他集成机构开办的集成平台，在许可证有效期内达不到这一要求的，其内容服务平台许可证期满将不予换发。

4. 互联网电视集成机构应当建立互联网电视独立的用户管理，计费认证体系，不得与传输网络运营商合作进行互联网电视业务的用户管理、计费认证工作。

5. 互联网电视集成机构和内容服务机构在业务开展中各自承担相应的审查把关责任，集成机构主要负责审查所接入的内容服务平台资质是否合法，但不负责对具体的节目进行播前审查；内容服务机构负责审查其开办的内容服务平台上的节目是否符合相应的内容管理、版权管理要求，对具体的节目要进行播前审查，承担播出主体责任；内容平台的合作方负责对自身所提供的节目内容和版权进行审查，向内容平台承担相应责任。

6. 互联网电视集成机构与互联网电视机顶盒生产企业合作生产的机顶盒产品，应在“三网融合”试点地区有计划地投放，不得擅自扩大机顶盒产品投放的地域范围。

7. 开展互联网电视业务过程中，重要的发展计划、方案，应事先报总局，包括所签署的重要合资、合作协议等。未经总局批准，不得将牌照载明的业务擅自转授其他机构运营或其他机构合作运营。

四、互联网电视机顶盒等终端产品管理要求

1. 互联网电视集成机构所选择合作的互联网电视终端产品，只能唯一连接互联网电视集成平台，终端产品不得有其它访问互联网的通道，不得与网络运营企业的相关管理系统、数据库进行连接。

2. 集成机构所选择合作的互联网电视终端产品，只能嵌入一个互联网电视集成平台的地址，终端产品与平台之间是完全绑定的关系，集成平台对终端产品的控制和管理具有唯一性。

3. 集成机构选定拟合作的终端产品的类型、厂家、型号后，向广电总局提交客户端号码申请，广电总局将按照统一分配、批量授权、一机一号等现行的互联网电视客户端编号规则，针对合格型号的终端产品授权发放相应的号段，允许在号段范围内生产终端产品。经授权的集成机构，负责按照唯一原则确定每一台互联网电视客户端的编号。

[导读与提示]

该文件意在“进一步优化软件产业和集成电路产业发展环境，提高产业发展质量和水平，培育一批有实力和影响力的行业领先企业”，请注意是企业，不是个人。

更值得注意的，自然是“软件增值税优惠”、“投融资政策”等众多扶持方式，十分鼓舞人心。

这里面还提到了“数字内容相关软件”。

国务院关于印发进一步鼓励软件产业和集成电路产业发展若干政策的通知

（国发［2011］4号）

各省、自治区、直辖市人民政府，国务院各部委、各直属机构：

现将《进一步鼓励软件产业和集成电路产业发展的若干政策》印发给你们，请认真贯彻执行。

软件产业和集成电路产业是国家战略性新兴产业，是国民经济和社会信息化的重要基础。近年来，在国家一系列政策措施的扶持下，经过各方面共同努力，我国软件产业和集成电路产业获得较快发展。制定实施《进一步鼓励软件产业和集成电路产业发展的若干政策》，继续完善激励措施，明确政策导向，对于优化产业发展环境，增强科技创新能力，提高产业发展质量和水平，具有重要意义。各地区、各有关部门要高度重视，加强组织领导和协调配合，抓紧制定实施细则和配套措施，切实抓好落实工作。发展改革委要会同有关部门及时跟踪了解政策执行情况，加强督促指导，确保取得实效。

国务院

二〇一一年一月二十八日

进一步鼓励软件产业和集成电路产业发展的若干政策

《国务院关于印发鼓励软件产业和集成电路产业发展若干政策的通知》（国发〔2000〕18号，以下简称国发18号文件）印发以来，我国软件产业和集成电路产业快速发展，产业规模迅速扩大，技术水平显著提升，有力推动了国家信息化建设。但与国际先进水平相比，我国软件产业和集成电路产业还存在发展基础较为薄弱，企业科技创新和自我发展能力不强，应用开发水平急待提高，产业链有待完善等问题。为进一步优化软件产业和集成电路产业发展环境，提高产业发展质量和水平，培育一批有实力和影响力的行业领先企业，制定以下政策。

一、财税政策

（一）继续实施软件增值税优惠政策。

（二）进一步落实和完善相关营业税优惠政策，对符合条件的软件企业和集成电路设计企业从事软件开发与测试，信息系统集成、咨询和运营维护，集成电路设计等业务，免征营业税，并简化相关程序。具体办法由财政部、税务总局会同有关部门制定。

（三）对集成电路线宽小于0.8微米（含）的集成电路生产企业，经认定后，自获利年度起，第一年至第二年免征企业所得税，第三年至第五年按照25%的法定税率减半征收企业所得税（以下简称企业所得税“两免三减半”优惠政策）。

（四）对集成电路线宽小于0.25微米或投资额超过80亿元的集成电路生产企业，经认定后，减按15%的税率征收企业所得税，其中经营期在15年以上的，自获利年度起，第一年至第五年免征企业所得税，第六年至第十年按照25%的法定税率减半征收企业所得税（以下简称企业所得税“五免五减半”优惠政策）。

（五）对国家批准的集成电路重大项目，因集中采购产生短期内难以抵扣的增值税进项税额占用资金问题，采取专项措施予以妥善解决。具体办法由财政部会同有关部门制定。

（六）对我国境内新办集成电路设计企业和符合条件的软件企业，经认定后，自获利年度起，享受企业所得税“两免三减半”优惠政策。经认定的集成电路设计企业和符合条件的软件企业的进口料件，符合现行法律法规规定的，可享受保税政策。

（七）国家规划布局内的集成电路设计企业符合相关条件的，可比照国发18号文件享受国家规划布局内重点软件企业所得税优惠政策。具体办法由发展改革委会同有关部门制定。

（八）为完善集成电路产业链，对符合条件的集成电路封装、测试、关键专用材料企业以及集成电路专用设备相关企业给予企业所得税优惠。具体办法由财政部、税务总局会同有关部门制定。

（九）国家对集成电路企业实施的所得税优惠政策，根据产业技术进步情况实行动态调整。符合条件的软件企业和集成电路企业享受企业所得税“两免三减半”、“五免五减半”优惠政策，在2017年12月31日前自获利年度起计算优惠期，并享受至期满为止。符合条件的软件企业和集成电路企业所得税优惠政策与企业所得税其他优惠政策存在交叉的，由企业选择一项最优惠政策执行，不叠加享受。

二、投融资政策

（十）国家大力支持重要的软件和集成电路项目建设。对符合条件的集成电路企业技术进步和技术改造项目，中央预算内投资给予适当支持。鼓励软件企业加强技术开发综合能力建设。

（十一）国家鼓励、支持软件企业和集成电路企业加强产业资源整合。对软件企业和集成电路企业为实现资源整合和做大做强进行的跨地区重组并购，国务院有关部门和地方各级人民政府要积极支持引导，防止设置各种形式的障碍。

（十二）通过现有的创业投资引导基金等资金和政策渠道，引导社会资本设立创业投资基金，支持中小软件企业和集成电路企业创业。有条件的地方政府可按照国家有关规定设立主要支持软件企业和集成电路企业发展的股权投资基金或创业投资基金，引导社会资金投资软件产业和集成电路产业。积极支持符合条件的软件企业和集成电路企业采取发行股票、债券等多种方式筹集资金，拓宽直接融资渠道。

（十三）支持和引导地方政府建立贷款风险补偿机制，健全知识产权质押登记制度，积极推动软件企业和集成电路企业利用知识产权等无形资产进行质押贷款。充分发挥融资性担保机构和融资担保补助资金的作用，积极为中小软件企业和集成电路企业提供各种形式的贷款担保服务。

（十四）政策性金融机构在批准的业务范围内，可对符合国家重大科技项目范围、条件的软件和集成电路项目给予重点支持。

（十五）商业性金融机构应进一步改善金融服务，积极创新适合软件产业和集成电路产业发展的信贷品种，为符合条件的软件企业和集成电路企业提供融资支持。

三、研究开发政策

（十六）充分利用多种资金渠道，进一步加大对科技创新的支持力度。发挥国家科技重大专项的引导作用，大力支持软件和集成电路重大关键技术的研发，努力实现关键技术的整体突破，加快具有自主知识产权技术的产业化和推广应用。紧紧围绕培育战略性新兴产业的目标，重点支持基础软件、面向新一代信息网络的高端软件、工业软件、数字内容相关软件、高端芯片、集成电路装备和工艺技术、集成电路关键材料、关键应用系统的研发以及重要技术标准的制订。科技部、发展改革委、财政部、工业和信息化部等部门要做好有关专项的组织实施工作。

（十七）在基础软件、高性能计算和通用计算平台、集成电路工艺研发、关键材料、关键应用软件和芯片设计等领域，推动国家重点实验室、国家工程实验室、国家工程中心和企业技术中心建设，有关部门要优先安排研发项目。鼓励软件企业和集成电路企业建立产学研用结合的产业技术创新战略联盟，促进产业链协同发展。

（十八）鼓励软件企业大力开发软件测试和评价技术，完善相关标准，提升软件研发能力，提高软件质量，加强品牌建设，增强产品竞争力。

四、进出口政策

（十九）对软件企业和集成电路设计企业需要临时进口的自用设备（包括开发测试设备、软硬件环境、样机及部件、元器件等），经地市级商务主管部门确认，可以向海关申请按暂时进境货物监管，其进口税收按照现行法规执行。对符合条件的软件企业和集成电路企业，质检部门可提供提前预约报检服务，海关根据企业要求提供提前预约通关服务。

（二十）对软件企业与国外资信等级较高的企业签订的软件出口合同，政策性金融机构可按照独立审贷和风险可控的原则，在批准的业务范围内提供融资和保险支持。

（二十一）支持企业“走出去”建立境外营销网络和研发中心，推动集成电路、软件和信息服务出口。大力发展国际服务外包业务。商务部要会同有关部门与重点国家和地区建立长效合作机制，采取综合措施为企业拓展新兴市场创造条件。

五、人才政策

（二十二）加快完善期权、技术入股、股权、分红权等多种形式的激励机制，充分发挥研发人员和管理人员的积极性和创造性。各级人民政府可对有突出贡献的软件和集成电路高级人才给予重奖。对国家有关部门批准建立的产业基地（园区）、高校软件学院和微电子学院引进的软件、集成电路人才，优先安排本人及其配偶、未成年子女在所在地落户。加强人才市场管理，积极为软件企业和集成电路企业招聘人才提供服务。

（二十三）高校要进一步深化改革，加强软件工程和微电子专业建设，紧密结合产业发展需求及时调整课程设置、教学计划和教学方式，努力培养国际化、复合型、实用性人才。加强软件工程和微电子专业师资队伍、教学实验室和实习实训基地建设。教育部要会同有关部门加强督促和指导。

（二十四）鼓励有条件的高校采取与集成电路企业联合办学等方式建立微电子学院，经批准设立的示范性微电子学院可以享受示范性软件学院相关政策。支持建立校企结合的人才综合培训和实践基地，支持示范性软件学院和微电子学院与国际知名大学、跨国公司合作，引进国外师资和优质资源，联合培养软件和集成电路人才。

（二十五）按照引进海外高层次人才的有关要求，加快软件与集成电路海外高层次人才的引进，落实好相关政策。制定落实软件与集成电路人才引进和出国培训年度计划，办好国家软件和集成电路人才国际培训基地，积极开辟国外培训渠道。

六、知识产权政策

（二十六）鼓励软件企业进行著作权登记。支持软件和集成电路企业依法到国外申请知识产权，对符合有关规定的，可申请财政资金支持。加大政策扶持力度，大力发展知识产权服务业。

（二十七）严格落实软件和集成电路知识产权保护制度，依法打击各类侵权行为。加大对网络环境下软件著作权、集成电路布图设计专有权的保护力度，积极开发和应用正版软件网络版权保护技术，有效保护软件和集成电路知识产权。

（二十八）进一步推进软件正版化工作，探索建立长效机制。凡在我国境内销售的计算机（大型计算机、服务器、微型计算机和笔记本电脑）所预装软件必须为正版软件，禁止预装非正版软件的计算机上市销售。全面落实政府机关使用正版软件的政策措施，将软件购置经费纳入财政预算，对通用软件实行政府集中采购，加强对软件资产的管理。大力引导企业和社会公众使用正版软件。

七、市场政策

（二十九）积极引导企业将信息技术研发应用业务外包给专业企业。鼓励政府部门通过购买服务的方式将电子政务建设和数据处理工作中的一般性业务发包给专业软件和信息服务企业，有关部门要抓紧建立和完善相应的安全审查和保密管理规定。

鼓励大中型企业将其信息技术研发应用业务机构剥离，成立专业软件和信息服务企业，为全行业和全社会提供服务。

（三十）进一步规范软件和集成电路市场秩序，加强反垄断工作，依法打击各种滥用知识产权排除、限制竞争以及滥用市场支配地位进行不正当竞争的行为，充分发挥行业协会的作用，创造良好的产业发展环境。加快制订相关技术和服务标准，促进软件市场公平竞争，维护消费者合法权益。

（三十一）完善网络环境下消费者隐私及企业秘密保护制度，促进软件和信息服务网络化发展。逐步在各级政府机关和事业单位推广符合安全要求的软件产品。

八、政策落实

（三十二）凡在我国境内设立的符合条件的软件企业和集成电路企业，不分所有制性质，均可享受本政策。

（三十三）继续实施国发 18 号文件明确的政策，相关政策与本政策不一致的，以本政策为准。本政策由发展改革委会同财政部、税务总局、工业和信息化部、商务部、海关总署等部门负责解释。

（三十四）本政策自发布之日起实施。

[导读与提示]

该份文件中有重大利好消息，值得关注。是不是适用于数字音像产业，请根据文件精神，自作判断。

另一个关键在于，本文件中规定，此前发布的《国家税务总局关于明确电子出版物属于软件征税范围的通知》(国税函［2000］168号）已经废止。

国家税务总局关于软件产品增值税政策的通知

各省、自治区、直辖市、计划单列市财政厅（局）、国家税务局、地方税务局，新疆生产建设兵团财务局：

为落实《国务院关于印发进一步鼓励软件产业和集成电路产业发展若干政策的通知》（国发［2011］4号）的有关精神，进一步促进软件产业发展，推动我国信息化建设，现将软件产品增值税政策通知如下：

一、软件产品增值税政策

（一）增值税一般纳税人销售其自行开发生产的软件产品，按17%税率征收增值税后，对其增值税实际税负超过3%的部分实行即征即退政策。

（二）增值税一般纳税人将进口软件产品进行本地化改造后对外销售，其销售的软件产品可享受本条第一款规定的增值税即征即退政策。

本地化改造是指对进口软件产品进行重新设计、改进、转换等，单纯对进口软件产品进行汉字化处理不包括在内。

（三）纳税人受托开发软件产品，著作权属于受托方的征收增值税，著作权属于委托方或属于双方共同拥有的不征收增值税；对经过国家版权局注册登记，纳税人在销售时一并转让著作权、所有权的，不征收增值税。

二、软件产品界定及分类

本通知所称软件产品，是指信息处理程序及相关文档和数据。软件产品包括计算机软件产品、信息系统和嵌入式软件产品。嵌入式软件产品是指嵌入在计算机硬件、机器设备中并随其一并销售，构成计算机硬件、机器设备组成部分的软件产品。

三、满足下列条件的软件产品，经主管税务机关审核批准，可以享受本通知规定的增值税政策：

1. 取得省级软件产业主管部门认可的软件检测机构出具的检测证明材料；

2. 取得软件产业主管部门颁发的《软件产品登记证书》或著作权行政管理部门颁发的《计算机软件著作权登记证书》。

四、软件产品增值税即征即退税额的计算

（一）软件产品增值税即征即退税额的计算方法：

即征即退税额 = 当期软件产品增值税应纳税额 − 当期软件产品销售额 ×3%

当期软件产品增值税应纳税额 = 当期软件产品销项税额 − 当期软件产品可抵扣进项税额

当期软件产品销项税额 = 当期软件产品销售额 ×17%

（二）嵌入式软件产品增值税即征即退税额的计算：

1. 嵌入式软件产品增值税即征即退税额的计算方法

即征即退税额 = 当期嵌入式软件产品增值税应纳税额 − 当期嵌入式软件产品销售额 ×3%

当期嵌入式软件产品增值税应纳税额 = 当期嵌入式软件产品销项税额 − 当期嵌入式软件产品可抵扣进项税额

当期嵌入式软件产品销项税额 = 当期嵌入式软件产品销售额 ×17%

2. 当期嵌入式软件产品销售额的计算公式

当期嵌入式软件产品销售额 = 当期嵌入式软件产品与计算机硬件、机器设备销售额合计 − 当期计算机硬件、机器设备销售额

计算机硬件、机器设备销售额按照下列顺序确定：

①按纳税人最近同期同类货物的平均销售价格计算确定；

②按其他纳税人最近同期同类货物的平均销售价格计算确定；

③按计算机硬件、机器设备组成计税价格计算确定。

计算机硬件、机器设备组成计税价格＝计算机硬件、机器设备成本×（1＋10%）。

五、按照上述办法计算，即征即退税额大于零时，税务机关应按规定，及时办理退税手续。

六、增值税一般纳税人在销售软件产品的同时销售其他货物或者应税劳务的，对于无法划分的进项税额，应按照实际成本或销售收入比例确定软件产品应分摊的进项税额；对专用于软件产品开发生产设备及工具的进项税额，不得进行分摊。纳税人应将选定的分摊方式报主管税务机关备案，并自备案之日起一年内不得变更。

专用于软件产品开发生产的设备及工具，包括但不限于用于软件设计的计算机设备、读写打印器具设备、工具软件、软件平台和测试设备。

七、对增值税一般纳税人随同计算机硬件、机器设备一并销售嵌入式软件产品，如果适用本通知规定按照组成计税价格计算确定计算机硬件、机器设备销售额的，应当分别核算嵌入式软件产品与计算机硬件、机器设备部分的成本。凡未分别核算或者核算不清的，不得享受本通知规定的增值税政策。

八、各省、自治区、直辖市、计划单列市税务机关可根据本通知规定，制定软件产品增值税即征即退的管理办法。主管税务机关可对享受本通知规定增值税政策的纳税人进行定期或不定期检查。纳税人凡弄虚作假骗取享受本通知规定增值税政策的，税务机关除根据现行规定进行处罚外，自发生上述违法违规行为年度起，取消其享受本通知规定增值税政策的资格，纳税人三年内不得再次申请。

九、本通知自2011年1月1日起执行。《财政部国家税务总局关于贯彻落实〈中共中央国务院关于加强技术创新，发展高科技，实现产业化的决定〉有关税收问题的通知》（财税字〔1999〕273号）第一条、《财政部国家税务总局海关总署关于鼓励软件产业和集成电路产业发展有关税收政策问题的通知》（财税［2000］25号）第一条第一款、《国家税务总局关于明确电子出版物属于软件征税范围的通知》（国税函［2000］168号）、《财政部国家税务总局关于增值税若干政策的通知》（财税［2005］165 号）第十一条第一款和第三款、《财政部国家税务总局关于嵌入式软件增值税政策问题的通知》（财税［2006］174 号）、《财政部国家税务总局关于嵌入式软件增值税政策的通知》（财税［2008］92 号）、《财政部国家税务总局关于扶持动漫产业发展有关税收政策问题的通知》（财税［2009］65 号）第一条同时废止。

财政部 国家税务总局

二〇一一年十月十三日

[导读与提示]

虚拟货币和虚拟礼物，据说还有虚拟信用卡等，已经成为社会化媒体的主要盈利方式之一。该文件只涉及网络游戏中的虚拟货币管理工作，但显然虚拟货币并不只存在于网络游戏当中。对于带有社交网络性质的经营数字音像制品的网上企业而言，该文件即便管不到我们，也值得认真研究。

文化部、商务部关于加强网络游戏虚拟货币管理工作的通知

（文市发［2009］20号）

各省、自治区、直辖市文化厅（局）、商务厅（局），新疆生产建设兵团文化局、商务局，北京市、天津市、上海市、重庆市、宁夏回族自治区文化市场行政执法总队：

近年来，随着网络游戏的迅速发展，网络游戏虚拟货币广泛应用于网络游戏经营服务之中。网络游戏虚拟货币在促进网络游戏产业发展的同时，也带来了新的经济和社会问题。主要体现在：一是用户权益缺乏保障；二是市场行为缺乏监管；三是网络游戏虚拟货币在使用中引发的纠纷不断。

为规范网络游戏市场经营秩序，根据《互联网文化管理暂行规定》、《关于进一步加强网吧及网络游戏管理工作的通知》（文市发［2007］10号）和《关于规范网络游戏经营秩序查禁利用网络游戏赌博的通知》（公通字［2007］3号）等文件精神，经商中国人民银行等部门同意，现就加强网络游戏虚拟货币管理工作通知如下。

一、严格市场准入，加强主体管理

（一）本通知所称的网络游戏虚拟货币，是指由网络游戏运营企业发行，游戏用户使用法定货币按一定比例直接或间接购买，存在于游戏程序之外，以

电磁记录方式存储于网络游戏运营企业提供的服务器内，并以特定数字单位表现的一种虚拟兑换工具。网络游戏虚拟货币用于兑换发行企业所提供的指定范围、指定时间内的网络游戏服务，表现为网络游戏的预付充值卡、预付金额或点数等形式，但不包括游戏活动中获得的游戏道具。

（二）文化行政部门要严格市场准入，加强对网络游戏虚拟货币发行主体和网络游戏虚拟货币交易服务提供主体的管理。从事“网络游戏虚拟货币发行服务”和“网络游戏虚拟货币交易服务”业务的，依据《国务院对确需保留的行政审批项目设定行政许可的决定》（国务院第412号令）和《互联网文化管理暂行规定》管理。凡提供上述两项服务的企业，须符合设立经营性互联网文化单位的有关条件，向企业所在地省级文化行政部门提出申请，省级文化行政部门初审后报文化部审批。“网络游戏虚拟货币发行企业”是指发行并提供虚拟货币使用服务的网络游戏运营企业。“网络游戏虚拟货币交易服务企业”是指为用户间交易网络游戏虚拟货币提供平台化服务的企业。同一企业不得同时经营以上两项业务。

（三）企业申请从事“网络游戏虚拟货币发行服务”业务的，除依法提交相关材料外，须在业务发展报告中提交虚拟货币表现形式、发行范围、单位购买价格、终止服务时的退还方式、用户购买方式（含现金、银行卡、网上支付等购买方式）、用户权益保障措施、技术安全保障措施等内容。

（四）从事“网络游戏虚拟货币交易服务”业务须符合商务主管部门关于电子商务（平台）服务的有关规定。此类企业在提出申请时，除依法提交的材料外，须在业务发展报告中提交服务（平台）模式、用户购买方式（含现金、银行卡、网上支付等购买方式）、用户权益保障措施、用户账号与实名银行账户绑定情况、技术安全保障措施等内容。

（五）已经从事网络游戏虚拟货币发行或交易服务的企业，应在本通知印发之日起3个月内，向文化行政部门申请相关经营业务。逾期未申请的，由文化行政部门按照《互联网文化管理暂行规定》予以查处。文化行政部门批准文件抄送商务部和中国人民银行。

二、规范发行和交易行为，防范市场风险

（六）网络游戏运营企业应当依据自身的经营状况和产品营运情况，适量发行网络游戏虚拟货币。严禁以预付资金占用为目的的恶意发行行为。网络游戏运营企业发行虚拟货币总量等情况，须按季度报送企业所在地省级文化行政部门。

（七）除利用法定货币购买之外，网络游戏运营企业不得采用其它任何方式向用户提供网络游戏虚拟货币。在发行网络游戏虚拟货币时，网络游戏运营企业必须保存用户的充值记录。该记录保存期自用户充值之日起不少于180天。

（八）网络游戏虚拟货币的使用范围仅限于兑换发行企业自身所提供的虚拟服务，不得用以支付、购买实物产品或兑换其它企业的任何产品和服务。

（九）网络游戏运营企业应采取必要的措施和申诉处理程序措施保障用户的合法权益，并在企业向用户提供服务的网站上显著位置进行说明。

（十）用户在网络游戏虚拟货币的使用过程中出现纠纷的，应出示与所注册的身份信息相一致的个人有效身份证件。网络游戏运营企业在核实用户身份后，应提供虚拟货币充值和转移记录，按照申诉处理程序处理。用户合法权益受到侵害时，网络游戏运营企业应积极协助进行取证和协调解决。

（十一）网络游戏运营企业计划终止其产品和服务提供的，须提前60天予以公告。终止服务时，对于用户已经购买但尚未使用的虚拟货币，网络游戏运营企业必须以法定货币方式或用户接受的其它方式退还用户。

网络游戏因停止服务接入、技术故障等网络游戏运营企业自身原因连续中断服务30天的，视为终止。

（十二）网络游戏运营企业不得变更网络游戏虚拟货币的单位购买价格，在新增虚拟货币发行种类时，需根据本通知第三条所列材料内容报文化行政部门备案。

（十三）网络游戏运营企业不支持网络游戏虚拟货币交易的，应采取技术措施禁止网络游戏虚拟货币在用户账户之间的转移功能。

（十四）网络游戏虚拟货币交易服务企业在提供网络游戏虚拟货币相关交易服务时，须规定出售方用户使用有效身份证件进行实名注册，并要求其绑定与实名注册信息一致的境内银行帐户。网络游戏虚拟货币交易服务企业必须保留用户间的相关交易记录和账务记录，保留期自交易行为发生之日起不少于

180 天。

（十五）网络游戏虚拟货币交易服务企业要建立违法交易责任追究制度和技术措施，严格甄别交易信息的真伪，禁止违法交易。在明知网络游戏虚拟货币为非法获取或接到举报并核实的，应及时删除虚假交易信息和终止提供交易服务。

（十六）网络游戏虚拟货币交易服务企业不得为未成年人提供交易服务。

（十七）网络游戏虚拟货币发行企业和交易服务企业应积极采取措施保护个人信息安全，在相关部门依法调查时，必须积极配合，并提供相关记录。

（十八）网络游戏运营企业提供用户间虚拟货币转移服务的，应采取技术措施保留转移记录，相关记录保存时间不少于 180 天。

三、加强市场监管，严厉打击利用虚拟货币从事赌博等违法犯罪行为

（十九）各地要按照公安部、文化部等部门《关于规范网络游戏经营秩序查禁利用网络游戏赌博的通知》（公通字［2007］3 号）的要求，配合公安机关从严整治带有赌博色彩的网络游戏，严厉打击利用网络游戏虚拟货币从事赌博的违法犯罪行为。

（二十）网络游戏运营企业不得在用户直接投入现金或虚拟货币的前提下，采取抽签、押宝、随机抽取等偶然方式分配游戏道具或虚拟货币。

（二十一）网络游戏虚拟货币发行和交易服务企业应积极配合管理部门，采取技术手段打击“盗号”、“私服”、“外挂”等。

（二十二）对经文化部认定的网络游戏“私服”、“外挂”网站上提供网上支付服务的，由文化部通报中国人民银行。

四、加大执法力度，净化市场环境

（二十三）对未经许可，擅自从事网络游戏虚拟货币发行和交易服务的企业，由省级以上文化行政部门依据《互联网文化管理暂行规定》予以查处。

（二十四）对违反本通知要求的网络游戏虚拟货币发行和交易服务企业，由文化行政部门、商务主管部门通知其限期整改。逾期未整改的，由有关部门依法予以查处。

（二十五）建立网络游戏虚拟货币管理工作协调机制，加大对“盗号”、“私服”、“外挂”、非法获利、洗钱等违法行为的打击力度。各部门应定期沟通，协调配合，及时通报有关情况，在各自职责范围内做好网络游戏虚拟货币

的管理工作。

（二十六）网络游戏运营企业所发行的网络游戏虚拟货币不得与游戏内道具名称重合。网络游戏内道具的管理规定由国务院文化行政部门会同有关部门另行制订。

特此通知。

文化部　商务部

二〇〇九年六月四日

[导读与提示]

法院的文件较政府主管部门的文件可能会更加保守一些，因为要以法律、法规为依据。该文件值得重视的理由在于：如有纠纷，以此为准。

最高人民法院关于审理涉及计算机网络著作权纠纷案件适用法律若干问题的解释

（2000 年 11 月 22 日最高人民法院审判委员会第 1144 次会议通过根据 2003 年 12 月 23 日最高人民法院审判委员会第 1302 次会议《关于修改〈最高人民法院关于审理涉及计算机网络著作权纠纷案件适用法律若干问题的解释〉的决定》第一次修正根据 2006 年 11 月 20 日最高人民法院审判委员会第 1406 次会议《关于修改〈最高人民法院关于审理涉及计算机网络著作权纠纷案件适用法律若干问题的解释〉的决定（二）》第二次修正）

为了正确审理涉及计算机网络著作权纠纷案件，根据民法通则、著作权法和民事诉讼法等法律的规定，对这类案件适用法律的若干问题解释如下：

第一条 网络著作权侵权纠纷案件由侵权行为地或者被告住所地人民法院管辖。侵权行为地包括实施被诉侵权行为的网络服务器、计算机终端等设备所在地。对难以确定侵权行为地和被告住所地的，原告发现侵权内容的计算机终端等设备所在地可以视为侵权行为地。

第二条 受著作权法保护的作品，包括著作权法第三条规定的各类作品的数字化形式。在网络环境下无法归于著作权法第三条列举的作品范围，但在文学、艺术和科学领域内具有独创性并能以某种有形形式复制的其他智力创作成果，人民法院应当予以保护。

第三条 网络服务提供者通过网络参与他人侵犯著作权行为，或者通过网络教唆、帮助他人实施侵犯著作权行为的，人民法院应当根据民法通则第一百三十条的规定，追究其与其他行为人或者直接实施侵权行为人的共同侵权责任。

第四条 提供内容服务的网络服务提供者，明知网络用户通过网络实施侵犯他人著作权的行为，或者经著作权人提出确有证据的警告，但仍不采取移除侵权内容等措施以消除侵权后果的，人民法院应当根据民法通则第一百三十条的规定，追究其与该网络用户的共同侵权责任。

第五条 提供内容服务的网络服务提供者，对著作权人要求其提供侵权行为人在其网络的注册资料以追究行为人的侵权责任，无正当理由拒绝提供的，人民法院应当根据民法通则第一百零六条的规定，追究其相应的侵权责任。

第六条 网络服务提供者明知专门用于故意避开或者破坏他人著作权技术保护措施的方法、设备或者材料，而上载、传播、提供的，人民法院应当根据当事人的诉讼请求和具体案情，依照著作权法第四十七条第（六）项的规定，追究网络服务提供者的民事侵权责任。

第七条 著作权人发现侵权信息向网络服务提供者提出警告或者索要侵权行为人网络注册资料时，不能出示身份证明、著作权权属证明及侵权情况证明的，视为未提出警告或者未提出索要请求。

著作权人出示上述证明后网络服务提供者仍不采取措施的，著作权人可以依照著作权法第四十九条、第五十条的规定在诉前申请人民法院作出停止有关行为和财产保全、证据保全的裁定，也可以在提起诉讼时申请人民法院先行裁定停止侵害、排除妨碍、消除影响，人民法院应予准许。

第八条 网络服务提供者经著作权人提出确有证据的警告而采取移除被控侵权内容等措施，被控侵权人要求网络服务提供者承担违约责任的，人民法院不予支持。

著作权人指控侵权不实，被控侵权人因网络服务提供者采取措施遭受损失而请求赔偿的，人民法院应当判令由提出警告的人承担赔偿责任。

后　记

本书是编者在相关课题研究过程中的副产品，但其重要意义不言而喻，编者于此感受殊深。学界的诸多争辩，如果不想成为学者的自说自话，如果想做有益于业界的成果转化，就先要研究立法、执法部门的法律法规，而法律法规也是学界先行研究成果的沉淀与落实，后学必须跟进，才能进入共同的话语圈，做出有益的分辩与讨论。

数字音像产业尽管在内涵与外延上均大大超出传统音像产业的范畴，但原则上应该接受现行法律、法规的约束。如果现行法律法规不适用于新兴产业，那需要调整的当然是法律法规，但这需要时间。本书以课题研究为基础，想要研究的正是现行法律法规如何不适应于新兴产业，所以本书就具有了基础性的价值和意义。

本书的成书有赖于北京印刷学院传播学专业 2011 级研究生白雪同学的贡献，她收集整理出了最早的一批资料。丁振、陈伟伟、陶冠红同学也有贡献，他们参与了后来的讨论。国家新闻出版总署出版管理司音像处许正明处长在检查课题进展情况时，针对此书编写提纲作出过批评指正。特此一并鸣谢!

各篇简介与导读文字均出自北京印刷学院曹志平副教授之手，全书最后由北京印刷学院魏超教授编纂、审定成书，时间是在 2013 年 2 月，正是一年起始、万象更新之际。以此为记。